シリーズ・社会福祉の視座

北川清一／川向雅弘
|監修|

子ども家庭福祉への招待

北川清一／稲垣美加子
|編著|

SOCIAL WELFARE

ミネルヴァ書房

シリーズの刊行にあたって

　この度，2008年に刊行した「ベーシック社会福祉（全5巻）」の後継書となる「シリーズ・社会福祉の視座（全3巻）」を刊行する運びとなった。前シリーズ名を「ベーシック」としたのは，そこに社会福祉の学びに必要な基礎的能力や「力（コンピテンス）」を育みたいとの願いを込めてのものであった。その改訂版となる新シリーズでは，共有したい「アイデンティティ」を説く意味を込めて各巻書名に「招待」という文言を付した。その意図は以下の通りである。

　前シリーズの刊行以来，社会福祉の大衆化・普遍化が進展し，実際に運用されている制度や政策，支援の取り組みは，もはや特定の人びとを対象に展開されるものではないとする理解が一段と汎化したように思える。しかし，一方で，社会福祉への役割期待は，時の為政者の思惑もあって，市民本位に体系化（＝人間らしい暮らしの実現）されるべきとする「形」から一段と乖離したように思えてならない。私たちが「困ったときに機能しない」「かゆい所に手が届かない」社会福祉の実像が鮮明になり，本来的機能と使命まで見失われつつある事態が顕在していることは気がかりである。

　そこで，新シリーズは，学問としての社会福祉が社会科学の範疇にある限り，「リベラル・アーツ（liberal arts）」の学びを通じて育まれる「考え方」，すなわち「暮らし」の中に側聞する多様な事象を論じる際に共有すべき視座（＝社会福祉のアイデンティティ）とすべきものは何かを問いかけることにした。それは「社会福祉士」等の資格取得養成の求めにないものであり，以下の3点を全巻に共通するコンセプトとした。

　第1に，社会や歴史の現実を見据えて社会福祉のあり様を考えることのできる基礎的な能力や「力（コンピテンス）」を育むこと。

　第2に，今や「地域に軸足を置く社会福祉（支援）」なる考え方がメインストリームになっている状況に鑑み，人と社会の相互接触面の構造を読み解き，そこから浮上する「生きづらさ」への対応は，まず，そのことを実感している

「一人の人に軸足を置く取り組み」が優先されるべきとする視座の重要性を説くこと。

　第3に，社会福祉の立場から生活課題や社会状況（環境）をとらえる（つかむ）視点を獲得できるテキストとして編むこと。すなわち，時代状況がいかに変動しても，社会福祉として揺るぎない／変えてはならない「普遍性」を論じる内容とすること。

　なお，本シリーズを『社会福祉への招待』『ソーシャルワークへの招待』『子ども家庭福祉への招待』の3巻で構成したのは，「縮小化する日本」と表現される今日的状況に鑑み「持続可能な未来社会」のあり方を社会福祉の立場から問いかける「切り口（viewpoint）」を提起することにあった。つまり，私たちの「暮らし」の中に派生する社会福祉が射程に据えるべき生活課題（life tasks）の存在に気づき，その状況の解消に向け，分野を超えて共通する基盤に立ちながらソーシャルワーカーとして主体的に取り組む意義を説くガイドブックになることをめざした。

　したがって，各章を担当するにあたって，いくつかの共通理解にたって執筆にあたった。一つは，関連する制度や法の体系について説明するだけの方法はとらないこと，二つは，図表の使用は必要最低限にとどめること，したがって，三つは，各章で取り上げる「事象」をとらえる「分析視点」「理念的思考（critical thinking）の枠組み」を説くこととした。

　新シリーズにおいても，このような「ねらい」が多くの方々に支持され，各巻が，社会福祉の学びを始める際の水先案内人として活用されることを願っている。今回も前シリーズ同様にミネルヴァ書房編集部の音田潔氏には多大なお力添えをいただいた。なかなか味わい深い語らいを交わしながらの仕事は楽しい監修作業となった。深謝申し上げたい。

2017年1月

監　修　者

まえがき

2016（平成28）年の児童福祉法の改正により，わが国の子ども家庭福祉領域の法制度の理念に「子どもの最善の利益の保障」が明文化された。「児童の権利に関する条約（子どもの権利条約）」の批准（1994年）以来，約四半世紀の年限を経て，わが国の子ども家庭福祉における権利擁護は，ようやくグローバルレベルへとその歩みが届いたこととなる。

しかし，実際には地域社会や子ども家庭福祉領域の実践現場まで含めて，子どもたちの権利擁護の理解は，必ずしも十分周知・徹底されている状況とは言い難い。毎年報告される児童相談所への虐待の疑いに関する相談件数は増加の一途をたどり，「被措置児童等虐待の疑い」の事象も無くならない。

こうした状況に呼応するように，子ども家庭福祉領域では矢継ぎ早とも思える法制度の改革が急速に進んできた。しかし，制度・施策が変化しても，実はそこに展開されるソーシャルワークは本来普遍であり，安定した基盤と実践力を備えることが可能であれば，対応に苦慮することもないものと期待される。実際には，そこに支援の洗練はおろか，ソーシャルワークの成立さえも危惧される状況がある。

そこで，本書は，単なる制度・施策の変遷の紹介にとどまらず，子ども家庭福祉領域におけるソーシャルワークの展開可能性を，それぞれの領域を専門とする研究者の知見をふまえ，初学者に提供することを目的としている。

本書の執筆に関わる著者・編者共通の願いは，すべての子どもたちの幸福な自己実現である。本書を拠り所として，変化する時代にあっても，揺るがざる理念や姿勢があることを，先人の実践の積み上げ，つまりは実践知から読み解いて，読者それぞれの学びや実践の視座としていただければ幸いである。

2017年12月

編　者

目　　次

<table>
<tr><td>第 1 章</td><td>人口減少時代と子ども家庭福祉</td></tr>
</table>

はじめに

　超高齢・少子社会から人口減少時代への移行は，社会福祉制度についていうならば広範な領域にわたる「改革」断行の必要性を言及する根拠となった。その結果，人びとの暮らしの中に生じた階層格差・地域格差の拡大は，いわゆる「格差社会」を出現させた。そこでの暮らしの中で見出される「歪み」は，今や一段と多様化・複雑化する傾向にある。虐待や暴力等，構成員内の価値観の多様化がもたらすさまざまな家族問題の増加は，人びとの安心・安全を実感できる生活の確保が限界を迎えつつある状況を表している。

　ここに至り，社会福祉は，必ずしも一義的でない支援を必要としている個々の家族に対して，その生活領域や意識領域に見出される「歪み」を分析し，そこから予測しうる問題の解決方法について，積極的に政策提言できる力のあり方を，多くの家族から問われているようにも思えてならない。これまでにない流動化の波に洗われている家族のために，新たな支援モデルを提起することは，社会福祉として取り組むべき急務な課題の一つといえよう。

　ところで，子どもと家族を取り巻く生活上の困難や障害等の生成は，それが，仮に社会構造上の問題に主たる要因があったとしても，そのため，きわめて「やっかい」な問題としてとらえられていても，そのことに同意が得られても，社会福祉が対処すべき社会問題の一つとして，多くの人びとの共通理解が得られるとは限らない。なぜならば，これらの問題は，社会・国家からの介入が制限されるべき個人生活上の課題なのであり，私的レベルでの解決が期待される領域にあるものとして認識されてきたわが国における伝統的な文化・価値が影

響しているからである。

　したがって，社会福祉の立場から子どもと家庭（家族）への支援のあり方を検討するには，多くの人びとが直面している生活上の困難や障害等に関する理解を，伝統的な文化・価値とは異なる切り口から提示したものにしていかなければならないことになる。とりわけ，子どもの問題は，基本的には家庭（家族）における生活の一部に組み込まれることになるため，子ども自身が，何を困難とすべきかについて判断し，行動する立場に置かれることは起こりえない。

　このような側面を考慮するならば，子どもの問題の内実にどの程度迫ることができるかは，実は，市民（大人）一人ひとりの権利意識や社会認識の程度に左右されることになる。言い換えれば，子どもと家庭（家族）への支援のあり方は，市民（大人）を通じて，社会を通じて対応が図られることから，子どもを擁護（支援）すべき立場の者（＝国家，地域社会，養育者）が，問題状況をどのように認識しているのかが問われるため，擁護（支援）のあり方は，権利・人権意識についての一種の指標としての働きを担うことにもなるといえよう。つまり，成熟した市民社会のあり方が問われることになろう。

　そこで，本章では，子どもと家庭（家族）が抱える多様な課題の諸相を，社会福祉の立場から可能な限り正確に理解するため，その生活（暮らし）を実際に規制するいくつかの要因に着目しながら概観することにしたい。

1　子どもを取り巻く今日的状況

　現在，わが国における子どもを取り巻く状況は，社会的・経済的・文化的な変動が著しい中にあって好ましいものばかりではなく，逆に，深刻な危機が，養育上のみならず，教育上においても蔓延している。特に，先覚の努力によって宣言されたわが国の児童憲章（1951〔昭和26〕年5月5日制定）や国際連合総会で採択された児童権利宣言（1959年11月20日制定）も空文化し，むしろ，その存在すら知らない人びとが多くなってきている。物質的な豊かさの陰で，子どもを取り巻く生活環境は，発達・成長上に深刻な危機が広がっている。その状

図 1-1　子どもを取り巻く今日的状況

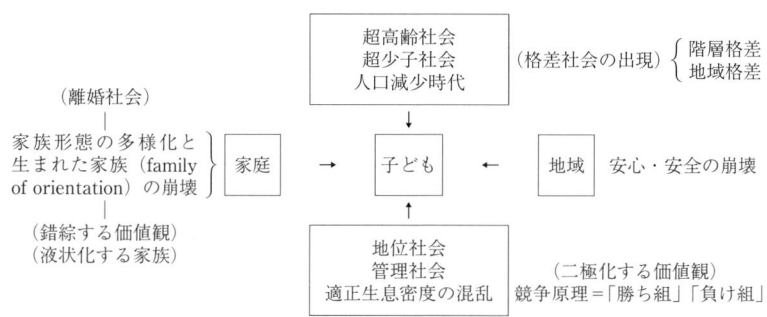

注：図中の↑は「人と環境の相互接触面」を示す。
出所：北川清一『未来を拓く施設養護原論——児童養護施設のソーシャルワーク』ミネルヴァ
　　書房，2014年，177頁。

況を整理すると図 1-1 のようになる。

　超高齢・少子社会の進展は，階層格差や地域格差を内包する格差社会を出現
させ，暮らしの中に多様な形の「歪み」を生起させた。私たちは，このような
現代社会における人びとの生活について，多様な表現を用いながら次のように
も形容する。ほんの少しの地位の差にも一喜一憂することになる「地位社会」，
人間性の喪失にもつながる「管理社会」，過密や過疎の問題をもたらした「適
性生息密度の混乱社会」等々がそれである。結果，競争原理を基底に持つ「競
争社会」が定着し，随所にもたらされた人間関係の崩壊は，暮らしの中で広範
に散見する事態を招き「深刻で静かな危機」が顕在している。そして，このよ
うな事態は，家庭の中に離婚率の高まりをもたらすとともに，法律婚が想定し
た形態に留まらない多様な志向性をもつ家族を生むことになった。それは，家
族にまつわる伝統的な価値の「揺らぎ」とも呼ぶべき事態といえよう。一方で，
生活の拠点になる地域社会は「安全神話の崩壊」なる表現に象徴されるように，
安心・安全に包まれた生活環境と呼ぶには難しい混乱が垣間見られる。

　ところで，子どもが小型の「大人」ではなく，独立した一個の人格体として
認められ，しかも，特別な配慮の中で愛護されなければならないという思想が
定着したのは，洋の東西を問わず，それほど古い出来事でなかった。子どもが
一個の独立した人格として自身の生命と権利が認められ，尊重されるようにな

ったのは，20世紀に入ってからである。特に，子どもの親の自由権，生存権・生活権が保障されたことは，子どもの生活に基本的な安定をもたらし，あわせて，親の付属物・従属物としての扱いを受けていた状況からの解放をもたらした。しかし，わが国では，いわゆる「家族制度」が発達したことにより，子どもは親のもの，家のもの，ひいては天皇のものという考え方に連なり，主体的な「子どもの権利」なる発想は，久しく許容できる土壌になかったといえる。今も，その名残が随所にうかがえる。

　図1-1で説明した今日的状況から，「子ども」の多くは，自分の意思にかかわりなく，今なお「大人」の生活に翻弄され続けている様子を見て取ることができる。すなわち，「大人」の都合や国家社会の発展のために，「子ども」がそのための手段として取り扱われ，しかも，彼らの生命自体の安全や幸福すらも犠牲にされかねない事態が繰り返されてきた課題が，そこには存在している。実に不幸なことであったが，「子ども」は，そのはじめから，誰よりも，そして，どのような出来事（events）があっても，何よりも優先して擁護（支援）されるべき存在という認識のもとに取り扱われてきたわけではなかったといえよう。

　人間は，時間の経過とともに多様な変化を遂げる。そして，そのような多様な変化は，自己実現を果たすための過程としてとらえることもできよう。自己実現とは，あらゆる人間が根源的かつ内在的に有している発達への潜在的可能性を引き出す能力のことをいう。言い換えれば，それは，老若男女を問わず，よりよく生活できる営みを続けたいと願う人間としての基本的な欲求を意味している。そのため，私たちは，自身と環境との間の交互作用を通して，常に自分らしく生きるための自己修正を試みることになり，そのための機会や経験を等しく提供されることが保障されるべきといえよう。とりわけ，「子ども」の場合には，発達過程の初期段階に，自身と環境との交互作用によって得られる経験および学習が，それ以後の生活の営みに影響を及ぼす経験や学習の基礎となる側面があることを考えるならば，「子ども」と環境との相互関係のあり方について，多くの「大人」は細心の注意を払う必要があろう。

　ところが，今日に至っても，このような考え方に立った擁護（支援）の必要性が強調されるということは，「大人」社会の荒廃が依然として清算されないままにあり，環境が「子ども」の育ちに与える影響には憂慮すべきものがあることを物語っている。したがって，「子ども」を擁護（支援）する営みに参与しようとする場合，生命と自由と平和を尊重しない現実が存在する中で，極限状況に置かれている多くの「子ども」の生命と自由と平和を具体的行動によって支え，また，そのような取り組みの必要性を社会に呼びかける役割を担うことになる。

2　家庭を取り巻く今日的状況

　多くの家庭（家族）が「暮らし」の中で遭遇する社会問題は，一段と多様化かつ複雑化する傾向にある。たとえば，子ども虐待の問題，陰湿化するいじめの問題，DV 被害に直面している女性の問題，引きこもりの問題，薬物依存やアルコール依存の問題，貧困率の上昇を予想させるような多様化な形態からなる生活困窮の問題，非行問題，悪質な犯罪の増加等が挙げられよう。このような状況をやや詳細に述べると以下の通りとなろう。

① 　子どもの成長と発達に伴うものとしては，食生活との関連から肥満や糖尿病，アトピー体質の問題が，日常生活との関連から基礎体力の低下問題が，社会関係との関連から「心の問題」が，問題行動との関連から行為障害や ADHD（多動性障害）への対処問題が，その他にも薬物依存・違法ドラッグの常用問題等が浮上してきている。

② 　家庭生活に伴うものとしては，育児ノイローゼに陥る親，密室での子育てに身を置くことで人間関係の希薄化に拍車がかかりストレスと自信喪失状況に陥る親，DV に象徴される家庭内の弱者に向けられる暴力の被害者となる親等の問題が浮上してきている。

③ 　学校生活に伴うものとしては，多くの子どもがストレスを感じる場の

一つとして学校が挙げられていること，そのため学校が安心して学べる・遊べる環境になっていないこと，学級崩壊とも関連するいじめや不登校・中退の問題に解決の兆しが見えないこと，加えて，学校に「理不尽」な要求をする「モンスターペアレント」への対応に翻弄されていること，等の問題が浮上してきている。

④　地域生活に伴うものとして，人と人のつながりの再構築をいかに図るかという問題が浮上してきている。地域住民同士の関係の希薄化は，定着しなかった「ゆとり教育」に垣間見られた次のような問題でも明らかになってきた。多くの「大人」が「子ども」たちに，「外で遊びなさい→うちの前で遊ばれてはうるさいから別な所に行って→遠くに行って遊んではいけない→家にいて暇ならば勉強をしなさい」と語りかけている。果たして，子どもたちは，大人が言い出した「ゆとり」をどのように受け止めたのであろうか。

　社会福祉は，人びとの「暮らし」の「安心」「安全」を，社会制度として保障する機能を持ち合わせるよう求められるが，前述した状況には既存のシステムが想定したレベルをはるかに超えた生活上の困難が横たわっている様子がうかがえる。したがって，子どもと家庭（家族）を支援する働きかけも，このような状況からの影響を受けざるを得ない。また，かつては特定の階層に属する人びとを対象とする社会制度のように受け止められていた社会福祉も，今や，すべての人びとが利用可能な社会サービスとして大衆化・普遍化する一方で，潜在化しがちな「伝統的な貧困問題」あるいは「事実としての生活困難」に対する切り捨てや排除，差別の問題が深刻化する傾向も顕在しており，ここでいう社会福祉の専門職が取り組むソーシャルワークの実践の射程に据えるべき守備範囲は，実に広範なものになってきている。

　経済構造が急速に変化することにより，家族が縮小し，生まれてくる子どもが減少したことにより複雑な生活上の問題を生み出した。結婚しない，子どもも生まない暮らし方が，一つのスタイルになりつつある。その一方で，社会的

に孤立したかのような人びとの暮らしが顕在している。生き方を見つけられないまま，浮遊するような暮らしを続けている人びとも多い。そのことが，「引きこもり」問題の元凶になっている可能性も指摘されている。さらに，年々，母親の抱く育児に対する負担感が強く，重たくなってきている。その重さを感じさせる最大の理由として，「孤立感」が挙げられている。多くの母親からは，社会的孤立状態が定着する中で，子育てについて，喜びや楽しさを感じにくくなってきている実態が垣間見られる。不安と不安定な雰囲気に包まれる現代社会における子育て支援については，多様な家庭（家族）の現実に視座を据え，子どものみならず家庭（家族）を巻き込んだ支援システムを地域に構築しようとする確かな方略をもって，貢献できる仕組みを作っていかなければならない。

　近年の著しい社会変動の影響から，わが国における人びとの生活に見られる生活課題や生活様式，そして，それらと深くかかわりをもつ家族やコミュニティの様相は大きく変貌してきた。このような状況にあって，日本社会に欠けているのは，ボランタリーな助け合い（連携）といえよう。つまり，知っている人には親切にできるが，見知らぬ第三者に対するサポートや支援を企図する戦略のストックに欠けるのが日本の現代社会とされてきた。このような状況を打開するには，市民参加型社会の構築が必要といわれている。とりわけ，当事者性のある人びとは，コミュニティのメンバーであると同時に，サービスの担い手でもあり，受け手でもあり，送り手にもなるような構造（＝当事者の目線が理解できる「優しさと温もりのある」地域づくり）を，社会福祉における専門職を意味するソーシャルワーカーが，自らが遵守すべき価値や原則に依拠して取り組む支援活動として体系化する可能性を探りながら実現をめざすことは，まさに市民社会の現代的課題の一つといえる[1]。

　現代社会に見られる「子ども」を取り巻く問題の多くは，かつて想像もしなかった形態を含んで出現している。このように，社会そのものに大きな「歪み」が見られる中で，私たちは，「子ども」を擁護（支援）する方法をどのように講ずるべきなのか。「子ども」が，真にその人格を尊重され，均衡のとれた発達を保障され，さらに，成長の場として望ましい家庭環境や生活（地域）

環境が保障されるには，「大人」や国家が総力を挙げて取り組まなければならない課題はあまりに多いといえよう。

　子どもと家庭が抱える問題について，その意味と結果を最も深刻に受け止めるのは「子ども」自身にほかならない。しかし，彼らが，自分に降りかかった問題の実態を正しく認識し，問題状況の解決を求めて自ら行動を起こすことは，到底考えにくいことである。さらに，現に支援を必要とする問題が存在していても，そのような状態にあるという事実が，親や地域住民あるいは行政機関等によって客観的に認識されない限り，放置されたままになることすら起きている。「大人」社会の混迷がいっそう深まる中で，家庭を取り巻く問題の意味を改めて検討してみる必要があろう。

3　子どもと家族の生活を制約する因子

　私たちは，時として，「子ども」を無限の可能性を秘めた存在として，そのような特徴を一種の感動を込めて語ることがある。確かに，彼らは，等しく測りがたい可能性を秘めているといえよう。ところが，彼らを本能のままに放置し，特別な配慮の下での愛護に努めなかった場合，非人間的な要素が顕在しかねないことについて，私たちは，これまで，いくつかの悲劇的な事例を通して知ることができた。たとえば，フランスの医師であったイタール（Itard, J.）の『アヴェロンの野生児』や，ゲゼル（Gesell, A. L.）の『狼に育てられた子』がそれである。これらの記録や著書からは，人間の子として生まれながらも，人間の手による文化の伝達が行われなければ，あるいは，「発達的に適切」な支援が行われなければ，「人間たるにふさわしい発達」が遂げられないことを学ぶことになった。

　ここで問題にすべきことは，結果次第では人間も狼化する可能性があるということについてではない。これらの研究成果から学ぶべきは，人間らしく生きるために必要なかかわり方が問われることになる事実についてである。なぜならば，どのように生きるかの問題は，そこで常に当事者の主体的な選択が求め

られ，しかも，選択の仕方次第では，非人間的な要素が付加されるためである。野生児の事例は，私たちに，人間が「人間たるにふさわしい発達」を遂げる上で，生来的にもつ本能に依存することよりも，出生後の生活体験を中心とした学習の成果に影響されることを明らかにした。しかも，その学習内容については，生活様式，言語，思考方法，ものの見方・感じ方，そして，学問，芸術，思想等々によって構成されることも明らかになった。

　このような可塑性に富む「子ども」の発達に関する理解に立って，私たちは，「子ども」に「人間たるにふさわしい発達」を確保するために企図する支援の視点をどのように保持すべきであろうか。

　そのための方略を検討するにあたり，基本的な事項として以下について情報収集に努めることが必要になる。これを，子どもや家庭（家族）が抱えるニーズや生活課題の内実を規定する因子の抽出作業と呼んでおきたい。

　　①　子どもを含めた家族の生活水準と生育史（ライフヒストリー）
　　②　家族の構成や家族内の力（抑圧）関係
　　③　家族が暮らす環境や社会資源との接触状況
　　④　親の子育て能力・態度
　　⑤　家族意識とジェンダー・バイアス（gender bias）

　これらの事項について，私たちが，①耳を傾けながら積極的に聴く（active listening）ことにより，②子どもや家庭（家族）が抱える多様な形態からなるニーズや生活課題を鳥瞰図的に把握して分析することにより，支援方法が明らかになってくるだろう。

　そして，ここで明らかになったニーズや生活課題に対応する取り組みは，適切な事前評価（アセスメント）が行われることを前提に，一元的で包括的な支援過程として構築することも求められる。そのために検討を加えるべき事項を，次のようにまとめておきたい。⁽²⁾

9

① 日常生活場面で生起する危機への応急的な対応方法
② 生活条件の整備
③ 生活形成力（生活設計能力）の発展・強化
④ 以上の活動に基づいた社会福祉及び関連政策・行政・運動への提案・活動と，その組織化と連携・協働

　支援方法を検討する上で，このような因子を考慮しながらデザインすることにより，「子ども」と「家庭」を分離してとらえるのではなく，この両者を統合してとらえることの必要性が明らかになる。この点について，以下のように説明しておきたい。

　「子ども」は，一般的には，さまざまな人や出来事（events）そして環境との間で「かかわり」を体験し，その結果，他者の痛みを知ったり，事物の取り扱い方を経験的に身に付けられるようになる。すなわち，多様な出来事と遭遇し，立ち向かう経験を蓄積することにより，周囲の環境と適応できる能力を獲得することになる。ところが，「子ども」を取り巻く生活環境は，現在，順調な適応を促すことが困難に思えるほど混沌とした状況にある。しかし，いかに困難な状況にあっても，「子ども」は，成長・発達の過程で自らの生活の営みに必要となる情報を揃え，その内容を理解し，自分の生活観や生活目標と照会して適切な行動を適宜選択し，決定していかなければならない。そして，それを円滑に進められるための支援体制も準備されていなければならない。

　「子ども」は，多くの場合，家族とともに，日々の生活そのものを円滑に営むことが難しくなるような状況に繰り返し遭遇する。しかし，そのような時にあっても，それまでの生活を通して獲得できた「危難や危機を打開し処理する能力（論理的な技術や知識だけではなく，それまでの生活過程で育まれてきた〈経験〉や〈コツ〉あるいは〈勘〉や〈直観〉と呼ばれるものも含まれる）」を活用することによって，実際に直面する危難や危機から無事に抜け出せたりすることもある。その一方で，決して例外的な事態ではなく，遭遇した危難の大きさと，自ら身に付けた問題を処理する能力との間に不均衡関係が生じたため，いわゆる問題

の渦中に置かれる者も数多く存在する。

　すると，生活上の危難や危機とは，次のように説明することができる。

　私たち人間は，日々の生活過程で，あるいは成長・発達の過程で多様な出来事に遭遇するが，その際に獲得した「通常の問題を処理する能力」だけでは解決が難しい事態に直面している状態のことを意味しよう。このような理解を得ることにより，生活上の諸困難とは，一次的には社会体制の成立過程や構造によって規定され，二次的には生活構造や生活意識に規定される特質を持つことが明らかになる。

　したがって，子どもを擁護するための支援活動は，いつの時代（あるいは年齢）にあっても遭遇せざるを得ない何らかの危難や危機を処理できる能力をどのように育むべきか，そのために必要な機会や場の確保・提供に努める課題を担うことになる。しかも，前述した二次的な特質については，これを日々の生活過程で派生した生活機能障害ととらえるならば，求められる支援活動は，「子ども」のみをターゲット（target）とするのではなく，彼らを取り巻く環境としての家族や集団（組織）や地域社会に対しても，直接的に働きかける方法が模索される必要があろう。そして，もはや，子どもと家庭（家族）が抱える課題は旧来から自明とされてきた「社会からの介入は制限されるべきとする個人生活上の課題であり，私的レベルでの解決が期待される領域にあるもの」とするとらえ方は存在しないことになる。

4　家族を「福祉の含み資産」としない視座

　急速に進む社会福祉制度の改革は，「家族は福祉の含み資産」（『厚生白書 昭和53年版』）ではないとの認識を前提に，家族の事情のあり方を問わず，社会的支援のシステムを多様な方法を駆使しながら活用することで，暮らしの安全・安心が保たれる体制の整備を志向するものであった。このような視点は，わが国における伝統的な文化（価値）として形成されてきた家族・親族・共同体の扶養・相互扶助に関する意識や慣習を，否定するものではない。新たな困難を

実感させる社会状況が顕在してきた中で，子どもやその家庭（家族）の暮らしが安全・安心を実感しながら営めるようになるためには，家族力と社会的支援のシステムの共存を，どのようにデザインしていけるかを課題とするものであったといえよう。

　わが国における人口の急速な高齢化は，総人口に占める15歳未満の児童数が1988（昭和63）年に初めて20％を割ることで顕著になり，その後もその割合は減少が止まらず，毎年，過去最低状態を更新し続けている。また，1989（平成元）年には，出生に関する最も重要な指数の一つといわれている合計特殊出生率が，戦後最低の1.58となった1966（昭和41）年のヒノエウマ（丙午）を下回り，「1.57ショック」と呼ばれるほどの衝撃をもたらした。以降，合計特殊出生率はさらに低下を続け，2005（平成17）年には1.26となり人口統計史上最低の水準を示した。その数字は2008（平成20）年から回復しているが，2017（平成29）年4月段階の予測によると，50年後の人口は約1億2,600万人（2015年）から8,808万人にまで減少し，出生率は1,44になるとの報告も見られる。バランスのとれた人口構成のもとで活力ある未来社会を構想することが一層困難な時代にあって，減少を続ける「子ども」の生活をどのように支援するかの問題は，その取り組み次第では，わが国の将来計画を根幹から揺るがしかねないだけに，多方面からの検討を必要とすることになろう。

　制度としての社会福祉は，このような社会の変化に呼応しながら，提供（デリバリー）できるサービス内容を常に変えていくことを特徴の一つとしている。そして，その変更を加えるための基本的な戦略は，人びとの生活要求や生活実態を十分に把握した上で設定すべきことはいうまでもない。

　ところが，1970年代後半から始まった臨調行革と連動して推進される社会福祉の制度改革は，そのスタートの時期が「オイル・ショック」に端を発した国家経済の低成長期にあったことと連動し，ややもすると財源の効率的な運用をめざす「安上がり福祉」を志向した「福祉見直し」を唱えるものであった。このような状況のもと，私たちは，提供されるサービスの質を決定する要件について，これを真に必要とする「人」「問題」「環境」の実態をいかにとらえるか

という視点だけではなく，制度を策定する国家（為政者）の利害や狙い，そして，判断等が大きく介在するという事実を明白にした。多くの関係者が制度の質的な充実を求めているにもかかわらず，財政再建を基本にした行政主導の形で着手されている社会福祉に関する現行の制度改革は，効率性と合理性を追求するばかりに，切り捨ての発想にもつながるような多くの問題を内包しながら，国，地方自治体の区別なく全国的な規模で促進されている。社会福祉が提供するサービスには，一人ひとりがその生活の中に「アメニティ（快適性）」の確保を可能にする「質」を備えることが求められているにもかかわらずである。このように，現実の制度の水準と制度の利用者の要求水準が一段と乖離する状況は，前述した通り，いつの時代にも繰り返して見られた問題でもあった。

　なお，一連の社会福祉に関する制度改革が進行する中で，これらの制度を策定する国家（為政者）側の意図が打ち破られ，現在，そこで提示されている枠組みとは大きく異なる機運が生じてきていることに着目したい。

　すなわち，人びとが自ら抱える生活上の課題を解消するにあたり，利用するサービスを主体的に選択し，社会福祉制度を自らの社会的な自立や独立に役立つよう活用できる手段とするとらえ方が，明確なものになりつつある点である。それとともに，サービス提供のシステムについても，当事者組織の隆盛に象徴されるように，利用者の「自助」を補強するだけのもの，すなわち，「家族を社会福祉の含み資産」とする考え方から，利用者の住む地域社会を基盤としながら，地域ぐるみで，自ら参加し，「自立」に必要なサービスの準備に努め，支援する方法が模索されるようになってきた。持続可能な未来社会（成熟社会）への志向性の高まりである。

　ここでいう「自立」とは，単なる「経済的自立」「独立自活」を意味するのではなく，「多様性」に着目して説明すべき特徴がある。「多様性」とは，物の見方や考え方，そして，価値観等の相違だけを指していうのではなく，生活の仕方，嗜好あるいは容姿までも含めて，そこに明確な「違い」が存在することを示している。したがって，人間とは，このような多くの「違い」が集合することによって形成される環境との間の交互作用を通して，安寧を維持し発達し

ていく存在なのであり，多様な人間が存在することが，自分らしさを獲得する上で重要な要素になると説明できよう。言い換えるならば，各々の人間が自らの独自性を発揮しながら共存し合うことによって，環境としてのバランスが成り立っていること，そしてそれは，一人ひとりが決して束のように取り扱われることのない社会・組織・集団が形成されていることになる。このような関係の中で，はじめて「生活要求の充足を通して果たされる人間たるにふさわしい全面発達と自己実現」が促進されることになろう。

　したがって，自立とは，「子ども」自身の努力を基本に，持てる能力や多様な物的・人的資源や制度・情報等を活用し，自らの選択を前提とした自己決定の下で生活できることを意味することになる。そのためには，「安心」「安全」「ゆったり」「いきいき」「穏やか」「のどか」等の言葉に代表されるような「暮らし」を，日常的な生活の中で，子どものみならずその家族も含めて実感できるような実践方法・方略を共有できていることが必要となる。自立に向けて本人が努力した時に，その努力が確実に実る条件や環境の整備に努めることを自立支援とするならば，このようなことが，「大人」社会で合意されることが重要になる。かつて，エレン・ケイ（Key, E.）は「20世紀は児童の世紀である」と述べた。その背景には，産業革命の波が押し寄せ，「大人」の所有物として多くの子どもが工場の中で酷使され，搾取の対象とされた歴史的事実があった。社会全体が，子どもを「大人」の目線と同じ高さでとらえ，産業革命期の労働需要に合わせて利用できる手段としてとらえていた時代の話である。エレン・ケイの視座の底流にあった「精神」は，やがて問題の当事者である子どもの「最善の利益」を保障しようとした児童の権利に関するジュネーヴ宣言（1924年），児童権利宣言（1959年），児童の権利に関する条約（1989年）へと受け継がれることになる。しかし，新しい世紀を目前にした時期が到来しても「21世紀もまた児童の世紀である」といわざるを得なかったその真意は何か。それは，時代が進展しても，依然として「大人」や社会に翻弄されて生きる子どもの生活ぶりが浮かび上がってくるという意味である。

　制度としての社会福祉は，利用する者の立場からすると，現実的な意味を持

って機能することが求められる。そして，このような利用者の社会福祉に向けられた眼差し（期待）にどのように応えるかは，決して「どうでもよいこと（indifferent）」と考えるべきものではない。このような眼差し（期待）を受けることで生じている制度改革への「うねり」，たとえば，当事者の声や願いを反映させる制度策定の進め方は，もはや逆戻りを許されないまでに確かなものになっている。このような「うねり」の方向性を無為にしないことが，実は，「子ども」の生活を支援する取り組みにも連なることを自覚しておきたい。それは，「大人」の社会に翻弄される「子どもの生活」からの決別を意味し，21世紀は，その子どもも含めた「市民の世紀」になることにつなげたいとする「大人」としての決意表明でもある。

ま と め

ソーシャルワークは，問題解決のために介入（intervention）を試みる取り組みのことをいい，その特徴は，人と環境に焦点を当てて関与することから導き出される。なお，ここでいう介入とは，人びとが直面している生活上の諸課題を，人と環境の相互接触面に生起したものととらえ，両者の交互作用に関与する働きかけを通して，人の環境に対する適応能力や対処能力（coping），応答性（responsiveness）を高めるよう企図することをいう。

児童虐待，DV 問題，学級崩壊，少年非行の重篤化，犯罪の日常化等々，いずれの問題も，社会福祉の立場から子どもと家庭（家族）に深くかかわらざるを得ないものばかりといえる。ところで，私たちの生活意識の中には，「我が家」の問題を地域（＝環境）に開示し，解決のために協力を仰ぐというような文化を持ち得ているだろうか。地域の力に期待し，今日的な生活問題について地域を足場にして解決しようとする潮流は，市民意識の高まりが生んだ前向きの産物とするならば，必ずしも誤りではない。すると，ここで必要となる取り組みは，「生活意識の変容を社会福祉の立場からいかに促すか」にあるといえよう。その際に必要なのは，生活者の立場に立ったミクロな視点に立つことを

重視する草の根からの取り組みと，未来社会のあり方を展望したマクロな視点に立つことを重視する取り組みの両者を適切に展開していくことである。

　一つは，孤立状態にある母親にすぐに届くタイプの支援システムづくりに努めることである。そのためには，「待っています」「来て下さい」と語りかけるだけではなく，現代の母親の情報交換手段，生活スタイルに合わせた支援方法を模索することが必要になり，日時に縛られることなく，気軽に顔を合わせられる機会や場の提供に努める必要がある。いわゆる「かゆい所に手が届く福祉」「困った時に役に立つ福祉」「身近に感じる福祉」の実体化を推し進めることである。

　二つは，家族に代わる組織を小さな地域単位で創り上げ，近所に住む高齢者から幼児までが，相互扶助の関係に立って助け合うネットワークを，「当事者発」（支援を必要とする人びととの眼差しからの発想から）の視点で体系化することが挙げられる。それは，生活を通じて「連帯」「連携」「支え合い」関係を構築する地域社会の再生につながり，持続可能な成熟社会の成立に向けた取り組みといえる。

　私たちは，次世代の人びとに，何を語り，何を伝えるべきであろうか。それは，誰も排除されることなく，地域社会の中に包み込まれるように生きる社会を創り，継承することであり，人間の尊厳を損ねることのない穏やかで潤いのある社会を継承することの重要性である。

注
(1)　詳しくは，山崎美貴子「社会福祉と家族──「家族福祉論」研究の現代的課題」『社会福祉研究』第88号，鉄道弘済会，2003年，34-40頁，を参照されたい。
(2)　窪田暁子「社会福祉的援助の内容と方法」『公的扶助研究全国セミナー報告集』1983年，10-29頁。

参考文献
北川清一ら『演習形式によるクリティカル・ソーシャルワークの学び──内省的思考と脱構築分析の方法』中央法規出版，2007年。

北川清一編『社会福祉の未来に繋ぐ大坂イズムの継承——「自主・民主・平和」と人権視点』ソーシャルワーク研究所（自家版），2014年。

クヴァンテ，M.／加藤泰史監訳『人間の尊厳と人格の自律——生命科学と民主主義的価値』法政大学出版局，2015年。

シャザル，J.／清水慶子ら訳『子供の権利』白水社，1960年。

古川孝順ら編『児童福祉の成立と展開——その特質と戦後日本の児童問題』川島書店，1975年。

<table>
<tr><td>第 2 章</td><td>子ども家庭福祉とは</td></tr>
</table>

はじめに

　子ども家庭福祉とは何か。この問いに答えるのは容易でない。一般的に私たちは，一緒にいたいと思う人と日常生活を営みながら，いつでも幸せに安全で安心して暮らしていくため，現実と折り合いをつけながら日々の安寧に努めている。一方で，幸せを求め生活を共にし家庭を築くも，自分の願いや期待とのギャップから不適切なかかわり（＝身体的虐待，心理的虐待，性的虐待，放任等）を行い，配偶者からの暴力に脅かされたり，生活の維持が難しくなり，家族がそれぞれ違う場所での生活を余儀なくされたりなど，子どもと家庭をめぐる環境は一様でない。

　子ども家庭福祉は，子どもや家庭を構成する人びとの幸せとは何かを考えつつ，一人ひとりの声なき声を聴き，家族（家庭）全体に眼差しを注ぐことの意味と，そのための支援のあり方を問い続けている。本章では，子ども家庭福祉への理解を促すため，その基本的な概念の整理を試みたい。

1　「子ども」とはどのような存在か

（1）「こ（子)」とは何か

　「こ（子)」とは何か。この問いに明快な解答を示すことは難しい。そもそも「子」なのか，「児」なのか，「仔」なのか。『広辞苑 第 6 版』（岩波書店）では，「こ」を「子・児・仔」の漢字を示した上で（「小」と同源か），以下のように説明している。

「『こ』とは『①親から生れたもの。また，それに準ずる資格の者。実子・養子・子のいずれにもいい，人以外の動物にもいう。②生れてまだ間のないもの。幼少のもの。まだ一人前でない者。こども。③一族の子弟』」。

一般的には，①〜③のような意味で用いられることが多い。人以外の動物や昆虫，経済用語等にも用いられ，多くは従属的な関係にある場合の総称とされる。特に，劣等的意味合いが，教育や社会福祉の分野で取り上げられ議論されている。

（2）「子ども」か「子供」か

「子ども」と表現するのか，「子供」と表現するのかは，意見の分かれるところであるが，文化庁はかつてこの問いに以下のような解答を示した。

[問19]　「子供」か「子ども」か

[答え]「こども」という語は，本来，「こ（子）」に，複数を表す接尾語「ども」がついたものである。…（中略）…その表記としては，「子等，児等，子供，児供，小供，子ども，こども」などいろいろな形が見られたが，明治以後の国語辞典類では，ほとんど「子供」の形を採り，「小供」は誤りと注記しているものもある。その後，「子ども」の表記も生まれたが，これは，「供」に当て字の色彩が濃いからであろう。

昭和25年の「文部省刊行物の基準」では，「こども」と仮名書きを示し，「子供・子ども」を（　）に入れて，漢字を使っても差し支えないが，仮名書きが望ましいものとしている。

しかし，現在では，昭和56年の内閣告示「常用漢字表」の「供」の「とも」の訓（この訓は，昭和23年の内閣告示「当用漢字音訓表」にもあった）の項の例欄に「供，子供」と掲げられており，公用文関係などでは，やはり，「子供」の表記を採っておいてよいと思われる。

なお，新聞・放送関係では，早くから，統一用語として「子供」を使うことになっている。ただし，実際の記事では，「子ども，こども」なども時に用いられることがあるようである。

このように，文化庁は，子どもをめぐる言語表記に一定の回答を示した。し

かし，子どもの位置づけは，歴史的に見れば，当事者の意思に関係なく，所与の時代状況に応じて変動し，その表記法についても，それまでの経緯を鑑み議論を重ね決定してきた経緯までは確認できない。したがって，これまでの「子供」という表記には表記以外の意味があり，「子ども」という表記に一般社会として必要性があるとするならば，それは別の概念として対象化されるべきであろう。すでに「子供」という語彙と概念が共有されている現在，「子ども」という表記がもたらすイメージにかかわる問題は，人びとの情報交換の過程によってもたらされる共有概念の文脈構築から浮上するものであり，それを取りまとめる言語の語彙に影響を受けることになる。つまり，言語表記とその語彙は，時代状況を反映した文化的な所産なのである。

　ここでは，「子ども」について，山縣文治が子ども家庭福祉論との関連で整理した次のような存在としてとらえたい[(3)]。すなわち，子どもという存在の見方は，「基本的には人間一般の見方に共通」しながらも「子ども期固有の部分」が追加されるとし，それを以下のようにまとめた。

　①　一個の独立した人格の主体

　独立した人格の主体として取り扱うことが大前提となる。心身の未発達状態があっても親権者や保護者の意思ですべてが決定できるわけではない。不適切な意思決定を行った場合は社会的に介入する。

　②　受動的権利と能動的権利を同時に有する存在

　受動的権利とは「成長発達を社会的に保護される人権・権利」のことをいい，能動的権利とは「自分を表現したり，意見や態度を明らか」にしたり「個性を発揮する」人権・権利である。一人ひとりの発達段階に応じた「人権・権利の保障をどのように図る」のかが課題となっている。

　③　成長発達する存在

　「子どもは成長発達する存在であり，それを家族や社会から適切に保障される」べきで，その責任は保護者のみならず国や地方公共団体も同等に負っている。

表 2-1　わが国の関連法制度における子どもの名称及び年齢の範囲

法制度 (社会福祉)	呼称	年齢	法制度 (社会福祉以外)	呼称	年齢 (付記事項)
児童福祉法 (1947年) 第4条	児童	満18歳に満たない者	学校教育法　第17条,第26条	幼児	満3歳から, 小学校就学の始期に達するまでの幼児
	乳児	満1歳に満たない者			
	幼児	満1歳から, 小学校就学の始期に達するまでの者		子 (学齢児童)	満6歳に達した日の翌日以降, 最初の学年の初めから, 満12歳に達した日の属する学年の終わりまで。ただしその日の属する学年の終わりまでに小学校, 義務教育学校前期課程又は特別支援学校小学部の課程を修了しないときは, 満15歳に達した日の属する学年のおわりまでの者
	少年	小学校就学の始期から, 満18歳に達するまでの者			
児童手当法 (1971年) 第3条	児童	18歳に達する日以後の3月31日までの間にある者			
児童買春, 児童ポルノに係る行為等の処罰及び児童の保護等に関する法律 (1999年) 第2条	児童	満18歳に満たない者		子 (学齢生徒)	小学校, 義務教育学校前期課程又は特別支援学校小学部の課程を修了した翌日以降, 最初の学年の初めから, 満15歳に達した日の属する学年の終わりまでの者
児童虐待の防止等に関する法律 (2000年) 第2条	児童	満18歳に満たない者			
児童扶養手当法 (1961年) 第3条	児童	18歳に達する日以後の3月31日までの間にある者			
		20歳未満で政令で定める程度の障害の状態にある者	道路交通法　第14条	幼児	6歳未満の者
				児童	6歳以上13歳未満の者
特別児童扶養手当等の支給に関する法律 (1961年) 第2条	障害児	20歳未満であって, 第5項に規定する障害等級に該当する程度の障害の状態にある者	少年法　第2条	少年	20歳に満たない者
			刑法　第41条	刑事責任年齢	14歳に満たない者
			民法　第4条	成年	18歳
母子及び父子並びに寡婦福祉法 (1964年) 第6条	児童	20歳に満たない者	労働基準法　第56条57条	児童	満15歳に達した日以後の最初の3月31日が終了するまでの者
就学前の子どもに関する教育, 保育等の総合的な提供の推進に関する法律 (2006年) 第2条	子ども	小学校就学の始期に達するまでの者		年少者	満18歳に満たない者
			未成年者喫煙禁止法　第1条	未成年者	20歳未満ノ者ノ喫煙ノ禁止ニ関スル法律　第1条　未成年者20歳未満ノ者
母子保健法 (1965年) 第6条	乳児	1歳に満たない者			
	新生児	出生後28日を経過しない乳児	未成年者飲酒禁止法　第1条	未成年者	20歳未満ノ者ノ飲酒ノ禁止ニ関スル法律　第1条　未成年者20歳未満ノ者
	幼児	満1歳から, 小学校就学の始期に達するまでの者			
	未熟児	身体の発育が未熟のまま出生した乳児であって, 正常児が出生時に有する諸機能を得るに至るまでのもの	国民の祝日に関する法律　第2条	こども	規定無し
			日本国憲法　第27条	児童	規定無し

出典：網野武博『児童福祉学——「子ども主体」への学際的アプローチ』中央法規出版, 2002年, 63頁を参考に筆者作成。

（3）子どもの名称と年齢の範囲

　子ども家庭福祉は，かつて児童福祉とも呼ばれ，現在でも児童福祉と呼ばれることが多い。

　児童という表現は，すでに法律や制度上で慣用的に用いられ，定着しているが，一方で，その呼称や年齢の範囲については相違が見られる。その主な理由としては，わが国の子どもや青少年に関する法制度が，第2次世界大戦以降，急速に整備されてきたこと，そして，各法制度が掲げる自立等について共通基準をもてないまま整備されたことが考えられる。表2-1は，わが国の関連法制度における子どもの名称及び年齢の範囲をまとめた。子どもの名称は，準拠法によって「児童（乳児）（幼児）（少年）」「障害児」「少年」「未成年者」「こども」とまちまちであり，年齢の範囲も，満18歳未満を上限とする場合と満20歳未満を上限とする場合に大別される。

　それぞれの法制度が規定する「児童」「少年」「未成年」「こども」は，歴史的に見て，社会や成人の立場から子どもの段階とそれ以降の段階とを区分する基準として用いられ，子どもの発達や自立を考慮し制定された。社会福祉，健全育成，教育，労働，司法，民事法，刑事法等，いずれも「こども」の生活全般にわたって，成人とは異なる配慮がなされている点が特徴である。

　このような子ども期の明確化は，従来から子どもを愛護し，保護することを基本に進展してきたものを，子どもの人権保障，発達保障を図ることで，一定の方向性を指し示す役割を果たしている。子どもにとって，果たしてどのような自立（身体的・心理的・社会的・経済的）が必要であり，子ども期を経て，何が社会的義務や責任を負うことのできる人間へとつながるのか検討する必要がある。[4]

2　「家族」とは何か

（1）現代家族の特徴

　子どもが成長し，気がつけば親や兄弟等の血縁で結ばれた親族関係があり，

大人になると夫婦の配属関係を結び，やがて自ら親や親族を形成する。私たちは，このような関係を基礎に「社会構成の基本的単位として成立する小集団」を「家族」と呼んでいる。しかし，この「家族」を定義することは容易でない。たとえば，森岡清美は「家族とは，夫婦・親子・きょうだいなど少数の近親者を主要な成員とし，成員相互の深い感情的なかかわりあいで結ばれた，幸福（well-being）追求の集団である」と定義しているが，今日の社会では，グローバル化，成員の個人化が進行し，「家族」の集団性は揺らぎ，融解している。「家族」は形態面・成員結合面・機能面からその特色をとらえられるが，「家族」の役割や機能は拡大・拡散し，個人の自己実現が求められる時代にあっては，これらの面からとらえることに限界があった。また，「家族」とは何かの問いをめぐっては，人類学者や法学者，社会学者らによって概念化が試みられてきたものの，時代の変化とともに常にパラダイム転換がなされている。

　ここでは，落合恵美子による「歴史社会学の見地から〈近代家族〉の特徴を理念型的にとりだ」し「近代家族をめぐる言説」の中で整理した近代家族の家族観を紹介しよう。落合は，1985（昭和60）年に示した5項目と1989（平成元）年に加えた3項目に，西川祐子の2項目（⑨，⑩）を付け加えた10項目を示している。

　　① 家内領域と公共領域との分離
　　② 家族構成員相互の強い情緒的絆
　　③ 子ども中心主義
　　④ 男は公共領域・女は家内領域という性別分業
　　⑤ 家族の集団性の強化
　　⑥ 社交の衰退とプライバシーの成立
　　⑦ 非親族の排除
　　⑧ 核家族
　　⑨ この家族を統括するのは夫である（西川）
　　⑩ この家族は近代国家の単位とされる（西川）

　また，落合と同じように近代家族論の問題を論じた山田昌弘は，「近代家族の基本的性格」として，次の3点を挙げている。⁽⁸⁾

①　外の世界から隔離された私的領域

②　家族成員の再生産・生活保障の責任

③　家族成員の感情マネージの責任

　山田は，これを支える装置は「愛情と家族責任を結ぶイデオロギー」「ジェンダーの神話と母性愛イデオロギー」「国家による介入」といい，これらは「近代社会が想定する『家族』の理念型」とした。その条件は，①小集団で公共領域から隔離されている，②生活を保障し，労働力再生産を行っている，③情緒的満足，情緒的不満の処理を行っている，④行動の動機づけに「愛情」が用いられる，⑤男性 - 仕事，女性 - 家庭の性別役割分業が行われている，⑥国家の制度に順応しているという特徴を挙げている。⁽⁹⁾

　これらの条件を満たすことが，高度経済成長期における「豊かな家族生活」を保障し，「幸せな家族」にたどりつくための目標となった。山田のいう努力をなすことで実現できる「戦後家族モデル」を生み出したのである。しかし，この「戦後家族モデル」は，現在，多くの機能不全を起こし，結果，人びとや社会は新たな家族モデルを見出せないでいる。

（2）現代家族の混迷

　「戦後家族モデル」が機能不全を起こしていることについて，山田は次のように論じている。⁽¹⁰⁾まず，①「戦後家族モデルの実現率の低下」である。「夫は仕事，妻は家事で豊かな生活をめざす」という「男性 - 仕事，女性 - 家庭の性別役割分業」に基づく家族モデルは，「男性の職が不安定化し，ますます多くの人が，戦後家族モデルから強制的に排除」されることによって実現しにくいとした。次に②「戦後家族モデルの魅力の低下」によって，多数の人（特に若者）にとって「戦後家族モデル」は魅力に欠ける状態となっているという。

「戦後から高度成長期にかけては，戦後家族モデルは，家族の幸福を実現するための手段として，当時の若者にとってあこがれの的であった。しかし，その中で育った現在の若者にとっては，相当の努力を払ってまでして到達したいモデルとは思えなくなっている」。そして，③「戦後家族モデルに代わるモデルの不在，もしくは，実現不可能性」があるという。「新しく魅力的に見えるモデル，たとえば『欧米型平等モデル』（夫婦がフルタイムの職に就き，経済的豊かさの中で，家事・育児を分担しながら育てる），『自己実現家族モデル』（好きな相手と結婚し，好きな仕事をして，豊かに生活する）は，ニュー・エコノミー（new economy）の浸透により，戦後家族モデル以上に実現可能性が低くなっている。それは，男性の職が不安定化する以上に女性の職も不安定化しているからである。共働きして豊かな生活を希求しても，女性自身の職が不安定化していれば無理である。これらの理想的家族モデルを実現できる人は，相当の能力，魅力と親，運などに恵まれた人に限られる」という。このように，多くの人びとがそれなりに努力をすれば実現可能であり，かつ，多くの人に支持される魅力的な家族モデルが存在しなくなった。これが，家族に関して人びとが閉塞感をもつ原因である。

3 「家族」の問題と「家族意識」の問題とは

（1）現代家族の機能不全と生活の揺らぎ

　前節で触れた山田の指摘のように，このような混乱状況が続くことで，ますます家族の社会的機能（子どもの養育等）や個人的機能（家族に対する期待）が不全状態に陥っている。また，理想的家族モデルを見出せないでいることと相まって，モデル形成の条件が整わない中で子育てせざるを得ず，親に十分な養育環境を与えられない，子どもに十分な養育を受けさせられないケースが増える傾向にある。特に，経済的安定が得られない場合，生活リスクを家族全体で引き受けきれず，結果，家族員の誰かを排除せざるを得ないケースも出てくる可能性が高い。

　家族員が望む高い生活水準と現実とのギャップは，多様な軋轢や歪みをもたらす。経済的期待水準と情緒的期待水準がどちらも高く，実現可能であれば，家族生活に不安感や不公平感は生じにくい。その反面，家族モデルの期待する生活水準が高いまま家族の生活基盤が二極化した場合，家族生活に不公平感を感じるケースは増大する。情緒的期待水準が高くなったが「家族をイヤになる」機会も増え，結果的に家族から実質的に排除される場合も生じることもある。[12]

（2）ファミリー・アイデンティティの揺らぎ

　ファミリー・アイデンティティ（family identity：家族意識）の揺らぎがあっても，家族にとっては，家族が存在するという事実とそこで取り結ばれる関係性が，ファミリー・アイデンティティを育んできた。

　上野千鶴子は「家族を成立させている意識をファミリー・アイデンティティ」と呼び，ファミリー・アイデンティティとは「何を家族と同定（identify）するか」という「境界の定義」と説明している。従来，「家」は「超個人的な実体」であり，それを成立させる物質的な基盤は，①家業の共同，②家名の共同，③家屋の共同，④家産の共同，⑤家計の共同と考えられた。[13]

　しかし，ファミリー・メンバーの中で「家族」意識と形態が変動した場合，見知らぬ家族は，意識も形態も，すでによく見知っている家族とは似ても似つかないものになる可能性がある。そこで，上野らは「形態はとっくに変わってしまっているのに意識が伝統型の家族，逆に，形態は従来型のままなのに意識がすっかり変わってしまった家族」の変化を概念化する際，作業仮説としてダイアグラム（図2-1）を作成した。第Ⅰ象限は，意識も形態も伝統型で一致した家族であり，第Ⅲ象限はその対極に，意識も形態も非伝統型で一致した家族が含まれる。第Ⅱ象限は，意識が伝統型，形態が非伝統型の家族であり，第Ⅳ象限は，伝統型の形態であるが，意識は非伝統型の家族が含まれる。その変化の方向は，第Ⅰ象限から第Ⅱ象限を経て第Ⅲ象限へと，Ⅰ象限から第Ⅳ象限を経て第Ⅲ象限へと向かう二方向である。

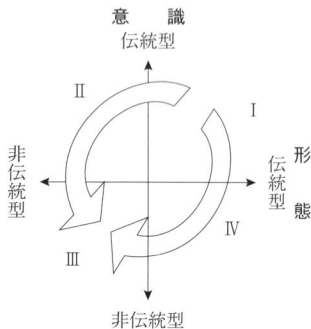

図2-1 意識と形態の伝統型から
非伝統型への変化の方向

出所：上野千鶴子『近代家族の成立
と終焉』岩波書店，1994年，
9頁。

　ここでは，第Ⅰ象限（意識も形態も伝統型で一致した家族）を除く三象限（矢印の方向から第Ⅱ象限→第Ⅳ象限→第Ⅲ象限の順番で）の家族類型を紹介する。

　第Ⅱ象限（意識が伝統型，形態が非伝統型の家族）は「伝統型の家族意識を防衛するため，家族の危機に対処して世帯分離を選んだ」ケースであり，世帯分離の対象になるのは，高齢者，夫，子どもである。高齢者は，要介護状態が進行し，適当な介護者が家族員に見あたらない場合と，施設入所に至る場合があり，子どもも障害や反・非社会的問題行動を引き起こす場合や，施設入所や山村留学等に送られる場合がある。夫の場合は，単身赴任が一つの事例である。「家族は危機に対して結束するよりも，問題を抱えたメンバーの分離を選ぶ傾向」がある。

　第Ⅳ象限（形態は伝統型だが，意識は非伝統型の家族）は「かたちは三世代同居でも伝統的父系同居だけでなく，母系同居や双系同居」のケースがこれに該当する。一緒に楽しく遊ぶことを目的とする「同好会カップル」や子どものいない「DINKS」，さらによく似た性格同土がたまたま異性だったという「ツインズ・カップル」等，「友愛家族」と呼ばれる家族である。ここには，家庭内離婚のような「解体家族」や子連れ再婚の「ステップファミリー」[14]も含まれる。

　第Ⅲ象限（意識も形態も非伝統型で一致した家族）は「かたちも意識も旧来型の見方からはとても家族とは思えないが，当事者たちは『自分にとってはこれが家族だ』と考える」ケースである。それには「コレクティブやさまざまな共同体」「レズビアンやゲイのカップル」「死者とつくる家族」「人間以外のペットとつくる家族」[15]等がある。このように「ペットや死者との関係を『家族（のようなもの）』と，当事者が語る背後には，自らをこの世に運命的につなぐ関係への希求や，ほんとうに信頼できる親密圏への要求がある」[16]のかもしれない。

　そこまで極端な意識をもたなくても，自分にとって理想的家族があるはずだ，いつかできるはずだと「夢見る」人びともいる。つまり，夢や幻想の中に「理想的家族」を作り上げることで，新たな家族像を創出しようというのである。このように，家族の多様性や個人化，ファミリー・アイデンティティの拡散はとどまるところを知らず，家族意識がどこに集結していくのか予測は困難である。

　さらに，上野は，「住宅」という容れ物も，現代家族の理想の投影物になるとは限らないと述べている。家族が集う場を家庭と呼ぶなら，家庭もまた家族同様にその行き場を失っているといえよう。

　家族は，「家族」として意識化され，ファミリー・アイデンティティをもつ対象とされる。この概念は，戦後の家族形態が変動していく中で揺れ動いている。なぜなら，戦後家族モデルの実現率が低下し，魅力のある家族モデルが見出せない上に，他に理想的な家族モデルが存在するわけでもないからである。女性の社会進出やフリーター，ニートといった存在の出現により，理想の家族を形成する人びとと，不本意な家族を形成せざるを得ない人びととの二極化が見られる。また，安心して子どもを生み育てにくい環境が拡大する。このような現状に対して，若者の経済基盤の強化や，単一モデルにとらわれない多様な家族のあり方が求められる。

4　子ども家庭福祉とは

(1) 子ども福祉

　子ども福祉 (child well-being) は，児童福祉という伝統的な表記に対して，児童の権利に関する条約や改正児童福祉法等に代表される新たな制度を「子ども福祉」として規定し，区別するための用語を意味する。

　児童福祉とは，社会福祉の一分野として位置づけられ，日本国憲法を基調として，児童福祉法をはじめとした子どもに関連する社会福祉の関連法，学校教育法をはじめとする社会福祉以外の関連法，医療・保健をはじめとする各専門

領域と連携しながら総合的・体系的に推進される子どもに対する社会的サービスの総称を意味する。

　児童福祉は，歴史的に「救貧的・慈恵的・恩恵的性格」を色濃く残しながら「親が子どもの養育に責任をもつこと」を第一義的に推進されてきた。特に，親側に何らかの生活上の問題や，課題の解決・解消が困難な状況が顕在し，直接的にも間接的にも対処しきれなくなった時に，「最低生活保障として事後処理的に，補完的・代替的サービスの提供」を行ってきた。その意味では，親が責任をもつか，もてなければ措置という形で子どもを保護するといった二分法で，児童福祉行政が制度化されている。

　これに対して，子ども福祉は，伝統的な児童福祉から「ウェルビーイング」の理念の実現をめざし「保護」から「自立」への方向転換を志向してきた。そこでは，「人権の尊重」「自己実現」をめざすために「子どもの権利擁護の視点から，予防・促進・啓発・教育」を行い，「問題の重度化・深刻化を防ぐ支援的・協働的プログラム」を重視したサービス展開が求められる。すなわち，「親を含めた社会全体の責任」として実践されるとともに，これを促進する国民の不断の努力が期待される。[18]

（2）家族福祉

　家族員一人ひとりが生き生きと希望を抱いて幸せに生活するには，安心して子どもを産み育てられる環境や，介護制度をはじめとする社会福祉制度や政策，実践等の充実が必要になる。しかし，現状では不十分であり，分野的な領域は確立されていない。

　家族として生活課題や問題を重層的に抱え込んでいる人びとは，努力しても意味がないし報われないと思われるような，格差社会に対する無力感を感じる場合があろう。通常の努力では，それぞれが理想とする家族生活にたどり着けないと感じる家族は，時に絶望を感じ，さまざまな問題行動を引き起こす可能性がある。その例として，家庭内虐待（子どもに対する虐待，ドメスティック・バイオレンス〔DV〕等）や非社会的行動（ひきこもり，自殺等），享楽的行動（買い

物依存症，セックス依存症等），アディクション（酒，パチンコ，ドラッグ等）が挙げられる。多くの場合，家族内で自己完結的に解消に努めようとするが，問題はそれほど簡単ではない。子どもは，そのような家族内にある生活課題や問題の影響を直接・間接的に受け，適切な支援や援助が受けられなかった場合，ある時期から，自らも同様の問題行動をとるようになってしまう場合がある。

　従来の社会福祉における家族支援は，そのような家族や子どもの置かれた状況に対して，血縁・地縁といったインフォーマルセクターと，一部最低保障としてのパブリックセクター，企業を中心とするビジネスセクター，その穴埋めとしてのボランタリーセクターを基盤に進んできた。今後は，それらを超えて，いわゆる「福祉コミュニティ」とでも呼ぶべき人びとの関係（ソーシャルインクルージョン）の視点に立った構築のあり方が求められている。

（3）家族福祉論の視座

　山崎美貴子は「支援を求めている当事者と家族の距離」「その当事者にとっての家族の重さ」「家族との関係性」に着目し，家族やコミュニティが直面している問題と関連づけながら，以下の3点について問題提起を行っている。[19]

1）家族の問題内部構造へのアプローチ

　一人の人間の問題把握ではなく，家族全体に派生する外生的側面（環境的な側面）と内生的側面（家族の状況）のそれぞれに焦点を集中し，両者の相互作用を見ながら家族の内部構造に着目する。また，家族内の夫婦関係，親子関係，兄弟姉妹関係等がどのように組み合わされるのか，誰がどのように機能し，役割を果たしているのかを見る。このように多様な家族内関係を理解することによって，家族全体への支援方法を検討する必要がある。

2）家族のストレスへのアプローチ

　家族はさまざまなタイプのストレス状況に陥るが，他の家族からの助けを必要とする課題に支援システムが機能するよう，何らかのアプローチをしなければならない。そのためには，家族内に生じるストレスを家族内のみで解消・軽減するだけでなく，家族外の資源と結びつくよう社会的支援ネットワークを構

築し，社会的孤立等から生じるストレスを軽減することが求められる。

3）家族に対するアセスメントの方法

　家族生活は，問題発生の契機や原因から生み出されたストレスの影響を受けるが，その一方で，生活の営みを通して問題を解決し，ストレスを解消できる能力も内在している。このようなメカニズムを適切に把握するには，支援を試みる初期段階で行う情報収集，分析，判断プロセス，すなわち，アセスメントが重要である。そこでは，さまざまな家族の形態があることを認識し，そのことを尊重する視点は欠かせない。ただし，社会的な差別，道徳的な差別の道具としてアセスメントを用いることは，厳に慎まなければならない。

　社会福祉関係者は，このような視点に立って子どもや家族との「かかわり」場面に介入の機会をうかがうが，ミクロ・メゾ・マクロのアプローチのベクトルは双方向であり円環的である。ジェネラリストアプローチの必要性が強調される現在，時として個別化を図り，時として小集団のダイナミックスを活用し，時として地域機能や資源を活用し，時として当事者組織（セルフヘルプ）の構築を図りながら，しかも，行きつ戻りつしながら，創意工夫を重ねた支援の展開が求められる。

　また，家族福祉は，国をはじめとする社会福祉施策の状況に大きく左右される側面がある。そのため，子ども家庭福祉施策の対象が，すべての子どもや家族，地域に拡大していく中で，子どもの最善の利益が保障される場（家庭や里親や施設等）に必要な施策を絶えず見直す必要がある。家庭や地域を基盤とする多様で総合的な施策の推進が期待される。

ま　と　め

　これまで，子ども家庭福祉についていえば，子どもと家庭が総体としてとらえられることがなく，そのため環境，各種の制度・施策や方法が両者を有機的に機能させてこなかったという歴史がある。その理由は，戦後の孤児救済から

始まった児童福祉が「親に代わって家族の養育機能を代替しあるいは補完する」という発想に基づいて推進されてきたためであり，その前提には，家庭で出産と子育てを行うことが，疑うべくもないアイデンティティであったからである。

　前述したように，家族の置かれた状況は大きく揺らぎ，グローバル化と個人化が進行する現在，子どもを安心して養育する場，幸せを追求する場としての家庭や家族は，その方向性を見出せないでいる。したがって，まず，その要因をさらに総合的に解明する必要があろう。それは，従来からの子どもに向けて展開すべき社会福祉サービスのあり方にとどまらず，住環境，労働条件といった家族の養育機能すべてにかかわる問題の総点検作業を必要としている[20]。ここにこそ，従来の児童福祉が，子ども家庭福祉という新しい範疇で再構成されねばならない理由がある。

　家族の自立（自律）を最大限に尊重し，しかも，依存のあり方も考慮した支援の再構築は，結果として家族員自身にとって力となる。今後の子ども家庭福祉の展開は，①子どもを産み・育てやすくするための諸施策を用意しつつ，子育てのための環境（家庭・地域・企業等）づくりという，市民参加による社会的規模の取り組みを行うこと，②出産・子育てを営むための知識や知恵，技能等の習得の場をさらに増やすこと，③現実に諸困難・問題を抱えている親や関係者へのソーシャルワーク介入・支援モデルの構築と，きめ細かく具体的な支援活動を「共感する他者として」[21]専門援助関係で行うこと，④専門職以外のコミュニティネットワークの中で相互に力を高め合うための仲間づくりを推進すること，⑤次世代に対する啓発を行うこと等である。すなわち，「育ち」「育てる」力の開発を中心に据えた子育ての「エンパワメント」が求められるのである[22]。

注

(1)　新村出編『広辞苑第 第6版』岩波書店，2008年，917頁。
(2)　文化庁編『言葉に関する問答集・9』大蔵省印刷局，1983年，30頁。なお，2013

（平成25）年6月，文部科学省と文化庁は，「子供」と「子ども」が混在していた公文書の表記を「子供」にするよう周知徹底した（「子の権利拡大認めず」朝日新聞朝刊，2016年6月18日付）。

(3) 山縣文治『子ども家庭福祉論』ミネルヴァ書房，2016年，31-32頁。

(4) 社会福祉士養成講座編集委員会編『児童福祉論 第3版』中央法規出版，2005年，5頁。

(5) 新村出編，前掲書，509頁。

(6) 森岡清美・望月嵩『新しい家族社会学 4訂』培風館，1997年，4頁。

(7) 落合恵美子「近代家族をめぐる言説」井上俊・上野千鶴子ら編『〈家族〉の社会学』岩波書店，1996年，26-30頁。項目⑨・⑩は「家父長制についての規定と国家の関係という権力関係に関する項目」である。

(8) 山田昌弘『近代家族のゆくえ――家族と愛情のパラドックス』新曜社，1994年，77頁。

(9) 同前書，77-78頁。

(10) 山田昌弘『迷走する家族――戦後家族モデルの形成と解体』有斐閣，2005年，246-247頁。

(11) ①情報技術の進歩や経済の国際化により，景気循環が消滅しインフレーションの起きない経済成長が続くとする説があり，1990年代のアメリカで主張された。また，②従来型の経済（オールド・エコノミー）に対し，インターネット関連企業を中心とする経済と説明されることもある（三省堂『大辞林（第3版）』Weblio辞書〔http://www.weblio.jp/sanseido.jsp，2017年6月12日アクセス〕）。

(12) 同前書，248-249頁。

(13) 上野千鶴子『近代家族の成立と終焉』岩波書店，1994年，5-6頁。

(14) ステップファミリーについては，茨木尚子・吉本真紀「NPOにおける家族支援とソーシャルワーク――ステップファミリー当事者による支援組織の活動から」『ソーシャルワーク研究』32(4)，2007年，相川書房，44-51頁が参考になる。

(15) 上野千鶴子，前掲書，10-11頁。

(16) 上野千鶴子「家族の臨界」牟田和恵編『家族を超える社会学――新たな生の基盤を求めて』新曜社，2009年，6頁。

(17) 上野千鶴子『家族を容れるハコ 家族を超えるハコ』平凡社，2002年。

(18) 高橋重宏・山縣文治・才村純編『子ども家庭福祉とソーシャルワーク 第2版』有斐閣，2005年，6-10頁。

(19) 山崎美貴子「社会福祉と家族――「家族福祉論」研究の現代的課題」『社会福祉研究』第88号，鉄道弘済会，2003年，37-39頁。

(20) 庄司洋子・松原康雄・山縣文治編『家族・児童福祉 改訂版』有斐閣，2002年，

　31頁。

⑵1　窪田暁子『福祉援助の臨床――共感する他者として』（誠信書房，2013年，55-56
　　頁）で，「自分の言い表しがたい気分に共感を持って接してくれる，安心できる，
　　好感の持てる相手の眼の中に映っている自分と出会うことによって，人は自分自身
　　を新しい眼で見直すことを学ぶのである。…（中略）…そのような意味で，専門援
　　助者は『共感する他者』なのであり，そのようでなければならない」と言及されて
　　いる。また，援助関係とは何かを論じる入門書として評価の高い稲沢公一『援助関
　　係論入門――「人と人との」関係性』（有斐閣，2017年）では，従来の援助を構成
　　する要素や援助モデル，理論史の解説等を通して，人が人を助ける理由について新
　　たな援助論を展開している。

⑵2　「エンパワメント」の理解を深めるには，古川孝順・田澤あけみ編著『現代の児
　　童福祉』（有斐閣，2008年），堀正嗣・栄留里美『子どもソーシャルワークとアドボ
　　カシー実践』（明石書店，2009年），比較家族史学会編『現代家族ペディア』（弘文
　　堂，2015年），山野則子・武田信子編著『子ども家庭福祉の世界』（有斐閣，2015
　　年），山縣文治『子ども家庭福祉論』（ミネルヴァ書房，2016年）等が参考になる。

参考文献

社会福祉士養成講座編集委員会編『児童や家庭に対する支援と児童・家庭福祉制度
　　第 6 版』中央法規出版，2016年。
松本伊智朗編著『子ども虐待と家族――「重なり合う不利」と社会的支援』明石書店，
　　2013年。
岩田正美監修，山縣文治編著『子ども家庭福祉』（リーディングス日本の社会福祉⑧）
　　日本図書センター，2010年。
古川孝順ら『援助するということ――社会福祉実践を支える価値規範を問う』有斐閣，
　　2002年。
井上俊ら編『〈家族〉の社会学』（岩波講座現代社会学⑲）岩波書店，1996年。

第3章	子ども家庭福祉のあゆみ

はじめに

　子ども家庭福祉を含む社会福祉の歴史は，①家族の支え合い・助け合い，②近隣住民による支え合い・助け合い，③地域社会における相互扶助の仕組み，④国家の制度（法律に基づく仕組み）に拡大・変容した過程といえよう。とりわけ子ども家庭福祉の歴史は，家族の機能を理解することが前提となる。具体的には，①生命を維持する，②生活の糧を獲得する，③子どもを育てる，④心の安らぎを得る，⑤家族を保護・支援することが家族の機能であり，このすべてが，子ども家庭福祉にかかわっている。

　そこで，本章は，子ども家庭福祉の歴史を，家族や近隣住民の支え合い・助け合いから地域社会・国家へと拡大・変容する過程に位置づけ，2つの点から歴史的特徴を理解する。一つは，わが国における子ども家庭福祉の歴史の中で変容した側面と，同時に子ども家庭福祉の歴史で変容しなかった側面（普遍的な特徴）である。もう一つは，同時代における子どもや子育て家庭の暮らしと生活課題，課題解決に関わる子ども家庭福祉の特徴である。また，子どもや子育て家庭を取り巻く環境（社会や文化，政治・経済等）が与えた影響についても解説する。

1　近代以前の子どもと家庭に対する救済事業

（1）先史・古墳時代における子ども・家族の暮らし

　紀元前1万4,000年頃から始まる縄文時代は，30代で死亡する人が多かった。

図3-1　縄文時代における子どもの生活歴（ライフヒストリー）

	六ヶ月頃	二歳頃	六歳頃	十二歳頃	十六歳頃	
	新生児期	乳児期	幼児期	小児期	思春期	大人の領域

誕生〜死亡

- 赤色顔料が散布される
- 土器棺に埋葬される
- 装身具を着装する・幅葬品を伴う
- 複葬の対象となる
- 多数合葬例に含まれる
- 集落構成員外の存在　　集落構成員として認知される　　結婚によって帰属が変化する

乳歯萌出　離乳　永久歯萌出　第二次性徴発現　成人儀礼（抜歯）　結婚　出産

再生観念による回帰

注：縦書きは横書きに変更，下部説明文は省略。
出所：山田康弘「縄文時代の子供の埋葬」『日本考古学』4，1997年，18頁。

とりわけ男性よりも女性の方が短命で，死亡年齢のピークは10代後半から20代であった。女性が短命だった理由は，子どもの出産によるものと考えられている。また，子どもたちも無事に産まれてくることが人生最初の課題であり，死産となり，埋葬されることも少なくなかった。

　図3-1は，考古学者の山田康弘が東日本の遺跡から推定した「縄文時代における子どもの生活歴（ライフヒストリー）」である。この図から，縄文時代の人びとは，死亡した子どもの年齢層に応じて埋葬方法を変えていたことがわかる。また，新生児期・乳児期の子どもは集落構成員外の存在となっており，死亡する新生児・乳児が多かったことと関係しているのかもしれない。さらに，縄文時代は，他の時代よりも妊娠・出産に関する出土品が多く，子どもの出産と成長を重視する時代であったと考えられる。

　紀元前10世紀後半から数百年を経て広まった灌漑式の水稲耕作（以下，稲作）は，紀元2世紀まで続く弥生時代の特徴である。弥生時代は，稲作という農耕形態により人びとの社会統合（稲作の共同作業や水田の共同管理等）が進み，身分階層が形成された。あわせて，生業を継承する基盤として稲霊信仰が広まり，イエ（家）の存続を重視する祖先祭祀と結びついていった。さらに，稲作の普

及は食料の安定供給を生み出し，大幅に人口が増加した。一方，身分階層が進んだ弥生時代は，貧富の差によって死亡した子どもの埋葬品も異なっていた。3世紀頃から始まる古墳時代は，身分階層（権力者と支配される人びとの構造）が進み，稲作の農耕形態も各地に定着していった。支配される身分の子どもたちは労働力として重視され，除草作業や収穫に携わっていたようである。

　このように弥生時代と古墳時代は，食料（米）の増産と人口増加に伴い子どもの死産や早世が減少し，出産にかかわる女性の死亡率も低下した。また，支配される身分の子どもたちは，労働力として重視される時代でもあった。

　弥生時代以降の人口増加は4世紀以降の飛鳥時代・白鳳時代・奈良時代まで続いた。その背景には，稲作の普及による食料の安定供給と律令制（天皇を頂点とする支配階層が法律・制度に基づき統治する仕組み）に基づく国家体制の拡充があった。支配される身分の子どもたちは，律令制下の時代も労働力として重視され，家族とともに稲作中心の生業を支えていた。

（2）中世における子ども・家族の暮らし

　平安時代を迎え，人口は停滞期に入る。その原因は，律令制（特に税収）の地域格差，支配階層の権力分立に伴う国家体制の不安定化等であった。一方，コマやサイコロ，竹トンボに似た玩具等が普及し，子どもの遊びに用いられていたようである。さらに，平城京で暮らす支配階層の子どもたちは，子ども専用の装身具（下駄等）を身に着けて，大切に育てられていた。このように古代の日本は，身分階層の違いにより子どもたちの生活状況が大きく異なっていたといえよう。

　鎌倉時代も人口は微増にとどまっていたが，室町時代（14世紀前半〜16世紀後半）から江戸幕府成立期（17世紀初頭）は人口増に転じる。その背景には，農業の生産性向上（家畜の利用や二毛作の普及，灌漑施設の整備等），農地開発を進める武士（支配階層）の統治，商業の発達に伴う経済活動の活性化があった。

　この時期，農業生産の担い手は支配される身分の人びとであり，彼らの子どもたちも重要な労働力であった。そのため，鎌倉時代から江戸幕府の成立に至

るまでの期間，貧困家庭（特に隷属農民）の子どもたちは，組織的な人身取引によって労働需要のある農村地帯に売られた。一方，武家階級・公家階級の子どもたちや比較的裕福な庶民の子どもたちは寺院等で教育を受け，家族とともに暮らすことができる生活環境であった。

当時のわが国では，仏教寺院の僧侶による子どもや家族の救済も行われていたが，1549（天文18）年に来日したイエズス会宣教師のザビエル（Xavier, F.）以来，キリスト教関係者たちも子どもや家族の救済活動に取り組んだ。たとえば，1552（天文21）年，貿易商として来日したポルトガル人のアルメイダ（Almeida, L.）は，イエズス会に入会し，私財を投じて豊後府内（現在の大分県内）に乳児院を設立した。

（3）近世における子ども・家族の暮らしと救済事業
1）子ども・家族の暮らし

日本の近世は，徳川家康が征夷大将軍に任命され，江戸幕府が成立した17世紀初頭に始まる。江戸幕府成立期における人口は1,500万人前後であったが，18世紀前半になると約3,100万人となった。つまり，江戸幕府が統治した時代（以下，江戸時代）の人口は，初めの100年間で約2倍に増加したが，その後，明治維新期になるまで人口は停滞した。

江戸時代は身分制による統治社会であった。具体的には，支配階層の武家階級のほかに，皇族を支える公家階級，僧侶・神職・医師等の教化階級，農民・町人階層，社会的に排除された人びとの階層である。中世まで隷属農民（支配される身分）であった人びとは，江戸時代になると小農として自立し，配偶者を得ることが可能となった。その結果，江戸時代以降の農民階層に属する人びとは，比較的小規模な家族を形成し，それが人口増加につながった。農民階層の子どもたちは，成長とともに農業の手伝いに従事し，生業を経験的に学んだ。

なお，江戸時代後期から人口が停滞した理由は，出生率の低下と女性の晩婚化が直接的な要因であった。出生率の低下の背景には，乳幼児の死亡率低下も関係している。また，晩婚化は，商家等に奉公したり，家内工業に従事する農

民階層の女性が増加したことも理由とされる。しかし，その社会的背景には，農地の耕作面積が大幅に縮小したという要因があった。この要因によって，小規模な家族経営の農家は，子どもたちに土地と農業資源（燃料・肥料・用水等）を分割して相続させることが難しくなり，女性の奉公等が増加したのである。また，子どもの権利という観点から当時の社会的課題を挙げるならば，農民階層の人びとは，土地の分割回避や生活水準維持のため，間引きを行っていた。

2）子ども・家族に対する救済事業

　前述した通り，江戸時代は身分制社会であった。農村部では間引きが行われていたが，江戸や大阪の都市部では子どもの遺棄が多く発生していた。子どもの遺棄（以下，捨子）の問題に対処するため，江戸幕府は，1717（享保2）年より運用された御定書の下巻（以下，御定書百箇条）において「捨子之儀に付御仕置之事」を定めた。

　これは，金銭を受け取り捨子を遺棄した者，もしくは在住地域内で見つかった捨子を隣町等へ遺棄した者への罰則を定めている。しかし，「捨子之儀に付御仕置之事」は，保護者が捨子する行為の罰則を規定していない。罰則は，1687（貞享4）年の捨子禁令で定められた。同令は，捨子の禁止や違反者（保護者）に対する刑罰だけでなく，捨子の防止や遺棄された子どもの保護・養育も規定していた。

　江戸時代における捨子で最も多い理由は，家庭の貧困であった。また，保護者自身が病気や障害等により子育てが難しい場合もあった。さらに，飢饉や自然災害等が人びとの暮らしを脅かす状況も繰り返し発生していた。そのため，子どもを遺棄する保護者も少なからず存在した。しかし，江戸幕府が定めた捨子禁令は，子どもの遺棄という犯罪行為を罰する制度的基盤であり，貧困家庭や子育てが難しい保護者の救済について定めたわけではない。また，この時代の地方領主や宗教家（仏教寺院の僧侶等），篤志家（私財を投じて人びとを救済した農民・町民や知識人）が取り組む救済事業は，個人的な実践（捨子の保護・養育や施米，貧困家庭の子どもの保護・教育等）が主体であった。

　このように近世の子どもや家庭にかかわる諸問題は，社会全体で解決できる

状況になく，支配階層（幕府や地方の領主）や比較的裕福な人びと（宗教家や篤志家など）の個人的な支援だけが機能していたといえよう。

2　明治・大正期における子どもと家庭に対する慈善・社会事業

（1）救済事業から慈善・社会事業へ

　明治期以降の日本は，政府の近代化政策により，人びとを取り巻く環境（社会や文化，政治・経済等）が大きく変容した。しかしながら，国家による救済制度は，国民の相互扶助を前提とした恤救規則のみであり，支援を必要とする人びとの救済は，民間人による慈善事業（仏教関係者や篤志家による従来の支援活動，明治期以降に増加したキリスト教関係者の実践）が担っていた。

　一方，明治期以降のわが国では，皇室による恩賜（金品等を与えられること）が重要な役割を担い，下賜金（皇室から与えられた金銭）は民間人の慈善事業の資金として活用された。また，皇室からの下賜金を財源とした恩賜財団（施薬救療事業を担う済生会，児童福祉や母性教育を担う愛育会等）も設立された。

　その後，1908（明治41）年より内務省（政府機関）は，感化救済事業講習会を全国各地で開催した。同講習会の受講者は行政関係者や慈善事業にかかわる民間人であり，救済の対象者を自活自営できる良民に訓化指導（教え諭すこと）し，地域社会の改善・振興を図ることが目的だった。同年には，慈善事業の発展と関係者・関係団体の連携を図るために中央慈善協会が設立され，大正期には中央社会事業協会と改称された。

　このように明治期以降の救済事業は，慈善事業から社会事業へ変容した点に特徴があり，近世以前の救済事業とキリスト教文化に基づく西洋諸国の取り組みを導入した民間人の慈善事業・社会事業や天皇中心の国家体制と近代化政策に基づく皇室の恩賜（慈善事業・社会事業に対する経済的支援や財団設立等），政府の感化救済事業等が併存していた。

（2）明治・大正期における子ども・家族の暮らし

　1868（慶応3）年に発布された王政復古の大号令は，新たに天皇中心の国家体制を企図する武家階級と公家階級の連合政権（以下，明治政府）に移行する宣言でもあった。明治政府は，1870（明治3）年の「大教宣布の詔」発布（天皇中心の思想統制を図る神道の国教化），1871（明治4）年の戸籍法制定と廃藩置県の断行，1872（明治5）年の学制公布と太陽暦の採用，1873（明治6）年の徴兵令発令ならびに地租改正条例の制定，1884（明治17）年の華族令（公爵・侯爵・伯爵・子爵・男爵と家族・親族）の制定等によって，中央集権国家体制確立のための近代化政策を進めた。さらに，西洋諸国の政治・社会・経済・文化を積極的に導入し，子どもや家庭を取り巻く環境も大きく変動した。

　明治期以降の人口は，1873（明治6）年の約3,500万人から1920（大正9）年の約6,600万人へと2倍近く増加した。その背景には政府の近代化政策（特に産業構造の変動）による人びとの生活水準の向上があった。また，平均寿命は，江戸時代後半には30代であったが，1920年代（大正期後半）には42歳前後となった。しかし，普通死亡率（人口1,000人に対する死亡者数）は，明治初期から1920年代（大正期後半）にかけて減少することなく高い比率を保っていた。その原因は，結核の流行や都市化・工業化等に伴う新たな疾病の発生であった。このように明治期から大正期後半は，多産多死の時代であったといえよう。

（3）明治期以降の近代化政策と子どもの制度的位置づけ

　明治政府が進める近代化政策は，子どもと家庭の生活環境に多大な影響を与えた。たとえば，1872（明治5）年の学制公布以降，子どもたちは義務教育を受けることが可能となった。その後，学校教育の制度化は進み，1893（明治26）年の勅命第34号（市町村立尋常小学校ニ就学スル児童ノ授業料ニ関スル件）第1条は，学齢期の子ども（児童）を「尋常小学校ニ就学スル全員又ハ或学級ノ児童」と記している。さらに，同勅令の根拠となる改正教育令（明治18年太政官布告第23号）第9条は「凡児童六年ヨリ十四年ニ至ル八箇年ヲ以テ学齢トス」と定義している。また，「学齢」の定義は，小学校令（明治19年勅令第14号）においても

同様であった。しかし，明治期以降の近代化政策は，子どもたちを工場の労働力として重視していた。つまり，明治政府は，就労せざるを得ない子どもたちを児童労働の対象に位置づけていたのである。いうまでもなく，児童労働に従事する子どもたちの多くは貧困家庭で暮らし，保護者も低賃金で働く労働者や疾病や障害等により就労困難な人びとが多かった。

　1911（明治44）年に制定され，1916（大正5）年から施行された工場法は，第2条で就業年齢の制限を12歳未満の者と定めていた。ただし，工場法施行時に規定された「簡易ナル業務」で行政官庁が許可した場合は，10歳以上の者も就業可能であった。さらに工場法は，就業時間（第3条）と夜間勤務（第4条）など多くの条文で，年齢制限を15歳未満の者と規定した。しかし，工場法が規定する業種以外の分野で働く12歳未満の者および15歳未満の者は，対象から除外された。つまり，工場法で定めた業種以外の分野で働く子どもたちは保護されない制度であった。

　また，1900（明治33）年に制定され，1908（明治41）年に改正された感化法（法律第43号）第5条は，保護の対象を「満8歳以上18歳未満の者にして不良行為を為し又は不良行為を為すのところあり且つ適当に親権を行うものなく地方長官に於て入院を必要と認めたる者」「18歳未満の者にして親権者又は後見人より入院を出願し地方長官に於いて其の必要を認めたる者」「裁判所の許可を経て懲戒場に入るべき者」と規定している。その後，感化法は1922（大正11）年の少年法（法律第42号）制定に合わせて，同法第5条の「18歳未満」を「14歳未満」に改正し，「少年審判所より送致せられたるもの」を加えた。

　このように，明治期以降の関連法は，政策目的に合わせて子どもたちの年齢を設定している点が特徴である。一方，子どもの人格や個別性，人間としての権利を重視する考え方は明文化されていない。上記の関連法は，子どもたちの生活をどのように支えていたのだろうか。

（4）児童保護事業の実際

　大正期におけるわが国の救済事業は，社会事業と呼ばれた。表3−1は，大

表 3 - 1　大正期に内務省（社会局）が管理した児童保護事業

第 七 類 児童保護	胎児・乳児・幼児保護（無料産院，児童健康相談所，昼間保育所，他），労働児童保護，遊戯体育・教化（児童遊園，児童図書館，他），児童の福祉増進運動（児童保護協会，他），児童鑑別・一時保護，被虐待児童保護，育児事業（養育費給与，他），感化教育，障がい児の保護，病児の保護

注：児童保護事業以外で内務省が管理していた社会事業は，第一類：一般的機関，第二類：窮民救助，
　　第三類：特別救護，第四類：医療的保護，第五類：経済的保護，第六類：社会教化である。
出所：生江孝之（1923）『社会事業綱要』1923年，50-52頁を参考に筆者作成。

正期の内務省（社会局）が管理していた社会事業のうち，児童保護に該当する事業（以下，児童保護事業）である。

　このうち感化教育は，前述した感化法に基づき保護された児童を対象としており，感化院と呼ばれる施設が各地に設立された。1919（大正 8 ）年時点における感化院は，55施設（国立感化院 1 カ所，道府県立感化院27カ所，市立感化院 1 カ所，私立感化院26カ所）であった。

　1934（昭和 9 ）年施行の少年救護法により，感化院は少年救護院に改称され，施設数は52カ所を数えた。また，少年救護法に基づく少年救護委員には，全国で8,300名（1934〔昭和 9 〕年末現在）が任命されていた。その内訳は，方面委員（民生委員・児童委員の前身）や教育家，宗教家，社会事業家等であった。

　一方，現代の児童養護施設に連なる大正期の育児院は，育児事業（表 3 - 1 ）に位置づけられていた。当時の育児院は，棄児（保護者に遺棄された子ども）や迷子，孤児（保護者がいない子ども），貧困家庭の子どもを保護・養育していた。その運営主体は，東京市養育院を除き，仏教関係者やキリスト教関係者，篤志家などによる私設団体がほとんどであった。

　当時の子どもと子育て家庭を取り巻く環境から児童保護事業の特徴を整理するならば，その基因は明治期以降の近代化政策がもたらした社会的格差といえよう。周知の通り，欧米諸国における近代化は，工業化と自由民主主義（個人の権利を基盤とした社会・政治体制）の同時進行が特徴とされる。一方，明治期以降のわが国の近代化は，欧米諸国の工業化のみを重視してきた。その結果，明治・大正期における支援の仕組みは，子どもや家庭（保護者）の権利を国家が保障せず，当事者の自己責任と親族の私的扶養や地域社会の相互扶助による

支援のみが展開された。また，支援の担い手は，政府や地方公共団体よりも民間人（仏教・キリスト教関係者や篤志家等）が主体であった。さらに社会的格差は，子どもの権利（生きる権利・育つ権利・守られる権利・参加する権利等）を恒常的に侵害する環境を生み出した。その端的な例が児童労働の問題といえよう。

　そこで当時の児童保護事業を特徴づける2つの実践事例を紹介しよう。この実践事例を通して，現代の子ども家庭福祉と異なる側面を理解するとともに，現代の子ども家庭福祉に内在する社会的格差や子どもの権利侵害，社会的養護の課題（施設養護の改善）について学びを深めてもらいたい。

1）児童保護事業の実際──東京市立職業紹介所附属児童保護所の事例から

　1872（明治5）年，江戸時代に運営されていた町会所の資産と救済事業を継承した営繕会議所は，その一事業として東京市養育院も運営するようになった。

　東京市養育院による慈善事業は「窮民の救養」「不良少年の収養教育」「行旅病人，棄児，遺児，迷児を救養教育する」ことを目的としていた。その慈善事業の一環として，東京市養育院は1911（明治44）年に東京市立職業紹介所を設立した。設立当初は，失業者および無業者に業務を紹介するとともに宿泊施設を経営することであったが，1913（大正2）年に東京市立職業紹介所附属児童保護所（以下，児童保護所）を設立・運営した。その理由は，東京市立職業紹介所の求職者や宿泊者の多くが地方から上京した未成年者であり，東京府内（現在の東京都内）を「徘徊浮遊」していたため，児童保護の必要性が生じたのであった。

　表3-2は，1913（大正2）年度から1919（大正8）年度までの児童保護所の収容人員数と異動状況である。ここでは1917（大正6）年度以降に「感化院送致」が急増している様子が読み取れる。その要因として，補助金を支給する東京府の方針（感化院生収容の補完的機能）の影響があった。このように児童保護所の社会事業は，子どもたちの不良行為に対する感化事業として機能していた。

2）社会的養護の先駆的取り組み──岡山孤児院と石井十次の半生

　1887（明治20）年，医師をめざし岡山県岡山市の診療所で代理診療に従事していた石井十次は，夫に先立たれた女性から子ども（男児）を託された。この

表 3 - 2　児童保護所の収容人員と異動状況

年度	収容人員	異動事由					
		扶養者引渡	救護場引渡	感化院送致	就　　職	逃　　亡	残留児童
大正 2 年度	234(100)	41(100)	17(100)	1(　100)	102(100)	66(100)	7(100)
大正 3 年度	398(170)	45(110)	11(65)	11(1,100)	122(120)	211(320)	7(100)
大正 4 年度	391(167)	46(112)	3(18)	8(　800)	166(163)	164(248)	11(157)
大正 5 年度	361(154)	63(154)	13(76)	14(1,400)	183(179)	93(141)	6(86)
大正 6 年度	468(200)	136(332)	14(82)	44(4,400)	172(169)	99(150)	9(129)
大正 7 年度	493(211)	187(456)	8(47)	96(9,600)	140(137)	52(79)	11(157)
大正 8 年度	495(212)	197(480)	5(29)	78(7,800)	167(164)	44(67)	15(214)

注：(1)各項目の数値は人数。
　　(2)括弧内の数値は二年度を100とした場合の指数（小数点以下四捨五入）。
出所：東京市『東京市職業紹介所年報（1913〔大正元〕～1920〔大正 8〕年度)』を基に筆者作成。

　ことが契機となり，石井は同市内の寺院に孤児教育会（後年の岡山孤児院）を創設し，社会的養護の実践に取り組むようになった。石井は1884（明治17）年に岡山市内のキリスト教会で洗礼を受けており，孤児院創設を決意した背景にはキリスト教の信仰心も内在していたといえよう。

　岡山孤児院創設の翌年から，石井は小林富次郎商店（現・株式会社ライオン）より寄付を受ける。また，1889（明治22）年，孤児救済に生涯を捧げるため，石井は岡山高等学校医学部を中退した。彼の孤児院運営は，現代の社会的養護の方法（とりわけ小規模化）を先取りしており，小林富次郎商店からの寄付等を財源に小舎制（コテージ・システム）の建物を建設した。その建物には保母（現・保育士）1 名と10名強の子どもが生活し，家庭環境に近づけることをめざした。

　1894（明治27）年，ルソー（Rousseau, J. J.）の『エミール』に感銘を受けた石井は，宮崎県茶臼原に岡山孤児院の分院を建設した。その後，1898（明治31）年に私立岡山孤児院尋常高等小学校を設立し，翌年には幼稚園も開設する。この時期に大原孫三郎（後に大原社会問題研究所を設立）と知り合い，経済的援助を受けるようになった。1905（明治38）年から石井たちは宮崎県茶臼原に移住を始めた。また，同時期に発生した東北大凶作で家族を失った子どもたち824

名を受け入れた岡山孤児院には，1,200名以上の子どもが暮らすようになった。

　石井は，その後も大阪に保育所と夜学校，東京に職業紹介や施療周旋を行う施設等を開設した。1912（大正元年）に宮崎県への移住を完了するが，持病が悪化し，2年後の1914（大正3）年に48歳の若さで永眠した。

3　昭和前期（第2次世界大戦前）までの子どもと家庭に対する社会事業

（1）大正期から昭和前期の子どもと家庭（保護者）に対する社会事業

　表3-2が示す児童保護事業には，子どもだけでなく家庭（保護者）への支援も包含している。たとえば，胎児・乳児・幼児保護（無料産院，児童健康相談所，昼間保育所等）は，子どもの保護だけでなく，妊娠中の母親や子育ての相談援助，経済的な課題を抱える家庭（保護者）の出産支援，就労等で子どもの保育が必要な保護者への支援にも関連している。この内，保育事業は，1919（大正8）年時点で東京府内の16カ所，大阪府内の15カ所，京都市・横浜市・神戸市・長崎市等における61カ所の昼間保育所で運営されていた。

　1933（昭和8）年10月には児童虐待防止法（昭和8年法律第40号）が公布された。同法第2条では，14歳未満の「児童を保護すべき責任ある者」が「児童を虐待し又は著しく其の監護を怠り因って刑罰法令に触れ又は触るるおそれある場合」，処罰の対象になるとした。具体的には，同法第7条と関連する省令により，①児童の障がい状況を観覧に供する行為，②児童に物乞いを強要する行為，③軽業・曲馬など危険な業務により公衆の娯楽を目的とする行為，④訪問した家屋もしくは路上で物品を販売する業務，⑤訪問した家屋もしくは路上で歌謡・遊芸などの演技をおこなう業務，⑥藝妓・酌婦・女給など酒の斡旋を行う業務および行為を禁止・制限し，児童虐待を事前に防止することが明記されている。

　このように，昭和初期に児童虐待防止法が施行されたことは，当時の日本社会において，子どもの人権を侵害し，尊厳を軽視する労働が強要されていた実態を示唆している。とりわけ，貧困家庭の子どもや障害児は，比較的裕福な家庭の子どもや障害のない子どもよりも被害に遭っていた可能性が高いといえよう。

（2）子どもと家庭（保護者）に対する戦時厚生事業

　1937（昭和12）年 7 月 7 日の日中戦争勃発以降，わが国は戦時国家体制となった。日中戦争勃発の直前（同年 7 月 1 日）には軍事扶助法が施行され，戦場で戦う兵士と家族の制度的支援が強化された。翌年の1938（昭和13）年には，軍事援護，国民保健，労働力の配分，救護事業等を統括する厚生省が創設され，あわせて国民の体力・生命を管理・統制する仕組みとして国家総動員法も公布された。その後，1940（昭和15）年には，国民体力法・国民優生法，1942（昭和17）年には国民医療法が制定される。また，地域住民の隣組から政府・軍部に至る「国防国家体制の確立」をめざす大政翼賛会も1940（昭和15）年に設立された。

　このように昭和初期から1945（昭和20）年の敗戦に至る期間，社会事業は戦争に役立つ人的資源の維持培養と国民生活の安定を目的とする戦時厚生事業に変容した。当時の子どもたちは国防国家体制と国防強化に関する学校教育を受け，女性は国防国家体制を支える人的資源（出産や子育ての担い手）および軍事産業などの労働力として期待された。

　たとえば，1941（昭和16）年 4 月，子どもたちが学ぶ小学校は 8 年制の国民学校に改組された。1943（昭和18）年発刊の『国防強化と芸能科教育』によれば，国民学校の図画教育は，芸術技能の修練と情操を通して皇国民としての生活を充実させることが目的であった。そして，子どもたちに「国民的自覚」を与えるため，『国防強化と芸能科教育』では，大政翼賛会が国防国家体制の末端組織に位置づけた隣組を「国民的美風を取り扱う教材」の一つに掲げている。

　また，大政翼賛会が1943（昭和18）年に発刊した『戦ふ女性』の副題は「女も働かねばならぬ」であった。一方，本文中に「母は，次代の日本民族を生み，育む大地です」と記されている。このように，当時の女性たちは，国防国家体制を支える人的資源（出産や子育ての担い手）と労働力の両面を期待されていた。

4 第2次世界大戦後における子ども家庭福祉の変遷

（1）敗戦後から1990年代までの子ども家庭福祉

　1945（昭和20）年8月に敗戦を迎えた日本は，1952（昭和27）年のサンフランシスコ平和条約発効までの期間，戦勝国による間接統治で新たな国づくりを進めた。当時のわが国には，戦災で家族を失った子ども，海外引揚者，復員者，戦没者遺族（母子家庭等），戦傷病者等のように生活に困窮する人びとが多く存在した。そこで，1946（昭和21）年，戦前の救護法に基づく旧生活保護法が公布・施行された。

　また，子どもの生活と健康を支える制度的基盤として，1947（昭和22）年に児童福祉法が公布された。同法は，子どもの生活と愛護の保障，健全育成に対する国民と国家の責任，児童福祉施設，民生委員による児童委員の兼任等を規定している。とりわけ，当時の子どもにかかわる福祉課題の中で最も重要なものは，路上で生活する子どもたちの保護であった。児童福祉法の制定・公布により，戦前の孤児院（約190施設）は養護施設に改称され，戦災で家族を失った子どもたちを保護・養育した。

　一方，母子家庭に対する社会福祉制度は，児童福祉制度よりも整備が遅れていた。戦前から運営されてきた母子寮は，旧生活保護法に基づく宿泊提供事業の施設として運営された。その後，1949（昭和24）年より母子家庭を支援する制度（母子福祉対策要綱の策定，母子福祉資金貸付制度等）が整備され，民間団体（母子福祉対策中央協議会等）も母子福祉総合法の制定に向けた運動を展開した。しかし，母子福祉法（現・母子及び父子並びに寡婦福祉法）の制定は，東京オリンピック開催年の1964（昭和39）年まで待たなければならなかった。

　第2次世界大戦後の経済成長は，子どもと家庭を取り巻く環境を大きく変動させた。たとえば，社会・経済状況の変容により産業構造は変化し，所得水準が向上する人びとも増加した。また，都市部に人口が集中し，農村部や山間部の過疎化という問題も発生した。さらに，人びとの高学歴化も進み，子どもた

ちの多くが高等学校に進学した。一方，子どもたちを取り巻く地域のコミュニティ（人びとのつながりや交流等）は疎遠化し，都市部では屋外の遊び場や身近な自然環境が減少した。ところで，第 2 次世界大戦後の家族は「核家族化」に特徴があるといわれる。しかし，夫婦と子どもだけで構成される核家族は，1920（大正 9）年の時点で普通世帯の過半数を占めていた。むしろ，第 2 次世界大戦後の特徴的な家族形態は，核家族よりも各家庭で暮らす子どもの人数の減少である。いうまでもなく，この特徴は近年の日本社会における少子化と関連している。

（2）わが国における子ども家庭福祉の現状

　高度経済成長後のわが国における社会・経済は，子どもと家庭に多様な影響をもたらした。また，家族形態も子どもの数の減少等により変容した。ここで重要な点は，子どもが暮らす家庭の質の変化である。具体的には，①家庭機能の低下，②保護者の変化（育児伝承の欠如，父親の存在感，母親の育児不安等），③子どもの変化（生活時間の変化，ストレスの増加，コミュニケーションの不足等），④親子関係の変化（過保護・過干渉，親離れや子離れの遅延，父親の物理的・心理的不在等）が相互に関連し，家庭の質の変化を生んでいる。その結果，子ども自身の問題や親子関係の問題，保護者間（夫婦）の問題等が顕在化した。近年のわが国における子ども家庭福祉の諸問題は，このような家庭の質の変化が基因になっているといっても過言ではない。

　たとえば，2000（平成12）年に施行された児童虐待の防止等に関する法律（児童虐待防止法）は「児童虐待が児童の人権を著しく侵害」する行為と定め，「児童の権利利益の擁護」を目的に掲げている。しかし，法律施行後も児童虐待の犠牲になる子どもたちは多く，制度的な解決の限界を示している。

　一方，子どもと家庭を取り巻く社会状況がもたらす問題も顕在化した。それは子どもの貧困問題である。正確には，子どもが暮らす家庭（保護者）の貧困問題と考えるべきであろう。わが国における子どもの貧困問題は，保護者の経済格差が原因で発生する相対的貧困の問題である。相対的貧困とは，等価可処

分所得（収入の手取り額を世帯人数で調整した金額）の中央値の50％以下で暮らす状態をいう。相対的貧困は，経済面や生活・教育・雇用をはじめ，精神的側面や人間関係に影響を及ぼす。つまり，子どもの貧困問題は，子どもと家庭（保護者）の双方に働きかけ，問題解決を支援することが重要だといえよう。

ま と め

　わが国の場合，子ども家庭福祉の歴史において変容しなかった側面は，子どもが大人と同じ権利主体として位置づけられなかった点である。たとえば，第2次世界大戦前における児童労働の問題は端的な歴史的事象といえよう。一方，近年の児童虐待も子どもの権利侵害に基因する問題であり，戦前の児童労働の問題と共通している。言い換えるならば，戦前の児童労働や現代の児童虐待という問題は，保護者や社会全体が同等の権利主体として子どもを尊重し，向き合うことが共通課題ではないか。

　一方，子ども家庭福祉の歴史で変容した点は，家族の機能であろう。さらに，子どもや家庭を取り巻く環境（社会や文化，政治・経済，諸制度等）が家族の機能に影響を与えている点は看過できない。近年の日本で問題となっている子どもの貧困問題は，子どもと家庭を取り巻く環境上の問題であり，相対的貧困という側面から解決を支援する必要がある。しかし，わが国では，子どもの貧困問題を「安全な水や食糧の確保」「基礎的な教育環境の整備」等が課題となる絶対的貧困として理解している人も多く，わが国における貧困問題の本質が十分に浸透していない。この点は，今後の子ども家庭福祉における課題といえよう。

参考文献

大原社会問題研究所『日本社会事業年鑑（大正八年）』大原社会問題研究所出版部，1920年。

中央社会事業協会社会事業研究所『日本社会事業年鑑 昭和十年版』中央社会事業協会社会事業研究所，1940年。

生江孝之『社会事業綱要』巌松堂書店，1923年。

奥むめお『戦ふ女性——女も働かねばならぬ』大政翼賛会，1943年。
東京市「東京市職業紹介所年報（大正元年度〜大正八年度）」東京市，1913-1920年。
山田康弘「縄文時代の子供の埋葬」『日本考古学』4(4)，1997年，1-39頁。

第4章	子どもの貧困への対応

はじめに

　本章では，まず，子どもの貧困とは何か，また，その現状について考える。その上で，子どもの貧困がなぜ起こるのか，その要因や背景を検討する。さらに，そこで明らかになった現状を踏まえ，子ども家庭福祉を中心とした対策と課題について言及する。

　このような手続きを経て，今日の子どもの貧困の解決に向けた実践的課題を論じることが本章の目的である。

1　子どもの貧困の諸相

（1）貧困の定義と貧困の及ぼす影響

　子どもの貧困をめぐる状況を概観する前に，貧困という言葉の意味を整理しておきたい。

　貧困とは，「ごはんも食べられない」といった生命に直接かかわる厳しい状況（これを「絶対的貧困」という）を連想させる言葉であるが，このような意味合いを内包しつつ，多くの場合は「相対的貧困」と呼ばれるものを指している。阿部は，相対的貧困を「その時代の社会において，一般市民が『当たり前』と思っているような生活をおくれないこと[(1)]」を指すとし，その様相をわかりやすく説明している。阿部は「このような『社会の当たり前』の生活ができない確率が高まるのが，年間手取り所得で見ると244万円（4人世帯）以下の世帯であり，これが貧困基準として用いられる[(2)]」とする。

では，「相対的貧困」はどのような意味で問題になるのであろうか。一つは「機会の剥奪」として機能する可能性を挙げることができる。その一つの形が，学校へ行けなくなる事態である。教育の機会を奪われることは，将来の職業選択の幅を狭めるという意味で重要な問題である。

　もう一つ，「相対的貧困」によって，安定した生活が崩壊する可能性の高まりを挙げておきたい。たとえば，金銭的余裕がなく健康保険料も未払いであれば，病気になっても全額負担となるために，病院での受診を避けるようになるかもしれない。すると，今度は就労にも支障が出てくる。「病気がちな人はあてにならないからいらない」と解雇されるかもしれない。結果，精神的にも追い込まれ，安定的した生活は，重層的な困難によって崩壊していくことになる。

（2）子どもの貧困の実態

　次に，子どもの貧困の実態を概観したい。

　図4-1は，2016（平成28）年の国民生活基礎調査であるが，2015（平成27）年の子どもの貧困率（17歳以下）は13.9％となっている。約7人に1人の子どもが貧困ということになる。前回調査（2012〔平成24〕年）の16.3％が過去最高値であったことからすると多少下がったことになる。しかし，依然として高水準であることに変わりはない。特に注目したいのは「大人が一人」の世帯，つまり，ひとり親世帯の貧困率である。2015（平成27）年では，ひとり親世帯の貧困率は50.8％となる。ひとり親家庭の2世帯に1世帯が貧困状態に置かれていることになる。ひとり親世帯とは母子家庭であることが多い。2011（平成23）年度全国母子世帯実態調査によると，離婚によって母子世帯になった場合，母の年間所得が200万未満が63.9％であった。

　このようなデータの意味するところをもう少し検討してみたい。OECDに加盟している世界の国々の中で，日本の子どもの貧困率は世界で第25位となっている（図4-2〔58頁〕参照）。さらにいえば，大人が一人の場合は，OECD諸国で最下位という結果となっている。前述した国民生活基礎調査によると，生

図4-1　貧困率の年次推移

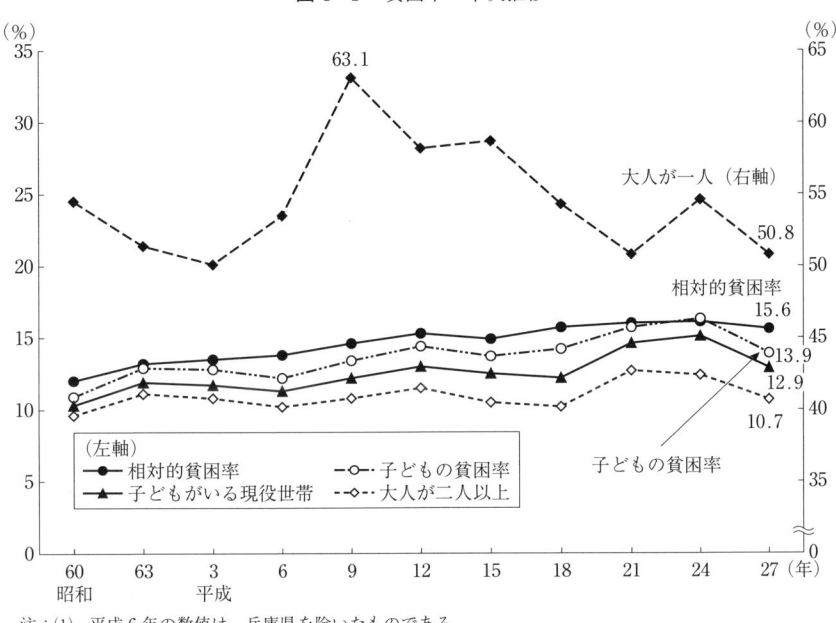

注：(1)　平成6年の数値は，兵庫県を除いたものである。
　　(2)　平成27年の数値は，熊本県を除いたものである。
　　(3)　貧困率は，OECDの作成基準に基づいて算出している。
　　(4)　大人とは18歳以上の者，子どもとは17歳以下の者をいい，現役世帯とは世帯主が18歳以上65歳未満の世帯をいう。
　　(5)　等価可処分所得金額不詳の世帯員は除く。
出所：厚生労働省「国民生活基礎調査」2016年，15頁。

活意識の状況について，母子世帯は「大変苦しい」が45.1％であり，「やや苦しい」が37.6％であった。これを合わせると82.7％の世帯が「苦しい」と述べていることになる。つまり，母子世帯の貧困問題は重大な社会問題という認識に立たなければならない。

(3)　子どもの貧困が子どもの成長・発達に及ぼす影響

　子どもの貧困は，子どもたちの成長・発達に多様な形で影響を及ぼしている。その一つが就学状況である。経済的理由により就学困難と認められた要保護および準要保護児童生徒数は，2012（平成24）年に約155万人となっている（図4

図4‐2　相対的貧困率の国際比較（2010年）

（1）子どもの貧困率

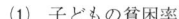
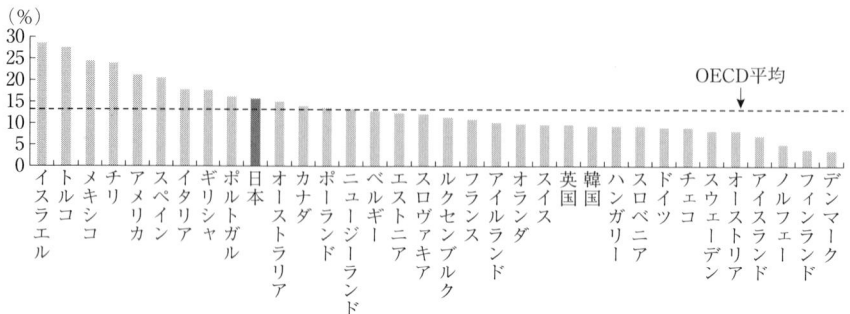

（横軸 国名：イスラエル，トルコ，メキシコ，チリ，アメリカ，スペイン，イタリア，ギリシャ，ポルトガル，日本，オーストラリア，カナダ，ポーランド，ニュージーランド，ベルギー，エストニア，スロヴァキア，ルクセンブルク，フランス，アイルランド，オランダ，スイス，英国，韓国，ハンガリー，スロベニア，ドイツ，チェコ，スウェーデン，オーストリア，アイスランド，ノルウェー，フィンランド，デンマーク）

（縦軸 (%)：0, 5, 10, 15, 20, 25, 30　OECD平均）

（2）全　体

| 相対的貧困率 | | | 子どもの貧困率 | | | 子どもがいる世帯の相対的貧困率 | | | | | | | | |
| | | | | | | 合計 | | | 大人が一人 | | | 大人が二人以上 | | |
順位	国名	割合	順位	国名	割合	順位	国名	割合	順位	国名	割合	順位	国名	割合
1	チェコ	5.8	1	デンマーク	3.7	1	デンマーク	3.0	1	デンマーク	9.3	1	ドイツ	2.6
2	デンマーク	6.0	2	フィンランド	3.9	2	フィンランド	3.7	2	フィンランド	11.4	2	デンマーク	2.6
3	アイスランド	6.4		ノルウェー	5.1		ノルウェー	4.4		ノルウェー	14.7		ノルウェー	2.8
4	ハンガリー	6.8	4	アイスランド	7.1	4	アイスランド	6.3	4	スロヴァキア	15.9		フィンランド	3.0
5	ルクセンブルク	7.2		オーストリア	8.2		オーストリア	6.7		スウェーデン	16.9		チェコ	3.4
6	フィンランド	7.3	5	スウェーデン	8.2		スウェーデン	6.9		スウェーデン	18.6		スウェーデン	4.3
7	ノルウェー	7.5	7	チェコ	9.0	7	ドイツ	7.1	7	アイルランド	19.5		オーストリア	5.4
	オランダ	7.5	8	ドイツ	9.1		チェコ	7.6		フランス	25.3		オランダ	5.4
9	スロヴァキア	7.8	9	スロベニア	9.4	9	オランダ	7.9		ポーランド	25.3	9	フランス	5.6
10	フランス	7.9		ハンガリー	9.4	10	スロベニア	8.2	10	オーストリア	25.7	10	チェコ	6.0
11	オーストリア	8.1		韓国	9.4	11	フランス	8.7		ギリシャ	27.1		スロベニア	6.7
12	ドイツ	8.8	12	英国	9.8		スイス	8.7		ギリシャ	27.3		スイス	7.2
13	アイルランド	9.0		スイス	9.8	13	ハンガリー	9.0		ニュージーランド	28.8	13	ハンガリー	7.5
14	スウェーデン	9.1	14	オランダ	9.9	14	英国	9.2		ポルトガル	30.9		ニュージーランド	7.5
15	スロベニア	9.2		アイルランド	10.2	15	アイルランド	9.7	15	メキシコ	31.3		ルクセンブルク	7.9
16	スイス	9.5	16	フランス	11.0	16	ルクセンブルク	9.9		オランダ	31.3		英国	7.9
17	ベルギー	9.7	17	ルクセンブルク	11.4	17	ニュージーランド	10.4		スイス	31.6		アイルランド	8.3
18	英国	9.9	18	スロヴァキア	12.1	18	ベルギー	10.5	18	エストニア	31.9	18	オーストラリア	8.6
19	ニュージーランド	10.3	19	エストニア	12.4	19	スロヴァキア	10.9	19	ハンガリー	32.7	19	オーストリア	8.6
20	ベルギー	11.0	20	エストニア	12.4	20	エストニア	11.4		チェコ	33.2	20	カナダ	9.3
21	ポルトガル	11.4		ニュージーランド	13.3	21	カナダ	11.9		スロベニア	33.4		エストニア	9.7
22	エストニア	11.7	22	ポーランド	13.6	22	ポーランド	12.1	22	ドイツ	34.0	22	スロヴァキア	10.7
23	カナダ	11.9	23	オーストラリア	15.1	23	オーストラリア	12.5		ベルギー	34.3		ポーランド	10.7
24	イタリア	13.0	24	オーストラリア	15.1	24	ポルトガル	14.2	24	イタリア	35.2	24	日本	12.7
25	ギリシャ	14.3	25	日本	15.7	25	日本	14.6	25	トルコ	38.2	25	ポルトガル	13.1
26	オーストラリア	14.5	26	ポルトガル	16.2	26	スペイン	15.6	26	スペイン	38.8	26	アメリカ	15.2
27	韓国	14.9	27	ギリシャ	17.7	27	イタリア	16.6	27	カナダ	39.8	27	ギリシャ	15.2
28	スペイン	15.4	28	イタリア	17.8	28	アメリカ	18.6	28	ルクセンブルク	44.2	28	イタリア	15.4
29	日本	16.0	29	スペイン	20.5	29	チリ	18.9	29	オーストラリア	44.9	29	チリ	17.9
30	アメリカ	17.4	30	アメリカ	21.2	30	チリ	20.5	30	アメリカ	45.0	30	スペイン	18.2
31	チリ	18.0	31	チリ	23.9	31	メキシコ	21.5	31	イスラエル	47.7	31	メキシコ	21.0
32	トルコ	19.3	32	メキシコ	24.5	32	トルコ	22.9	32	チリ	49.0	32	トルコ	22.6
33	メキシコ	20.4	33	トルコ	27.5	33	イスラエル	24.3	33	日本	50.8	33	イスラエル	23.3
34	イスラエル	20.9	34	イスラエル	28.5	—	韓国	—	—	韓国	—	—	韓国	—
	OECD 平均	11.3		OECD 平均	13.3		OECD 平均	11.6		OECD 平均	31.0		OECD 平均	9.9

注：ハンガリー，アイルランド，日本，ニュージーランド，スイス，トルコの数値は2009年，チリの数値は2011年。

資料：OECD, Faimily database "Child poverty", 2014.

出所：内閣府『子ども・若者白書 平成26年版』日経印刷，30-31頁。

図 4‑3　要保護および準要保護児童生徒数の推移（平成 7 ～26年）

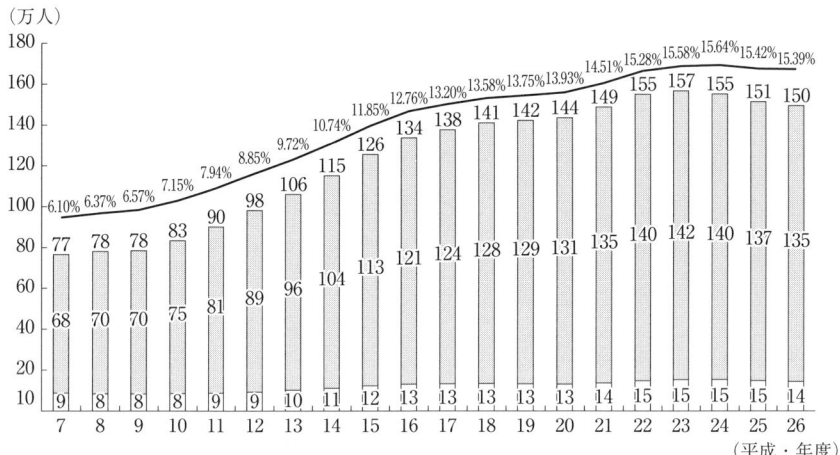

注：(1)　要保護児童生徒数：生活保護法に規定する要保護者の数。
　　(2)　準要保護児童生徒数：要保護児童生徒に準ずるものとして，市町村教育委員会がそれぞれの基準
　　　　に基づき認定した者の数。
出所：文部科学省「『平成26年度就学援助実施状況等調査』等結果」2017年。

‑ 3 参照）。就学援助率はここ10年間で上昇し続け，2012（平成24）年度には過去
最高の15.64％となっている。

　また，生活にも影響を及ぼしている。『生活と支え合いに関する調査』（社会
保障・人口問題基本調査，2012年）に「生活に困難を抱える世帯の状況」という
項目がある。ここに「食料の困難経験」を尋ねたものがあり，「過去 1 年間に
経済的理由で家族が必要とする食料が買えなかった経験をもつ世帯」は14.8％
となっている。世帯別に見ると，ひとり親世帯（二世代）に多く， 3 割程度の
世帯が食料の困難経験を有している。同調査は，衣服の困窮経験も尋ねている。
そこでは，計20.1％の世帯が衣服の困窮を経験しているという結果になってい
る。ここにおいても，ひとり親世帯の困窮経験の割合の高さが示されており，
結果，42.3％という数値が示されている。

　このように，貧困は，生活そのものの困難とつながっていくことになるが，
重要なことは，貧困が子どもの育ちと直結しているゆえに深刻な問題になって

いる点である。社会参加を抑制されたり，日々の生活の中で満たされなさを抱えたりすることはきわめて厳しい生き方を余儀なくされる。親自身がこのような生活の中でさらに追いつめられる要因が発生した時，その困難さは子どもへの虐待や非行に走る形で顕在することが容易に想定できる。

　貧困は，子ども自身に生きづらさを抱え込ませることにもなる。筆者は，かつて児童養護施設に入所している子どもが，親に経済的にも精神的にも頼ることができない「あてのなさ」を抱えて生きていくことの困難さを指摘した[3]。このような「あてのなさ」は，親があてにならないため一人で生きていかざるを得ない現実との向き合いを意味する。その困難さへの対処として，子どもに非現実的な空想を描かせるか，「あてのない」状況から自分をさらに追い込み，金銭的ゆとりもない中で生きることの難しさを強化し，早い自立へと駆り立てている。根底にあるのは，一人で生きていくことへの想像もつかない「不安」である。

2　子どもの貧困のメカニズム

（1）子どもの貧困の基盤にあるもの

　本節では，貧困が作り出されるメカニズムを検討したい。今日の貧困問題の基盤には，現在の生活状況，特に，地域における人間関係の希薄化と，家庭における養育機能の脆弱化があるように思える。

　以前は，たとえば「お醤油がなくなった」というような時，地域で貸し借りできるような人間関係が存在した。だが，今日では「隣に住んでいる人の顔も名前もよくわからない」という表現に象徴されるように，地域での人間関係の希薄化が，困っても気軽に相談できる関係性を消失させている。内閣府が行った2006（平成18）年度国民選好度調査では「生活面で協力しあっている人」がいない人が65.4％と約3分の2を占め，「あいさつ程度の最低限の付き合いさえ誰ともしない人」が13.0％も存在していることを明らかにした。

　さらに，家庭における養育機能の脆弱化がもたらす影響にも軽視できないも

のがある。たとえば，養育機能の外部化がもたらしている問題である。食事を作るという営みは，子どもに栄養を与えているだけでなく，子どもに作り手側のおいしく食べてほしいという思いを伝え，それが子どもを育むという意味で重要な養育機能を果たしている。ところが，現在では，コンビニエンスストアに行けば気軽に安い値段で食べ物を購入でき，食事を作るという営みが消失しつつある。加えて，家庭における教育機能の外部化がもたらす問題もある。子どもが学校から帰宅した際，家庭生活の大切な一部として子どもの宿題に付き合うのではなく，塾に任せてしまうようなことがそれである。

　ご飯を作ること，共に勉強をすること等，手をかけて子どもを育てる環境は，はたして放棄してよいものであろうか。

　このような状況は，多様なリスクに対応する家族力の脆弱化をもたらすことにもなる。リスクへの対応が弱い家庭の場合，失業や病気のような予期せぬ困難に遭遇すると，一気に貧困状態に陥る事態はよくあることといえよう。したがって，貧困対策として最も重要なことは，脆弱化する家族機能を支える仕組みをいかに構築するかであり，詳細は後述する。

（2）貧困の要因

　ここで指摘したいことは，社会構造の問題である。特に着目したいことは，親の不安定な就労状況についてである。現在，「非正規雇用」といった就労形態が広がりを見せている。この雇用形態は，会社等に利益が得られなければ容易に解雇されることにもつながる。なぜ正規雇用になれないのか。その背景にある課題の一つが低学歴である。今日の社会では，学歴が高いほど高い収入を得られ，比較的安定した会社等に就職できる可能性が高い。逆にいえば，学歴が低ければ，選択できる就職の範囲は狭まる。つまり，学歴の格差が就労形態の格差につながる社会構造が存在しているのである。

　非正規雇用は，雇用保険の加入が課題となりやすい。非正規ゆえに収入が少なければ「ダブルワーク」，つまり仕事を掛け持ちして，より収入を増やすために寝る間もなく働くことが必要な状況に置かれる。その結果，身体を壊し，

病気になる。しかも，金銭的な余裕がなく健康保険に加入していなければ，「病院に行かない」ということになり，結果，病気は重症化する。すると，失業するリスクも高まる。雇用保険に加入していなければ失業手当も支給されないので，失業すると瞬く間に貧困状態に陥る。いったん貧困状態に陥ると，そこから抜け出すことは難しい。困難さが多重化して絡み合い，貧困は固定化される。

（3）多重化する貧困を克服する困難さ

　加えて問題視すべきは，このような貧困が引き起こされる原因は個人に基因するとの理解が，今なお支配的な点である。貧困の原因を「怠けている，努力しなかった結果である」として個人の自己責任に求める理解の仕方である。このような考え方がことさら強調されるゆえに，貧困に陥る人たちは，助けを求めることに強い抵抗感を感じ，社会的に孤立していくことにもなる。引きこもることでしか自分を守れないかのような様相がうかがえ，精神的に追い込まれている状態も並存する。

　このような状態下での子育てでは，抱える強いストレスが子どもに向き，それが「虐待」へとつながる可能性を高める。そして，このような状態に置かれ続けることで，子どもが非行化する事態も多く散見される。

　松本伊智朗は，2003（平成15）年度に北海道内の全児童相談所が虐待相談として受理した119例を分析対象とし，家族の経済的困窮，社会的孤立，子どもの障害，養育者のメンタルヘルスの問題，養育者の知的障害，ドメスティック・バイオレンス（以下，DV）を取り上げ，その重なりを分析することで，家族の直面する不利，困難の複合的性格を検討した。その結果，松本は「家族において障害や疾病，DVなど，それぞれに支援が必要な諸困難が重なり合い，その困難の基底には貧困と孤立があることが，これまでの分析から示されている[4]」とし，虐待問題の背景には，貧困と幾つかの不利が重なり合う形で発生しているという分析を行っている。さらに，①経済的困難，生活基盤の脆弱さや崩壊といった貧困に関わる側面，②孤立や排除といった社会関係的側面，③暴

力被害や疾病，障害といった個別的なケアで支援が図られるべき諸問題に分けて，その対応策が図られるべきとしている。子どもの貧困対策を検討する上で示唆に富む指摘である。

3　子ども家庭福祉としての制度的対応とその課題

（1）国の示す貧困対策

　まず，国が示す子どもの貧困への対応策を整理してみたい。国は，2013（平成25）年に子どもの貧困対策の推進に関する法律を公布し，2014（平成26）年に施行した。この法律では，貧困の状況にある子どもが健やかに育成される環境を整備するとともに，教育の機会均等を図るため，子どもの貧困対策を総合的に推進することが目的とされている。また，国が子どもの貧困対策に関する大綱を策定するように規定されており，2014（平成26）年 8 月に閣議決定された。

　この大綱に示された貧困対策として注目したいのが，目的・理念である。そこには「子供の将来がその生まれ育った環境によって左右されることのないよう，また，貧困が世代を超えて連鎖することのないよう，必要な環境整備と教育の機会均等を図る」とされ，貧困の連鎖を断ち切ると明記されたことに意味がある。

　また，この法律における基本的な10の方針と，当面の重点施策としての 4 つの支援の方向性が明示された（表 4 - 1 参照）。

　その中の一つは，教育の支援である。ここでは，学校を子どもの貧困対策のプラットフォームと位置づけるとされている。つまり，教育支援においては，学校こそが子どもの貧困対策の基盤と位置づけたことになる。具体的内容としては，学校教育における学力保障に始まり，貧困家庭の子どもたち等を早期の段階で生活支援や社会福祉制度につなげられるよう，スクールソーシャルワーカーの配置を推進すること，経済的支援を行い就学支援の充実を図ること等が盛り込まれている。

表4-1 「子供の貧困対策に関する大綱について」に規定された当面の重点施策と基本的な方針

（1）指標の改善に向けた当面の重点施策
1．教育の支援
2．保護者に対する就労の支援
3．生活の支援
4．経済的支援
5．子供の貧困に関する調査研究等
6．施策の推進体制等
（2）10の基本的な方針
1．貧困の世代間連鎖の解消と積極的な人材育成を目指す。
2．第一に子供に視点を置いて，切れ目のない施策の実施等に配慮する。
3．子供の貧困の実態を踏まえて対策を推進する。
4．子供の貧困に関する指標を設定し，その改善に向けて取り組む。
5．教育の支援では，「学校」を子供の貧困対策のプラットフォームと位置付けて総合的に対策を推進するとともに，教育費負担の軽減を図る。
6．生活の支援では，貧困の状況が社会的孤立を深刻化させることのないよう配慮して対策を推進する。
7．保護者の就労支援では，家庭で家族が接する時間を確保することや，保護者が働く姿を子供に示すことなどの教育的な意義にも配慮する。
8．経済的支援に関する施策は，世帯の生活を下支えするものとして位置付けて確保する。
9．官公民の連携等によって子供の貧困対策を国民運動として展開する。
10．当面今後5年間の重点施策を掲げ，中長期的な課題も視野に入れて継続的に取り組む。

注：網掛け部分が当面の重点施策としての4つの支援の方向性。
出所：内閣府資料を基に筆者作成。

　次に，生活の支援を取り上げる。注目すべきは，保護者の自立支援として，特に，ひとり親家庭が抱えるさまざまな課題に対応し，生活支援と就労支援を組み合わせた支援メニューをワンストップで提供することができるよう就業支援専門員を配置したり，一時的に家事援助，保育等のサービスが必要になった際に，家庭生活支援員の派遣等により児童の世話を行ったりすることで，ひとり親家庭が安心して子育てしながら生活できる環境を整備するとしている点である。さらに，就業支援として，親の学び直しを促す自立支援教育訓練給付金事業の活用等を行うとしている。

　また，生活支援の中にはひとり親家庭や生活困窮世帯の子どもの居場所づくりに関する取り組みとして，生活困窮世帯の子どもを対象に居場所づくりを含む学習支援事業を実施するとし，必要な場合には，子どもにとっての食習慣の維持に十分配慮することも記されている。

　最後に経済的支援であるが，母子福祉資金貸付金等の父子家庭への拡大が記されている（父子福祉資金貸付金）。

　だが，この子どもの貧困対策の推進に関する法律では，都道府県に子どもの貧困対策計画を立てるよう求めているが，それは努力義務でしかないこと，さらに問題なのは，実際的な支援を行う主体となる市町村レベルでの細かな対応策が十分に検討されていない点である。

（2）子どもの貧困対策としての地域支援

　広義の意味での在宅支援サービスとして，保育所の利用や児童館，放課後健全育成事業等によって，親がより働きやすくなり，結果として貧困に陥らないようにするためのサービスは存在している。また，ショートステイ，トワイライトステイといった養育支援事業もある。これらは，何らかの事情があって親が子どもを養育できない場合，児童養護施設等において利用できるサービスであり，これらも広義の意味での貧困対策といえるかもしれない。

　このような中で，現在，民間団体の動きとしての「子ども食堂」が注目されている。朝日新聞(5)は，2016（平成28）年5月段階で全国では319カ所が開設され，2016（平成28）年に入って急増していると報じた。活動内容としては，平日の夜に開設されている所が多く，登校前の朝食のほか，給食がない土日の昼食や長期休暇中心に取り組むところもあるという。開催頻度は月1回が多く，全体の4割を占め，月に2～3回が22.5%，週1回が18%，週5日以上が15カ所であったという。

　「子ども食堂」は，子どもの孤食を防ぎ，子どもの居場所となり，他者とのつながりの中で，単に食事をとっているだけではなく，親と一緒にいられない子どもの精神的な寂しさを埋め合わせ，他者とのつながりがあるという安心感を与えるという意味で重要な社会的装置となっている。このような「子ども食堂」の活動には大きな意味があり，この活動がより広範に展開されるには，公的な支援の検討も必要になる。ただし，このような活動が注目されるほど，家庭における養育機能が外部化していることの証左となる側面をもつ。働き方が

多様になり，親が夜不在となることも多いため，このような活動が必要という指摘もあろう。さらに，問題の存在を承知していても，働き続けなければ食べていけない実態もある。そのような中で，子どもが帰宅しても「お帰り」といってくれる人がいないこと，暗い部屋に帰ること等に孤独感を感じる。しかし，「子ども食堂」があることで，子どもは「物質的な飢え」だけでなく「精神的な飢え」も緩和される。

　養育機能の外部化を補完するものとして「子ども食堂」は有意義である。しかし，これに加え，もっと直接的に養育機能を補完する社会的装置も必要ではないか。つまり，直接家庭に出向いて養育を補完するサービスである。そこで注目したいのが「養育支援訪問事業」である。国が示すガイドラインでは，以下のように説明されている。⁽⁶⁾

　　「この事業の対象者は，乳児家庭全戸訪問事業（こんにちは赤ちゃん事業）の実施結果や母子保健事業，妊娠・出産・育児期に養育支援を特に必要とする家庭にかかわる保健医療の連携体制に基づく情報提供および関係機関からの連絡・通告等により把握され，養育支援が特に必要であって本事業による支援が必要と認められる家庭の児童およびその養育者とされ，具体的には，以下のような家庭が想定される。

　① 　若年の妊婦および妊婦健康診査未受診や望まない妊娠等の妊娠期からの継続的な支援を特に必要とする家庭

　② 　出産後間もない時期（おおむね1年程度）の養育者が，育児ストレス，産後うつ状態，育児ノイローゼ等の問題によって，子育てに対して強い不安や孤立感等を抱える家庭

　③ 　食事，衣服，生活環境等について，不適切な養育状態にある家庭など虐待のおそれやそのリスクを抱え，特に支援が必要と認められる家庭

　④ 　児童養護施設等の退所または里親委託の終了により，児童が復帰した後の家庭」。

　「養育支援訪問事業」は貧困対策として重要な意味をもっている。貧困に陥るのを未然に防ぐことが可能になるからである。しかし，「特に支援が必要と認められる家庭」に対象を限定している点が一つの課題ともいえよう。対象者を広げつつ，気軽にサービスを利用できるものでありたい。気軽に利用できるには，家庭内に問題があるから相談に応じるという介入するよりも，親が働いているために，もしくは働けない何らかの事情があるために夕食づくりを手伝い，子どもの勉強をみるという方法で養育支援に努める方が利用しやすいのではないか。このような支援が家族の養育機能を補完・向上させることにつながり，結果的に貧困に陥るリスクを減少させることになろう。

（3）入所施設における貧困対策と課題

　児童福祉施設に入所し，衣食住の提供を受けることで貧困状態から脱出し，生き方の回復を図るという意味で，児童福祉施設にも子どもたちを「絶対的な貧困」から守る目的があるといえよう。しかし，それ以上に重要な実践的課題がある。それは，他者に適切に依存できる力を獲得させることである。前述したように，児童養護施設に入所した子どもたちは「あてのなさ」を抱えることになる。誰も頼れない状況で生きていかざるを得ない，そのような現実をある程度は引き受けられることが重要である。すると，逆説的であるが，児童養護施設は，子どもたちがそのような現実を引き受ける上で，困った時に依存できる場である必要がある。「助けて」といえる力を獲得できることで，「あてのない」現実に対処できるようになると考えたい。

　そのような意味で，児童養護施設を退所した子どもと施設の関係はどのようにあるべきか。また，施設を退所した子どもたちの予後はどのようになっているか。実は，予後に関する調査は，いまだ全国レベルのものが公表されていない。自治体レベルで数カ所が実施しただけの状況である。

　たとえば，東京都は，2011（平成23）年に「東京都における児童養護施設等退所者へのアンケート調査報告書」を公表している。ここでは，77.9％の子どもが就労しているものの，正規雇用は男性が56.5％，女性が33.9％となってお

り，残りの大半は派遣やパートであった。収入は「15万〜20万円未満」が最も高く，「15万円未満」が約半数程度で，生活保護を受給している者が7.9％であった。この結果は埼玉県でも同様の数値を示している。埼玉県は2013（平成25）年に「埼玉県における児童養護施設等退所者への実態調査報告書」を公表している。正規雇用は，男性の場合は65％であるが，女性の場合は48％である。収入も「15万円未満」が53％で，生活保護受給者は6.3％である。

　これらの調査結果から，不安定就労と収入の低い状態に置かれている退所児童が多数である実態を読み取れよう。また，ここでも，女性がより不安定な状況に追い込まれている社会構造を見てとれる。したがって，施設の退所児が貧困状態に陥らないためには，生活を補助する資金が必要ということになる。国は，このような状況に鑑み「児童養護施設退所者等に対する自立支援資金貸付制度」を創設した。大学進学の際の入学金や授業料については公的な支援が得られない等の課題はあるものの，本制度によって，大学在学中，つまり22歳までは，生活支援費として5万円と家賃の貸付を受けられることになった。就職した者についても，退所後2年間の家賃の貸付が受けられる。

　また，依然として自立に向けて課題を残し，支援を必要とする子どもは，自立援助ホームへ入所できるが，2017（平成29）年3月に厚生労働省から「社会的養護自立支援事業等の実施について」という通知が出された。このことによって，原則22歳に達する日の属する年度の末日まで，個々の状況に応じて引き続き必要な支援を受けられることとなった。自立援助ホーム等に22歳まで在所し，継続的に支援を受けられることになったことは，貧困対策として大きな一歩といえよう。事業には，生活相談や就労相談を行うこととなっており，この事業は各自治体における裁量となるが，いかに有効なものとなるか，その具体的進展を期待したい。

（4）子どもの貧困対策としての経済的支援
　経済的支援を行うことで貧困の予防につながるものに児童手当と児童扶養手当がある。

表4-2　年齢別児童手当額

(所得制限額未満)

0歳～3歳未満	1万5,000円
3歳～小学校修了前の第1子及び第2子	1万円
3歳～小学校修了前の第3子以降	1万5,000円
中学生	1万円

出所：表4-1と同じ。

　児童手当は，児童手当法によると「子ども・子育て支援の適切な実施を図るため，父母その他の保護者が子育てについての第一義的責任を有するという基本的認識の下に，児童を養育している者に児童手当を支給することにより，家庭等における生活の安定に寄与するとともに，次代の社会を担う児童の健やかな成長に資することを目的とする」とされ，0歳から中学校卒業までの子どもを養育する家庭に支給される。金額は，支給対象の子ども一人に対し表4-2のようになっている。なお，所得制限額以上の場合は，0歳から中学生まで一律5,000円となっている。

　児童扶養手当は，児童扶養手当法によると「父又は母と生計を同じくしていない児童が育成される家庭の生活の安定と自立の促進に寄与するため，当該児童について児童扶養手当を支給し，もつて児童の福祉の増進を図ることを目的とする」とされている。なお，本法は2016（平成28）年8月に改正され，国はその理由を「ひとり親のご家庭は，子育てと生計を1人で担わなければならず，生活上のさまざまな困難を抱えています。特に子どもが2人以上いるひとり親のご家庭は，より経済的に厳しい状況にあるため，第2子の加算額と第3子以降の加算額を増額することにしました。また，今回は特に経済的に厳しい状況にあるひとり親のご家庭に重点を置いた改善を目的としているため，それぞれのご家庭の所得に応じて加算額が決定されます」としている。

　金額および加算額は表4-3のようになっている。

　しかし，課題も多く残っている。その一つが児童扶養手当の増額，特に，生別母子世帯への支給の必要性である。なぜなら，死別母子の場合は，遺族年金があり，生計がある一定程度保障されていることと比較して，抱える困難性が

表 4 - 3　児童扶養手当金額一覧

子どもが 1 人の場合	全部支給： 4 万2,330円，一部支給： 4 万2,320〜9,990円（所得に応じて決定される）
子ども 2 人目の加算額	定額5,000円→全部支給： 1 万円，一部支給：9,990円〜5,000円（所得に応じて決定される）
子ども 3 人目以降の加算額（一人につき）	定額3,000円→全部支給：6,000円，一部支給：5,990円〜3,000円（所得に応じて決定される）

出所：表 4 - 1 と同じ。

深刻だからである。

4　子どもの貧困対策の実践的課題をめぐって

　貧困は社会的問題である。そして，子どもの成長・発達に否定的な影響を及ぼしている。したがって，そのような状況は社会的に解決される必要がある。しかし，貧困は，何らかの支援を必要とする人にとって，自身の個人的な「問題」として受けとめられる傾向が強いようにもうかがえる。

　児童養護施設に入所している子どもを例にとれば，彼らは，親が精神的にも経済的にもあてにならない状況を，自身の問題として認識することが多い。いや，正確にいえば，認識せざるを得ないのが現状である。その現実を引き受けなければならない事態は，子どもによっては多様な問題を引き起こすきっかけにもなる。

　このような事態に対応するためには，他者との「つながり」が構築できるよう支援することが重要である。ここでいう「つながり」とは，適切な人生を営めるよう支えてくれる存在があることを意味する。重要なことは，その子どもが入所していた施設の職員がそのような存在になることも重要であるが，もっと重要なのは，そのような他者が社会に存在していることである。

　一例を挙げよう。今，社会で会社の人とのつながりを保ちながら生活している卒園生がいる。この卒園生にとって，親は，経済的にも精神的にもあてにできない状態にあった。生活保護を受給し，自分の都合のよい時だけ施設に会い

に来る。職員が「会うことで精神的に不安になるのでは」と子どもに語りかけるが，それでも「会いたい」という。いつか親が変わってくれることを期待していたのかもしれない。しかし，親はまったく変わらなかった。そのような中で，アルバイトに精を出し，貯金することに没頭していく。まるで「お金だけが頼り」とでもいうように。ところが「幸運にも」アルバイト先に受け入れられ，卒園後の就労の場を得ることができた。それは，施設で育った事実を理解した上で，単なる同情でなく，人としてごく普通に受け入れられた結果であった。得られた仕事を自分の夢に置き換えることができることにもなる。一人で社会に巣立ち，出会えたつながりの中で生きていくことができるようになった。今，社会の中で確実に自分の歩みを刻んでいる。

　この事例がもつ意味は，社会の中でつながりがもて，そのことによって生活の拠り所を得たことである。その際，施設として取り組むべき実践課題は，事例のような「幸運」なつながりを得られるよう計画的に支援し，そのような状況を創出できるように努める点にある。

　加えて，このようなつながりを得る重要性は，児童養護施設に入所する子どもだけに限定して論じられるべきものでもない。今日，社会とのつながりの中で生きていくことは，一段と困難を増してきている。家族という資源は頼りにならず，不安定な状態にあるが，何らかの理由で家族を喪失するリスクを抱えている場合，社会装置としての「つながり」が不可欠になる。ここにこそ，子ども家庭福祉の貧困解決への重大な実践課題が存在している。

ま と め

　ここまで，子どもの貧困について述べてきた。最後に，その対応のための実践的課題について，以下のようにまとめておきたい。一つは，子ども自身に「つながれる力」を育むことである。これはいわば施設における自立支援の命題の一つといってもよいだろう。施設に在所している間に，職員等との関係性を通して，困った時に他者に頼ることができる日々の営みが求められるといえよう。

二つは，つながれる力が弱い等の課題がある子どもに，つながれる環境を整えることである。発達に特性がある等，「つながれる力」が弱い子どもへの対応を意味する。本人から困っていることを言葉にしづらいことが多く，アウトリーチすることも必要である。このような特性を理解して対応してくれる職場や大学（学生）等を開拓していくことも求められる。定期的に子どもの様子を確認するために連絡をとることや，必要であれば，対応を協議することも必要となろう。いわば，子どもを委託した後もアフターケアを継続していくことが実践課題なのである。

注
(1)　阿部彩「子どもの貧困とは何か」（特集：社会的養護と子どもの貧困）『世界の児童と母性』第79号，資生堂社会福祉事業財団，2015年，5頁。
(2)　同前論文，5頁。
(3)　山田勝美『児童養護施設における子どもの育ちと貧困――社会的不利に置かれた子どもの「あてのなさ」』明石書店，2008年，139頁。
(4)　松本伊智朗「子どもの貧困と『重なり合う不利』――子ども虐待問題と自立援助ホームの調査結果を通して」『季刊社会保障研究』48(1)，社会保障研究所，2012年，79頁。
(5)　「朝日新聞」2016年7月2日付朝刊。
(6)　厚生労働省「養育支援訪問事業ガイドラインについて」2009年，2頁。

参考文献
浅井春夫・松本伊智朗・湯澤直美『子どもの貧困――子ども時代のしあわせ平等のために』明石書店，2008年。
阿部彩『子どもの貧困Ⅰ――日本の不公平を考える』岩波書店，2008年。
阿部彩『子どもの貧困Ⅱ――解決策を考える』岩波書店，2014年。
松本伊智朗編著『子ども虐待と家族――「重なり合う不利」と社会的支援』明石書店，2013年。

<table>
<tr><td>第5章</td><td>子どもと家庭への支援活動指針
——児童の権利に関する条約</td></tr>
</table>

はじめに

「自分の子どもを煮て食おうと焼いて食おうと俺の勝手だろ」。

これはある児童相談所に来所した父親が，児童福祉司に向けて発した最初の言葉である。父親は子どもが言いつけを守らなかったのだから，叩かれたり，食事を与えられなかったり，家から閉め出されたりするのは当然のことで，そのどこが悪いのかといわんばかりの剣幕であった。確かに，明治時代の家父長制では，家長である父親に絶対的な権限を与え，子どもは親の所有物とする考え方が支配的であり，現代社会とは大きく異なるものであった。

児童虐待は，子どもの人権侵害の最たるものといわれて久しいが，児童相談所に寄せられる相談件数は年々増加し，今や年間12万件を超える数が報告されている。このような状況の下で，子どもの権利や人権について正確に理解している大人はどれほどいるのだろうか。子どもをもつすべての親が，また，日本国民が，正確に理解できているとは言い難いのが現状であろう。

そこで，本章では「児童の権利に関する条約」の理念や，子どもの権利に関する歴史的変遷，そこに見出せる特徴等を解説し，広く子どもの権利に関する理解を深めてみたい。

1　児童の権利に関する条約の理念と歴史的変遷

（1）児童の権利に関する条約の理念

児童の権利に関する条約（Convention on the Rights of the Child，以下，子ども

の権利条約）では，子どもの権利について「受動的権利」と「能動的権利」の
2つに分けて説明している。

　人はこの世に生を受けた瞬間から，他者に依存しなければ生きていけない存
在である。そのため，基本的には子どもの親が，また，場合によっては，それ
に代わる者が，子どもの健全な成長や発達を保障するよう求められる。つまり，
子どもを育てる側が，子どもを見守り，保護する義務を負うことになる。この
関係を子どもの側から見ると，子どもは保護や援助を受ける立場となり，これ
を「受動的権利」と呼んでいる。また，子どもの権利保障の歴史を振り返ると，
これまで保障されてきた権利の多くが「受動的権利」であった。しかし，人と
して認められる基本的人権は市民的権利であり，子どもであっても当然保障さ
れるべきものといえる。このような基本的人権を子どもにも認め，人として主
張し，行使する自由を得ることを「能動的権利」と呼んでいる。

　「子どもの権利条約」では，子どもは「受動的権利」として，権利を受容す
る主体であることが保障されるのと同時に，「能動的権利」として，権利を行
使する主体であることも保障される存在となったのである。

（2）子どもの権利保障に関する歴史的変遷

　子どもの権利保障の歩みは，20世紀前後のヨーロッパから始まったといわれ
ている。

　1900年，スウェーデンの思想家エレン・ケイ（Key, E.）は，自ら著した著書
のタイトルを『児童の世紀』とし，20世紀を「児童の世紀」にと主張した。そ
れが契機となって，子どもの権利について関心が持たれるようになり，広く論
じられるようになっていった。

　エレン・ケイが主唱した「児童の世紀」に触発されたアメリカのルーズベル
ト大統領（Roosevelt, T.）は1909年，ホワイトハウスにおいて要保護児童の保
護に関する会議を招集し，第1回児童福祉白亜館会議を開催した。その中で
「家庭は人類が生んだ最も気高い文明の所産であり，緊急でやむを得ない事情
がない限り，家庭から児童を引き離してはならない」という声明を発表した。

その後ほぼ10年ごとに児童福祉白亜館会議が開催され，第2次世界大戦後まで引き継がれた。

　1922年，イギリスでは第1次世界大戦（1914〜1918年）の反省を踏まえて，子どもの権利に関する制度化が始まった。セーブ・ザ・チルドレン基金連合（国際児童救済基金連合）が提案した世界児童憲章草案では，子どもの権利を保障するための事項がまとめられ，綱領として発表された。そして「すべての子どもは，身体的，心理的，道徳的および精神的な発達のための機会が与えられなければならない」とされた。

　イギリスの児童救済基金団体は，世界児童憲章草案を引き継ぎ，1923年に「児童権利宣言」を発表した。その翌年の1924年，国際連盟が児童の権利に関するジュネーヴ宣言としてそれを採択した。これは子どもの権利について，国際的な規模で最初に行われた宣言として注目された。

　児童の権利に関するジュネーヴ宣言はその前文で，「人類は児童にたいして最善の努力を尽くさねばならぬ義務のあることを認め，人種，国籍，信条の如何を一切問わず，つぎのことを，その責任なりと宣言し承認する」とした。それに続く本文では，①児童の心身の正常な発達の保障，②要保護児童への援助，③危機に際しての児童の最優先救済，④児童の自活支援と搾取からの保護，⑤児童の育成目標の5つの原則が掲げられている。

　1948年12月10日，国際連合第3回総会において，世界人権宣言が採択された。その第1条で「すべての人間は，生れながらにして自由であり，かつ，尊厳と権利について平等である」と規定され，人種，皮膚の色，性，言語，宗教等によって差別されないとした。また「自由権」や「社会権」等を規定し，1966年に採択された「経済的，社会的及び文化的権利に関する国際規約」（A規約），「市民的及び政治的権利に関する国際規約」（B規約），「同選択議定書」（C規約）に結びついていった。わが国は，1979年にこのA規約およびB規約を日本国について発効している。

　1959年11月20日，国際連合第14回総会において，「児童権利宣言」が採択された。1924年に国際連盟が採択した児童の権利に関するジュネーヴ宣言を引き

継いだ国際的宣言であり，前文と10条の本文から構成されている。この宣言は，児童の権利を全面的に打ち出した点で画期的であり，特に「児童の最善の利益」が全体を貫く理念であることが強調された。「人類は，児童に対し，最善のものを与える義務を負うものであるので…（中略）…児童が，幸福な生活を送り，かつ，自己と社会の福利のためにこの宣言に掲げる権利と自由を享有することができるようにするため…（中略）…立法その他の措置によつてこれらの権利を守るよう努力することを要請する」とした。

　1978年，ポーランドは国連人権委員会に対して，児童の権利に関する条約草案を提出した。ポーランドが最初に草案を提出したのには，子どもの権利や人権に関して先駆的な思想をもち，第2次世界大戦下のユダヤ人収容所で子どもたちと死を共にしたコルチャック（Korczak, J.）の祖国であったことが背景にあった。

　国際連合は「児童権利宣言」の20周年にあたる1979年を国際児童年と定め，子どもの基本的人権への認識を明らかにし，世界中の人が子どもの権利について考える機会となるよう，世界各国で記念事業が行われた。国連人権委員会では，1978年に提出された児童の権利に関する条約草案（ポーランド案）が検討され，最終草案を検討するための作業部会が設置された。

　さらに，1959年に採択された「児童権利宣言」の30周年にあたる1989年11月20日，「子どもの権利条約」が国際連合第44回総会において採択され，翌年9月に発効した。わが国は1994年4月22日，当時の加盟国184カ国中158番目の締約国として批准し，翌年5月に日本国について発効した。わが国が先進諸国の中で批准が遅くなった理由は，条約を批准するにあたって，その内容と国内法の間に齟齬があった場合，その整備や改正が必要とされるが，国政の混乱と相まって，それがなかなか進まなかったことがあるといわれている。

（3）児童の権利に関する条約の内容

　「子どもの権利条約」は，前文と54カ条からなる。前文では，条約の意義について，本文では，第1部で子どものもつ権利の内容，第2部で条約を批准し

た締約国の役割や義務等，第 3 部では条約の批准の方法や改正の方法等が規定されている。

　その内容は，第 1 条「児童の定義」において，「児童とは，18歳未満のすべての者をいう」とし，第 2 条「差別の禁止」では，「児童又はその父母若しくは法定保護者の人種，皮膚の色，性，言語，宗教，…（中略）…，種族的若しくは社会的出身，財産，心身障害，出生又は他の地位にかかわらず，いかなる差別もなしにこの条約を定める権利を尊重し，及び確保する」とした。第 3 条「児童に対する措置の原則」では，「児童の最善の利益が主として考慮されるものとする」とし，第 4 条「締約国の義務」では，「この条約において認められる権利の実現のため，すべての適当な立法措置，行政措置その他の措置を講ずる」とした。また，第 5 条「父母等の責任，権利及び義務の尊重」では，「児童がこの条約において認められている権利を行使するに当たり，父母…（中略）…がその児童の発達しつつある能力に適合する方法で適当な指示及び指導を与える責任，権利及び義務を尊重する」としている。そして，第 6 条からは具体的な権利について掲げられており，とりわけ特徴的な権利として，第12条「意見表明権利」，第13条「表現の自由」，第14条「思想・良心及び宗教の自由」，第15条「結社及び集会の自由」等，前述した「能動的権利」が含まれている。

　以下では，子どもの権利の内容を，①子どもの生存権や保護を受ける権利・発達の権利の保障，②子どもの最善の利益や親の第一義的養育責任等，子どもの特性に配慮した権利，③意見表明権や思想・良心の自由等市民的権利の保障の 3 つに分けて説明する。

1）子どもの生存・保護・発達を保障する権利

　子どもの生存権に該当する条項は，第24条「健康を享受すること等についての権利」，第25条「児童の処遇等に関する定期的審査」，第26条「社会保障からの給付を受ける権利」，第27条「相当な生活水準についての権利」等がこれに該当する。また，子どもの保護を受ける権利としては，第32条「経済的搾取からの保護，有害となるおそれのある労働への従事から保護される権利」，第33

条「麻薬の不正使用等からの保護」，第34条「性的搾取，虐待からの保護」，第35条「児童の誘拐，売買等からの保護」，第36条「他のすべての形態の搾取からの保護」，第37条「拷問等の禁止，自由を奪われた児童の取扱い」，第40条「刑法を犯したと申し立てられた児童等の保護」等がこれに該当する。さらに，児童の発達の権利としては，第28条「教育についての権利」，第29条「教育の目的」等が該当する。

　すべての子どもには生まれながらにもっている権利（その人の存在自体に与えられる権利＝基本的人権）があり，子どもの養育と発達については父母が共同の責任をもつことになっている。また，子どもは，自分一人の力で生活していけない存在であり，子どもの成長，発達には，親や大人，社会や国家等が適切に子どもを見守り，保護することが求められている。

2）子どもの最善の利益と親の第一義的養育責任等，子どもの特性に配慮した権利の保障

　子どもの最善の利益については，第3条「児童に対する措置の原則」に，親の第一義的養育責任については，第5条「父母等の責任，権利及び義務の尊重」に規定されている。また，子どもの特性に配慮した権利の保障は，第19条「監護を受けている間における虐待からの保護」，第20条「家庭生活を奪われた児童等に対する保護及び援助」，第21条「養子縁組に際しての保護」，第22条「難民の児童等に対する保護及び援助」，第23条「心身障害を有する児童に対する特別の養護及び援助」等が該当する。

　子どもの最善の利益とは，子どもの生活に影響を与えるすべての事柄を決定する際，子どもの最善の利益を一番に考慮することが求められる。また，子どもが「子どもの権利条約」で認められている権利を行使する際，子どものもっている能力に合わせて適切な指導を行う責任を負うとされる。また，子どものもっている特性に対して適切な配慮をしながら，保護や援助を行っていくことが求められている。

3）意見表明権と思想・良心の自由等市民的権利の保障

　意見表明権については，第12条「意見を表明する権利」，思想，良心の自由等の市民的権利の保障については，第13条「表現の自由」，第14条「思想，良

心及び宗教の自由」，第15条「結社及び集会の自由」，第17条「多様な情報源からの情報及び資料の利用」等が該当する。

　「子どもの権利条約」で，子どもに保障された権利として最も特徴的なのは，これまでなかった自由権や社会権，自己決定権や幸福追求権といった市民的権利を初めて認めたことにある。それは，子どもを単に権利を享受する主体，保護される主体として受動的な権利保障を認めただけでなく，権利を行使する主体として能動的権利保障も認めているところに大きな意義がある。

2　支援活動指針としての「子どもの最善の利益保障」とは

　「子どもの最善の利益」という考え方は，セーブ・ザ・チルドレン基金連合（国際児童救済基金連合）が提案した「世界児童憲章草案」に見ることができる。これがその後，児童の権利に関する「ジュネーブ宣言」や「児童権利宣言」，「子どもの権利条約」へ引き継がれている[(1)]。

　子どもの権利条約第3条「児童に対する措置の原則」第1項で，「児童に関するすべての措置をとるに当たっては，公的若しくは私的な社会福祉施設，裁判所，行政当局又は立法機関のいずれによって行われるものであっても，児童の最善の利益が主として考慮されるものとする」と規定している。

　「子どもの権利条約」の特徴として，これまで子どもに与えられていた「受動的権利」のほかに「能動的権利」が認められたことは前述した通りである。「子どもの権利条約」を批准する前のわが国では，たとえば，子どもを児童養護施設に措置（行政処分）する際，子どもの意向や意識とは無関係（子ども不在のまま）に公的機関の専門職が決定しており，子ども自身が意思決定過程に参画することの必要性を，ソーシャルワーカー等の専門職として共有する状況になかった[(2)]。しかし，条約を批准したことによって，子どもの最善の利益を尊重した決定を行うには，子どもの意見や意向を十分に確認し，決定過程に子どもも参画する必要性が認められるようになった。子どもが決定過程に参画するには，子ども自身の権利意識を高めていくことが前提になる。ここでいう権利意

識とは,「自分を大切にしたい」という心のありようであり,言い換えれば自尊心を意味する。他人の人権や権利への認識は「自分を大切にしたい」という自尊心の上に成り立つものであり,自尊心が他尊心を育むといえる。⁽³⁾

また,第3条「児童に対する措置の原則」に,行政処分による「措置」だけでなく「公的若しくは私的な社会福祉施設,裁判所,行政当局又は立法機関のいずれによって行われるものであっても」とあるように,行政処分以外の措置を行う際にも,子どもの最善の利益が考慮されなければならないことが明らかになった。

3 支援活動指針としての「意見表明権」とは

子どもが健全な成長や発達を遂げるには,大人からの保護を受ける権利(受動的権利)と,自らが権利行使の主体となる権利(能動的権利)の両方が保障されることが重要になるが,「意見表明権」は「能動的権利」の代表的なものの一つといえる。

「意見表明権」は,「子どもの権利条約」第12条「意見を表明する権利」の第1項で「締約国は,自己の意見を形成する能力のある児童がその児童に影響を及ぼすすべての事項について自由に自己の意見を表明する権利を確保する。この場面において,児童の意見は,その児童の年齢及び成熟度に従って相応に考慮されるものとする」と規定されている。また,第2項で「このため,児童は,特に,自己に影響を及ぼすあらゆる司法上及び行政上の手続において,国内法の手続規則に合致する方法により直接に又は代理人若しくは適当な団体を通じて聴取される機会を与えられる」としている。

ただし,これは無制限に子どもの権利を認めるというのでなく,第13条の「表現の自由」第2項にあるように,「権利の行使については,一定の制限を課することができる。ただし,その制限は,法律によって定められ,かつ,次の目的のために必要とされるものに限る。(a)他の者の権利又は信用の尊重,(b)国の安全,公の秩序又は公衆の健康若しくは道徳の保護」とされている。

　そもそも「意見を表明する」ためには，子どもがさまざまな事柄について，自分の思いや考えを持っていることが前提であり，それを相手に伝え，理解してもらうことが必要である。しかし，子どもは，年齢が低ければ低いほど，自分の思いや考えを持っていなかったり，持っていても，それを整理し，適切な言葉で表現し，伝えることが難しい場合も多い。そのため，子どもの思いや気持ちを受け止める側の大人が，その難しさを十分に自覚し，理解した上で，時間をかけて子どもの思いに耳を傾ける必要がある。その際に注意すべきことは，大人の側で勝手に子どもの気持ちを察したと思い込み，決めつけで判断しないようにすることである。

　しかし，子どもの言葉にできない思いを受け止めるのは無理だというわけではない。子どもの言葉にできない思いを汲み取り，それを大人が自分の中で整理し，子どもの気持ちになって思いを確認していく作業を根気強く繰り返していくことである。そうすることによって，子どもの思いに少しずつ近づいていくことができるようになる。

4　児童の権利に関する条約の批准の意味を問い直す

　わが国が「子どもの権利条約」を批准してから，まもなく四半世紀を迎えようとしている。この条約を批准したことによって，締約国になったわが国は，第44条「報告の提出義務」を負うことになった。また，「子どもの権利条約」を補完するため，2つの選択議定書（子どもの売春・子どもポルノ・子ども買春に関する議定書と，武力紛争への子どもの関与に関する議定書がそれぞれ2004年と2005年に批准された）と，それに対する第1回報告書も出された。さらに，2014年には「子どもの権利条約」で定められた子どもの権利が侵害された場合，国連の子どもの権利委員会に通告し，調査するという内容も発効された。

（1）子どもの権利委員会からの最終見解
　これまで，わが国は，「子どもの権利条約」第44条（報告の提出義務）「この条

約において認められる権利の実現のためにとった措置及びこれらの権利の享受についてもたらされた進歩に関する報告を，国際連合事務総長を通じて委員会に提出することを約束する」に従って報告書を提出している。

この条約を批准するにあたって，「日本の対応は，当初，国内法には抵触しないというものであったが，3回にわたる子どもの権利委員会の指摘の中で，制度等の改善を強く求められることとなった(4)」ためである。

1998年に出された第1回審査では，国内法制度が「子どもの権利条約」の原則及び規定を十分に反映していないこと，及び裁判所が条約を直接に援用できるにもかかわらず，実際に行っていないことが指摘され，「子どもの権利条約」及びその他の人権条約が国内裁判所において援用された事例の詳細についての報告を提出することが勧告された。

2004年に出された第2回審査では，国内法制度が「子どもの権利条約」の原則や規定を十分に反映していないことが指摘され，その法制度について包括的に再検証すること，また，その法制度が条約の原則及び規定並びにそこに記されている権利に基づくアプローチの整合を確保すべく，必要なすべての措置をとることが勧告された。

2010年に出された第3回審査では，子どもの最善の利益を考慮していないという児童福祉法の課題が指摘され，すべての法的規定及び児童に影響を与える司法・行政における決定・計画・サービス等において，子どもの最善の利益の理念が実現され，監視されることが確保されるよう，努力を継続，強化することを勧告された。以下，この3回の勧告の内容を解説する。

1）「児童の権利に関する条約」が国内法に優先し裁判所で援用できるにもかかわらず，直接援用していないという指摘(5)

第1回審査では，わが国が提出した報告に対する肯定的要素として，①嫡出でない子（法律上の婚姻関係にない男女の間に生まれた子）の児童手当受給の権利をすべての未婚の母に保障し，1997（平成9）年に児童福祉法を改正したこと，②日本国籍の子どもを養育している外国籍の母親の在留資格について，出入国管理のルールを1996（平成8）年に改定したことが評価された。

　しかし，反面，多くの懸念事項も指摘されている。その主なものとして，①条約が国内法に優先し国内裁判所で援用できるにもかかわらず，実際には裁判所がその判断をする際，条約等を直接援用していないこと，②障害児，施設入所児等，最も弱い集団に属する子どもを含めて，子どもからの不服に関する記録や，子どもの状況に関する情報等の統計データの収集が不十分であること，③子どもの権利の実施を監視する権限を持った独立機関が存在しないこと，④すべての理由に基づく差別，特に，出生，言語，障害に関する差別から子どもを保護していないこと，⑤子どものプライバシー保護の権利，特に，家庭，学校，施設においてこの権利を保障するための措置が不十分であること，⑥印刷・電子・視聴覚メディアの有害な影響，特に，暴力およびポルノグラフィーから子どもを保護するために導入された措置が不十分であること，⑦施設に入所している子どもの数，特別な援助や保護を必要とする子どものための家庭環境に代わる手段を提供するために設けられた枠組みが不十分であること，⑧家庭内における性的虐待を含む子どもの虐待および不当な扱いの増加が懸念されること，⑨子どもの自殺が多いこと，それを防止するためにとられている措置が不十分なこと，⑩子どもが学校制度の過度な競争によりストレスを抱え，余暇，運動，休息の時間が減少していること，⑪人権教育が学校のカリキュラムに体系的に導入されていないこと，⑫学校における暴力の回数や程度，特に，体罰が幅広く行われていること，および生徒間のいじめが多数存在していること，⑬子どもの売春，子どものポルノグラフィーおよび子どもの売買の防止のための行動計画が欠如していること，⑭薬物やアルコールの濫用問題に対処する措置が不十分であること，等が指摘されている。

2）国内法制度が「児童の権利に関する条約」の原則や規定を十分に反映していないという指摘[(6)]

　第2回審査では，わが国が提出した報告に対する肯定的要素として，①1999（平成11）年の児童買春，児童ポルノに係る行為等の処罰及び処罰並びに児童の保護等に関する法律および2000（平成12）年の児童虐待の防止等に関する法律の制定，②2001（平成13）年の子どもの商業的性的搾取に反対する国内行動計

画の策定，③2003（平成15）年の青少年育成施策大綱の策定について評価された。

　反面，第1回勧告への対応を審査した結果，懸念および勧告のいくつかは法的措置，諸政策を通じて対処されていたものの，①差別の禁止，②学校制度の過度の競争的な性格，③いじめを含む学校での暴力に関する勧告について十分な対応がなされていなかったという指摘があった。

　懸念の主要分野および勧告として，国内法制度が条約の原則および規定を十分に反映していないこと，裁判所が条約を直接援用できるにもかかわらず，実際には行っていないこと，その法制度について包括的に再検証すること，また，その制度が条約の原則および規定並びに条約で保障された権利に基づくアプローチの三つの整合性を保ちつつ運用するために必要なすべての措置をとることが勧告された。

　その主なものとして，①婚姻最低年齢が少年（18歳）と少女（16歳）で異なること，性交同意年齢（13歳）が低いこと，②法制度が婚外子を差別していること，女児，障害のある子ども，少数民族の子ども，移民労働者の子どもに対する社会的差別が現存していること，③子どもに対する社会の旧来の態度によって，彼らの意見の尊重が家庭，学校，その他の施設，社会全体において制限されていること，④子どもにより行われる政治活動への制限や，18歳未満の子どもが集会に参加する際に両親の同意を必要とすること，⑤子どものプライバシー権が完全に尊重されていないこと，特に，子どもの持ち物に対する検査や，施設職員が子どもの私信に介入すること，⑥学校等における体罰が法律で禁止されているにもかかわらず，依然として学校，施設，家庭において広く行われていること，⑦児童虐待の予防に関する包括的かつ多分野にわたった戦略が欠如していること，訴追件数が少ないこと，被害者の回復やカウンセリングサービスの需要が増加しているにもかかわらず，その必要性が認識されておらず，供給が不十分であること，⑧障害のある子どもが，条約で保障された権利を享受するにあたり，依然として不利な立場にあり，教育制度やその他の余暇・文化的活動が十分に確保されていないこと，⑨青少年の間にストレスやうつを含

む精神的障害が多く見られること，青少年の精神面の健康について，包括的な戦略が欠如していること，⑩急増する若者の自殺率の高い水準，自殺や自殺未遂およびその原因に関する量的，質的データの欠如，警察が若者の自殺問題に対処する主要機関の一つとして指定されていること，⑪教育制度の過度に競争的な性格が子どもの心身の健全な発達に悪影響を及ぼし，子どもの可能性の最大限な発達を妨げていること，高等教育への入学の過度な競争が，公的な学校教育が私的な教育の補完として位置づけられることによって，私的な教育を，貧困家庭の子どもが受けることができないものになっていること，子どもの問題や学校での争いに関して，親と教師の間での連絡および協力が極めて限られていること，わが国における外国人学校卒業生の大学入学資格が広げられたのにもかかわらず，いまだに高等教育への入学を拒否されている者がいること等が挙げられている。

3）子どもの最善の利益を考慮していないという児童福祉法の課題を指摘 [(7)]

　第3回審査では，対応を図った政策とその進展に関して，2004（平成16）年8月2日に，「武力紛争における児童の関与に関する児童の権利に関する条約の選択議定書」の締結，2005（平成17）年1月24日に，「児童の売買，売春および児童ポルノに関する『子どもの権利条約』の選択議決書」の締結，また，法的措置の採択については，①2004（平成16）年および2008（平成20）年の児童虐待防止法の改正（特に児童虐待の定義の見直し，政府および地方自治体の責任の明確化，児童虐待の通告義務の拡大），②2004（平成16）年および2008（平成20）年の児童福祉法の改正（特に地方自治体に要保護児童対策地域協議会を策定する権限が与えられたこと），③2005（平成17）年の刑法改正（人身取引が犯罪化），④2010（平成22）年の「子ども・若者育成支援推進法」の施行，⑤2010（平成22）年の教育基本法の改正が評価された。

　その反面，懸念および勧告の主なものとして，①嫡出でない子が相続に関する法律で嫡出子と同様の権利を享有していないこと，②民族的少数者に属する子ども，外国籍児，移民労働者の子ども，難民の子どもおよび障害のある子どもに対する社会的差別が根強くあること，③子どもの最善の利益について，

1974（昭和49）年に可決された児童福祉法の最善の利益の優先が十分に考慮されていないこと，④生命に対する権利，生存および発達する権利について，児童・青少年の自殺および自殺・自殺未遂のリスク要因の調査が欠如していること，⑤子どもの意見の尊重について，公的な規則が高い年齢制限を設定していること，児童相談所を含む児童福祉サービスが子どもの意見にほとんど重きを置いていないこと，⑥学校が子どもの意見を尊重する分野を制限していること，政策立案過程において，子どもの意見への配慮がほとんどなされていないこと，⑦体罰の禁止が効果的に履行されていないこと，⑧家庭環境について，親子関係の悪化が児童の情緒的，心理的な幸福に否定的な影響を及ぼし，その結果，施設入所という事態まで生じていること，⑨親の養育を受けられない子どもを対象とした家族基盤型の代替的児童養護政策の不足，家族による養護から引き離された子どもの増加，小規模で家庭的養護を提供する施設が増えているにもかかわらず，多くの施設で基準が不十分なこと，児童養護施設で広く虐待が行われているという報告があること，⑩養子縁組について，養親となるべき者またはその配偶者の直系卑属（子・孫・ひ孫）である子との養子縁組が，司法の監視や家庭裁判所の許可なく行えること，⑪児童虐待とネグレクトについて，民法の「親権」の概念および過剰な親の期待が，子どもを家庭での暴力の危険にさらしていること，⑫障害のある子どもに対して，深く根付いた差別が今もあること，また，障害児のための措置が注意深く監視されていないこと等が挙げられている。

（2）児童の権利に関する条約の批准の意味と今後の課題

　以上のように，3回にわたる子どもの権利委員会の最終見解を概観したが，その内容はわが国にとって極めて厳しい指摘であったといわざるを得ない。3回の最終見解で挙げられた懸念や勧告事項が非常に多く，完全には実施されていない，あるいは全く対処がなされていないという評価であった。

　今後，実施されなければならない項目は，①児童の権利に関する包括的な法律の制定，②児童の権利の実現のために行われるすべての活動を国，都道府県，

市町村レベルにおいて効率的に調整するための明確な権限と，十分な人的・財政的資源を有する適切な国内の仕組みの確立，児童の権利の実現に携わる市民組織との継続的な意見交換と調整の実施，③条約の全範囲を網羅し，特に，子どもの間に存在する不平等や格差に対処する権利をベースとした本格的な国内行動計画の作成，④国内レベルで条約の実施を監視する独立した仕組みの確立，⑤子どもの定義において，少年（18歳）と少女（16歳）の婚姻適齢の格差の解消，⑥嫡出でない子が相続において，嫡出子と同様の権利を享有すること，⑦民族的少数者に属する子ども，外国籍児，移民労働者の子ども，難民の子どもおよび障害のある子どもに対する社会的差別の解消，⑧体罰の禁止が効果的に履行されること，⑨障害があることに対して深く根付いた差別の解消，また，障害のある子どものための措置が注意深く監視されていくこと，⑩子ども・青少年の自殺，および自殺・自殺未遂のリスク要因の調査の実施等のように，レベルはさまざまであるが改善しなければならない課題が山積している。

　わが国は「子どもの権利に対する理解が不十分である」という指摘がある中で，2016（平成18）年に児童福祉法が改正され，第1条に「全て児童は，児童の権利に関する条約の精神にのつとり，適切に養育されること，その生活を保障されること，愛され，保護されること，その心身の健やかな成長及び発達並びにその自立が図られることその他の福祉を等しく保障される権利を有する」と明記された。また，第2条では「全て国民は，児童が良好な環境において生まれ，かつ，社会のあらゆる分野において，児童の年齢及び発達の程度に応じて，その意見が尊重され，その最善の利益が優先して考慮され，心身ともに健やかに育成されるよう努めなければならない」とされた。児童福祉法の中に「子どもの権利条約」の理念が組み込まれたのは初めてであり，その理念の実現に向けた第一歩といえる。しかし，これらの理念が絵に描いた餅とならないためには，ソーシャルワーカーが実現に向けた具体的な取り組みを一歩一歩着実に進めていくことが求められる。

ま　と　め

　本章では「子どもの権利条約」や子どもの権利，人権について解説してきた。そして子ども・家庭福祉の領域で支援が行われる際，「子どもの最善の利益」に基づいた実践が求められる必要性を説いてきた。ところで，この「最善の利益」とは誰がどのように決めるものであろうか。大人はそれぞれの立場や考えから子どもの最善を考えていくが，子どもとの合意形成は容易ではない。

　そこで「子どもの最善の利益」を考え，実践する専門職になるためには，自分の支援に対する気づきを深めていくことが重要である。その際に留意しておきたい点は，自身の考える「子どもの最善の利益」が，子どもにとって真の「最善の利益」になっているのかを，立ち止まって考え直すことである。なぜなら，いかに専門職として子どもの「最善の利益」について論じても，それが大人の側の独り善がりな主張であるかもしれないし，思い込みや決めつけになっていることも多いからである。そのことへの気づきが欠けているならば，子どもを悲しみの淵に追いやることになるだろうし，専門職にとっても不幸なことである。

　何よりも「子どもをきちんと理解しているか」については，子どもの様子や行動を知ろうと努めることが肝要である。目の前にいる子どもの気持ちやニーズに十分応えられているか，もしそれが十分にできていない場合，非言語的コミュニケーションに注目しながら，子どもの気持ちを考えていくことが大切である。私たちは他者である子どものことを常に理解することは難しいが，専門職として，自分たちの「わかってあげられなさ」を自覚し，それでも誠実に，誠意をもってかかわろうとする努力を積み重ねていくことが求められていることを再確認しておきたい。

注
⑴　山縣文治「子どもの最善の利益と社会的養護の課題」『世界の児童と母性』第75

号，資生堂社会福祉事業財団，2013年，2頁。

(2)　野澤正子「子どもの権利と子ども論」『社会問題研究』41(1・2)，大阪府立大学社会福祉学部，1991年，173-189頁。

(3)　林浩康「子どもの最善の利益に適った児童福祉システムの再構築」『世界の児童と母性』第75号，資生堂社会福祉事業財団，2013年，16頁。

(4)　山縣文治，前掲論文，3頁。

(5)　「児童の権利に関する委員会第18会期／条約第44条の下での締約国により提出された報告の審査／児童の権利に関する委員会の最終見解」1998年6月（http://www.mofa.go.jp/mofaj/gaiko/jido/9806/index.html，2016年9月18日アクセス）。

(6)　「児童の権利委員会第35回会期／条約第44条の下での締約国により提出された報告の審査最終報告」2004年2月26日（http://www.mofa.go.jp/mofaj/gaiko/jido/0402/pdfs/0402_j.pdf，2016年9月18日アクセス）。

(7)　「児童の権利委員会第54回会期／条約第44条に基づき締約国から提出された報告の審査／最終見解」2010年6月20日（http://www.mofa.go.jp/mofaj/gaiko/jido/pdfs/1006_kj03_kenkai.pdf，2016年9月18日アクセス）。

参考文献

北川清一・小林理編著『子どもと家庭の支援と社会福祉——子ども家庭福祉入門』ミネルヴァ書房，2008年。

北川清一編著『三訂・児童福祉施設と実践方法——養護原理とソーシャルワーク』中央法規出版，2005年。

木原活信『社会福祉と人権』ミネルヴァ書房，2014年。

山崎美貴子（聞き手側垣一也）「子どもの権利とは何か——子どもの権利条約から考える」『月刊福祉』100(7)，全国社会福祉協議会，2017年。

特定非営利活動法人子どもの村福岡編『国連子どもの代替養護に関するガイドライン——SOS子どもの村と福岡の取り組み』福村書店，2011年。

第6章	子どもと家庭を支援する法の理念

はじめに

　本章のタイトルには，法学の観点からするといくつかの難しさが伴う。まず，「法の理念」である。そもそも，法学において「法の理念」といえば，抽象的・一般的に，「法概念に内在しながら法を法たらしめるところのものであり，したがって，また，法の形成・実現の指標ともなるところのもの[1]」等といわれ，当然のこととして「正義」等にも論及される。その議論は深遠かもしれないが，現実味はないかもしれない。とりあえず，本章では，種々の法律における基本的な考え方を整理しておきたい。

　また，「子どもと家庭」というのも決して簡単ではない。すなわち，わが国の法制度は法の主体も客体も個人が原則だが，仮に「子どもと家庭」をもって人の集合体，いうなれば団体ととらえるなら，扱いは異ならざるを得ない。確かに，個人でなく団体である労働組合や会社を法の主体や客体とする例もあり，また，「子どもと家庭」も人の集合体である点で，一見，労働組合や会社と共通するようにも思われる。しかし，労働組合や会社が一定の目的の下に団体を形成するのに対して，「子どもと家庭」は，いうなれば，団体の形成を目的としない団体なのであって，その限りで同様には扱えまい。

　その他，さまざまな難しさや疑問が浮かぶ。しかし，それらへの対応はひとまずおいて，各節では，そこで取り上げられている法律の基本的な考え方に関連しそうな論点を提示し，その検討を通じて当該法律の「理念」の理解へとつなげてみたい。

1 子どもと家庭を支援する社会福祉法

（1）子ども・家庭と社会福祉法

　社会福祉法には，「子どもと家庭」を特別に対象とする条項はなく，「子ども」あるいは「家庭」だけに言及する条項も見当たらない。

　ところで，2000（平成12）年の社会福祉法制定を前にして社会福祉サービスの提供方式が大きく変更された。特に，保育所入所方式の変更は，時期的にも「措置から契約へ」の流れの嚆矢となった。すなわち，1997（平成9）年の児童福祉法の改正で，市町村が「保育に欠ける」と認める児童を「措置」（行政処分）により保育所に入所させる仕組みから，保護者が入所を希望する保育所を選択して申し込み，市町村と利用契約を締結する仕組みへと見直されたのである。

　とはいえ，社会福祉法の制定と児童福祉法の改正とでは，時系列的に見て，前者が後者を生み出すような関係にない。しかし，ここでは，いずれが先行したか，あるいは，いずれの影響を受けたのかといった問題ではなく，中央社会福祉審議会の社会福祉構造改革分科会による「社会福祉基礎構造改革について（中間まとめ）」（1998〔平成10〕年6月）で提示された社会福祉基礎構造改革の基本的方向[2]が，たとえば，社会福祉法第1条にいう「福祉サービスの利用者の利益の保護」等として具現化されていく大きな流れに沿っているか否かが重要になってこよう。

　このような流れの中で，保育所入所方式が，1997年の児童福祉法改正後，まずは，保護者の希望に基づく保育所の選択が保障されることになった[3]。しかし，契約方式については，利用者側の情報不足が懸念される状況下で「希望」や「選択」を額面通りに受け止めてよいだろうか。また，仮に，特定の保育所に「希望」が集中するとすれば，皮肉にも，「希望」が叶わないこともあるだろう。したがって，すべてを「希望」や「選択」に委ねることが合理的か否かは簡単に判断できないかもしれない。さらに，1997（平成9）年の改正後の保育所入

所は契約方式となったが，利用者は，高齢者施設への入所の場合等と異なり，サービス提供事業者ではなく市町村と契約（公法上の契約）を締結する。他方，市町村には，どうあっても，保護者の申し込みに対する保育サービス提供の義務が課される。また，この改正以後，「措置」の文言こそ用いられないが，例えば，待機児童の存在が常態的ならば，「市町村は『より』保育に欠ける児童を選考して入所決定（行政処分）をするので，措置方式が維持されているというのがむしろ素直な見方」とも評される。

　ところで，保育所入所方式の変更は「措置から契約へ」の流れに先鞭を付けた格好だが，その実，「契約」としての実質は乏しく，必ずしも上記の流れの典型といえない。それよりは，介護保険の利用関係の方が利用者・事業者間の契約関係でもあり，契約方式の典型たりうる。しかし，問題は，「措置」か「契約」かとか，どちらの方式が優れているかではない。むしろ，「措置」に関しては，都道府県による児童養護施設や児童自立支援施設等への入所措置（児童福祉法第27条第1項3号）のような関係が残っている上，社会福祉法第2条第2項2号が上記諸施設を経営する事業を第一種社会福祉事業としているのは示唆的である。考えてみれば，上記諸施設への入所は，「子どもと家庭」の「希望」が優先されるようなものでないからこそ「措置」として残ったといえよう。結局，社会福祉法は，その重要性を認めたからこそ第一種社会福祉事業としたと考えられる。

　このように，社会福祉基礎構造改革の基本的方向が具現化される流れと「措置から契約へ」の流れは，同じ方向性を持ち合わせている。しかし，重要なのは必ずしもそのことではない。つまり「福祉サービスの利用者の利益の保護」等の目的にとって重要であるならば，それが「措置」によるのか「契約」によるのかは問わないといった社会福祉法の基本的姿勢こそ注目に値するであろう。

（2）子ども・家庭と社会福祉事業

　社会福祉法第1条は，「社会福祉の増進に資する」ため「社会福祉事業の公明かつ適正な実施の確保」を掲げる。そして，同法第2条において第一種社会

福祉事業（第2項）と第二種社会福祉事業（第3項）を列挙する。両者の区別は，たとえば，第一種社会福祉事業に分類されるのは，「当該事業の実施により提供される福祉サービスの利用者に対する影響が特に大きいため，当該事業の継続性，安定性を確保する必要性が特に高く，相対的に強い公的規制が必要な事業(5)」といわれる。すなわち，第一種事業の多くは入所者が生活の大部分を過ごす施設の経営であり，適正な経営や施設運営がなされない場合，入所者は人権侵害を含む深刻な被害を被りかねないという。他方で，第二種社会福祉事業は，第一種社会福祉事業と違い，「その事業の実施が社会福祉の増進に貢献するものであって，しかも事業実施に伴う弊害のおそれが比較的少ないもの」といわれる。ただし，同事業については，「自主性と創意工夫とを助長すること」に言及するも，監督や規制に関しては一切説明がない(6)。

　「子どもと家庭」を「支援」する社会福祉事業として，第一種には，児童福祉法に規定する乳児院，母子生活支援施設，児童養護施設，児童自立支援施設等を経営する事業（第2条第2項2号）が規定されている。第二種には，児童福祉法に規定する障害児通所支援事業，放課後児童健全育成事業，保育所を経営する事業等（第2条第3項2号），「認定こども園法」に規定する幼保連携型認定こども園を経営する事業（同項2号の2），母子及び父子並びに寡婦福祉法に規定する母子家庭日常生活支援事業等（同項3号）が列挙されている。

　興味深いことに，これらは社会福祉法によって創始された事業でなく，児童福祉法等の他法が根拠となる。社会福祉法は，あくまでも同法としての観点で，当該事業が第一種たりうるか，第二種とすべきかを選り分ける役割を果たす。たとえば，乳児院，児童養護施設等々は，児童福祉法が入所型の施設として根拠を与えるが，それらを経営する事業については，先述のような人権侵害を含む深刻な被害も懸念されることから，社会福祉法としては，より強い規制の下に置くべく，第一種社会福祉事業に分類するという要領である。このように，社会福祉法は，いずれの社会福祉事業に関しても直接的な「支援」を規定しないが，社会福祉事業の原則的な規定を置き，事業の適正な実施のための条件整備や環境づくりを行う。それは，まさに「社会福祉事業の公明かつ適正な実施

の確保」を図るという形の「支援」といえよう。

（3）子ども・家庭と社会福祉行政

　社会福祉法の前身にあたる社会福祉事業法の制定（1951〔昭和26〕年）は，社会福祉行政にとっての一大転機だったかもしれない。たとえば，民間の篤志家等が委嘱される民生委員が生活保護の実施機関たる市町村長の補助機関を務めるような社会福祉行政から，より専門性を有する社会福祉主事や福祉事務所による行政へと転換されたからである。このような期待の下で発足した福祉事務所には，都道府県に必置の都道府県福祉事務所と市に必置ながら町村には任意設置の市町村福祉事務所がある。今日，市町村福祉事務所（社会福祉法第14条第6項）はいわゆる福祉六法に定める「援護，育成又は更生」の措置に関する事務を，都道府県福祉事務所（同条第5項）は生活保護法，児童福祉法，母子及び父子並びに寡婦福祉法に定める「援護又は育成」の措置に関する事務を所管する。

　福祉事務所は，いずれも社会福祉行政の実務を担当する専門機関であるが，実際には，いわゆる福祉六法の現業機関である市町村福祉事務所と，福祉六法のうち上記の三法律のみの現業機関である都道府県福祉事務所とする棲み分けがあるように，業務体制は必ずしも同一でない。しかし，「子どもと家庭」の「支援」に関する限りでは，市町村，都道府県いずれの福祉事務所も「子どもと家庭」への「支援」にあたるべき児童福祉法および母子及び父子並びに寡婦福祉法の現業機関であり，さらに，「子どもと家庭」の生活基盤の保障のための生活保護法の現業機関である点で，「子どもと家庭」の最も身近に位置することは有意義かつ有益なことといえよう。

　なお，社会福祉法においては，子ども・家庭と社会福祉行政のかかわりを見出せるのは，せいぜい，上記に限定されるであろう。社会福祉行政が子どもや家庭と正面から向き合うのは，児童相談所等が児童福祉の実施機関として規定される児童福祉法においてである。

（4）残された課題——いわゆる「権利擁護」をめぐって

　社会福祉法の第8章第2節はいわゆる「福祉サービス利用援助事業」を定める。また，この事業は，今日，「日常生活自立支援事業」の一環として都道府県社会福祉協議会によって主導される。

　ところで，この事業は，社会福祉サービスの利用に関して相談・助言等を行うものであるが，同法第2条第3項12号の定義では，その対象を「精神上の理由により日常生活を営むのに支障がある者」と規定している。したがって，「狭義の権利擁護制度[(7)]」に含められるものの，さしあたり対象の点で「子どもと家庭」との関係は希薄ではある。その要因は，「権利擁護」の定義が狭隘だからである。「子ども」にせよ「家庭」にせよ，権利は擁護されるべきであり，また，児童虐待や子どもの貧困を例示するまでもなく，「子どもと家庭」の内外で権利が侵害されている状況は無視できない[(8)]。だが，そもそも「権利擁護」なる語が用いられるに至った脈絡は全く異なり，あえていえば，社会福祉サービスの提供を契約方式に転換する際，対等な当事者という構図を描くためであった。

　確かに，「広義の権利擁護制度」として（児童，高齢者，障害者虐待が一括りにされるが）虐待防止制度が取り上げられよう[(9)]。しかし，それはなぜ「広義」なのだろうか。権利侵害が存するところ，いつでも／どこでも，それに抗すべきものとして「権利擁護」が必要ならば，虐待であれ貧困であれ，それらは，「子ども」本人はもとより「家庭」にも重大な影響を及ぼしており，むしろ，それらへの対処を以て一つひとつの個別課題として「狭義」の権利擁護とは考えられないのだろうか。その結果，仮に今日の「広義」と「狭義」の位置関係が変わるようなことがあったとしても，はたして，それは不思議なことなのだろうか。こうした疑問の解消が待たれる。

2　子どもと家庭を支援する児童福祉法

（1）児童福祉法による子ども・家庭への支援

　児童福祉法第 1 条は，「全て児童は，児童の権利に関する条約の精神にのっとり，適切に養育されること，その生活を保障されること，愛され，保護されること，その心身の健やかな成長及び発達並びにその自立が図られることその他の福祉を等しく保障される権利を有する」と規定する。そこでいわれる適切に養育されたり，愛されたりする関係からして，同法が「子どもと家庭」を「支援する」のは至極当然であるとは思いつつ同法を見ると，児童福祉の理念（第 1 条），児童育成の責任（第 2 条），原理の尊重（第 3 条），国および地方公共団体の責務（第 3 条の 2，第 3 条の 3）といった総則的規定のほか，「児童」等の定義規定（第 4～7 条），実施機関たる市町村等の規定（第10～12条），そして，児童福祉司（第13条），児童委員（第16条），保育士（第18条の 4）に関する規定等々に関して，それらが「子どもと家庭」の「支援」に向けられていることについては，大方の賛同が得られよう。また，「助産施設，母子生活支援施設及び保育所への入所等」（第22～24条）や「要保護児童の保護措置等」（第25条～33条の 9 の 2）も同様に解せるであろう。

　また，同法に数多く含まれる「障害児」に関する規定に関しても，たとえば，従来，知的障害児施設や肢体不自由児施設といった障害の種別等で分かれていた障害児施設は，2012（平成24）年 4 月以降，入所による支援のための障害児入所施設，あるいは，通所による支援のための児童発達支援センターに再編された（第 7 条第 1 項）。そして，2015（平成27）年 1 月以降には，小児慢性特定疾病医療支援（第 6 条の 2 第 2 項）も実施されるに至った。

　ところで，あらためて同法第 1 条を見ると，とりわけ注目すべきは，「児童」として「権利」が保障されるについては，「児童」には何らの限定も留保もつけられていないことである。他方で，同法は「児童とは，満18歳に満たない者」と定義する（第 4 条第 1 項）とともに，身体障害，知的障害，精神障害の

ある児童等をもって「障害児」と規定する（同条第2項）。ということは，同法の「支援」の対象には，（「児童」は「児童」でも，特に「障害児」といわれる「児童」も含めた）「児童」とその「家庭」が当然に含まれることになるはずである。ちなみに，それは，ここに至るまで，はたして，当たり前のことであったのだろうか。

（2）「支援」対象の拡充とそれがもつ意味

　そもそも，児童福祉法は，制定当初から2016（平成28）年の改正に至るまでは，「すべて児童は，ひとしくその生活を保障され，愛護されなければならない」（旧第1条第2項）と規定していた。しかし，そこにいう「児童」の中には，必ずしも常に，障害児や小児慢性特定疾病の児童が含まれてはいなかった。その意味で，旧第1条第2項は，「（児童福祉法上，対象とならない児童は除いた，という限定的な意味で）すべて児童は，（せいぜい，その限りで）ひとしくその生活を保障され，愛護されなければならない」という空疎な内容だったことになる。

　ところで，児童福祉法は，障害者自立支援法の制定に伴い，2016（平成18）年には，それまで「事業」としては言及していた「障害児」を「障害児」として正面から定義する第4条第2項を新設した。また，2012（平成24）年4月以降，それまで，障害者自立支援法の自立支援給付に基づく障害児に対するサービス（児童デイサービス）と，児童福祉法に基づく知的障害児通園施設や肢体不自由児施設における支援のように，2つの法律に基づいて支援が並立していたものを，児童福祉法のもとに一本化した。これにより，たとえ「障害児」であっても，（当時の）同法第1条第2項の「すべて児童」から漏れる者はほぼなくなったことになる。さらに，2015（平成27）年1月以降，小児慢性特定疾病医療支援（第6条の2第2項）が小児慢性特定疾病児童等自立支援事業（第19条の22）とともに実施されることになり，ここでも，「すべて児童」に欠けていた部分が補われることになった。こうして，旧第1条2項の規定内容が文字通りの意味をもてるようになり，それまで単なる飾りのように用いられていた「すべて」と「ひとしく」という文言が，言葉としての生命を取り戻したことにな

る。

　ところで，久しく対象を大きく欠きながら「すべて児童は」と称してきたことは，確かに，不適切ではあっただろう。特に，児童福祉法の制定以来の理念に少なからず忠実でなかったという意味では問題であろう。そもそも，児童福祉法は，その成立までに多くの草案が作成・審議されるという経過を辿ったが，その経過を特徴づけるものの一つに「児童保護」から「児童福祉」への用語法の変更がある。また，内容面についても「保護が必要な問題をかかえた児童という限定的な対象の捉え方ではなく，すべての児童を対象にして積極的に福祉の増進を図るという画期的な内容をもつもの[10]」として同法は成立をみた。具体的には「児童保護法を制定しようとする理由」に関して，「広い意味における異常児（浮浪児，棄児，孤児，虐待児，不良児，不具児，精神薄弱児，貧児）を総括的に保護する法規を欠いている」との現状認識に立って，児童保護法は「広い意味の異常児保護対策を網羅しようとしたもの[11]」とされた。ところが，中央社会事業委員会児童対策小委員会は「不幸な浮浪児等の保護の徹底を図り，すすんで次代のわが国の命運を，その双肩に担う児童の福祉を積極的に助長するためには，児童福祉法とも称すべき，児童福祉の基本法を制定することが喫緊の要務であると認め[12]」，法律名も新たに児童福祉法要綱案（1947〔昭和22〕年1月11日）が提示され，最終的に児童福祉法の制定となった。

　このような展開を見ると，およそ「次代のわが国の命運を，その双肩に担う児童」に視野を広げて児童福祉法が誕生した事実を原点とするならば，この間，その理念は必ずしも忠実に守られてこなかったことになる。だとすると，現行の改正児童福祉法は，名実ともに原点に回帰したといえるかもしれない。あるいは，障害児のみならず小児慢性特定疾病の子どもも対象としたことを重視すれば，単なる原点回帰に止まらないより一層の進化ととらえられるかもしれない。いずれにしても，障害者福祉の領域にまで分け入り，およそ「児童」である限りすべて「支援」の対象にしようとする点が，今日の児童福祉法の特徴といえるであろう。

3 子どもと家庭を支援する生活保護法

（1）生活保護法による子ども・家庭への支援

　生活保護法の目的は，日本国憲法第25条の理念に基づき，国が，生活に困窮する国民に対して必要な保護を行い，「最低限度の生活」を保障し「自立」を助長する（第1条）ことにある。もとより，日本国憲法第25条の理念とは「健康で文化的な最低限度の生活を営む権利」（＝生存権）の保障である。

　生活保護法は「生活扶助」をはじめとした8種類の扶助を定める（第11条第1項）。なかでも，「教育扶助」は，義務教育に伴う学用品，通学用品や学校給食等（第13条）について，原則的には金銭給付，必要に応じて現物給付（第32条）で行われるから，それは学齢児童・生徒としての「子ども」とその「家庭」への「支援」そのものである。また，「生業扶助」のうち「生業に必要な技能の修得」（第17条2号）に関して，運用上，高等学校等就学費が新設されたことも「支援」に数え上げられよう。この点に関しては，法改正によって「教育扶助」に位置づけられなかった問題は残るものの，「ようやく高校進学に対する制度的対応が採られることとなった(13)」ことは評価される。さらに，「生活扶助」に関しても「子ども」も第1類の経費算定の対象となり，第2類の経費は世帯単位で算定されることから，これも「子どもと家庭」への「支援」に該当し，さらに「生活扶助」における母子加算も「支援」と見ることができる。加えて「出産扶助」も，「家庭」に「子ども」を迎え入れる段階の「支援」と見なすことができよう。

　このように，生活保護法には「子どもと家庭」への「支援」を直截に定めた条項こそないが，多様な「支援」が期待できる。しかも，それらが出産，義務教育，高校進学といった人生の重要な節目で機能することの意味は，決して過小評価されるべきではないだろう。

（2）個人の保護請求権と「世帯単位の原則」

　生活保護法は，「すべて国民は，（中略）この法律による保護（中略）を，無差別平等に受けることができる」（第2条）とし，個人として保護を受けることの権利性を明確にしている。しかし，同法は，いわゆる世帯単位の原則（第10条）も掲げており，両規定が矛盾するか否かが問われるかもしれない。

　この問題については，たとえば，「生活保護制度においては，生活困窮が個人に現れる現象であるというよりも，生計を一にしている世帯全体を観察して把握される現象であるという社会通念に基づ」[14]くと説かれる。あるいは，日本国憲法が「家」制度を廃止し，家族の単位は夫婦と未成熟の子で構成されることになったものの，現実には，それ以外の親族の同居の例も少なくなく，結局，「法律上の扶養家族でなくとも，現実に同居し生計をともにする以上，そこには生活上の相互扶助があるはずだし，国家も世帯単位の原則を生活保護のためのたてまえとしなければならなかった」[15]とも分析される。要するに，「世帯」を単位とする保護ではあるが，それは，「世帯」の集団としての存在をことさら重視し，個人をそこに埋没させるというよりも，「世帯」として把握される「生活」という事実と，そこに想定される構成員間の相互扶助に鑑みてのことと理解できよう。その意味で，矛盾はないと考えられる。

　なお，同法第10条の但し書きには「これによりがたいときは，個人を単位として定めることができる」とある。一見，取って付けたような印象もあるが，限定付きながらも個人単位の取り扱いを認めた点に積極的意義があるとは指摘される[16]。すなわち，「これによりがたいとき」とは，たとえば，世帯主が第4条第1項所定の資産等の活用の要件を満たさない時であり，この場合にも世帯単位の取り扱いを強制すれば，かえって要保護状態にある家族に与えられるべき保護まで拒む結果となり，法の目的に背くためといわれる[17]。

（3）残された課題──いわゆる「子どもの貧困」をめぐって

　残された課題，それは「子どもの貧困」への対応である。

　第4章第1節でも論及されているが，経済協力開発機構（OECD）の「対日

経済審査報告書」（2006〔平成18〕年）以来，わが国でも深刻に受け止められるようになった，いわゆる「子どもの貧困」は，それが多様な事柄との関連，たとえば，貧困と学力，貧困と健康，貧困と虐待等が深く憂慮され[18]，さらに「子ども期に貧困であることの不利は，子ども期だけで収まらない[19]」という認識のもとで，いわゆる「貧困の連鎖」が「『15歳時の貧困』→『限られた教育機会』→『恵まれない職』→『低所得』→『低い生活水準』」という図式[20]で示されるようになった。

　このような状況下にあって法律の制定が相次いだ。たとえば，生活困窮者を重層的に支援するセーフティネットとして，自立相談支援事業，就労準備支援事業，生活困窮世帯の子どもの学習支援等を定めた「生活困窮者自立支援法」が2013（平成25）年12月に成立し，2015（平成27）年4月に施行された。また，「子どもの貧困対策の推進に関する法律」が2013（平成25）年6月に超党派の議員立法として成立し，2014（平成26）年1月に施行された。同法は，親から子へといった形の「貧困の連鎖」が起きないよう，子どもの貧困対策を総合的に進めることを目的とする法律である。また，同法は「子どもの将来がその生まれ育った環境によって左右されることのないよう，貧困の状況にある子どもが健やかに育成される環境を整備する」（第1条）と明記し，政府には就労，生活，教育面等での支援の指針となる子どもの貧困対策に関する大綱の作成と，実施状況を毎年公表することを義務づけ，都道府県には子どもの貧困対策計画策定の努力義務を課した。日本国憲法第25条が根拠づける「人間らしい生活」の保障という生活保護法の「理念」がこれらの法律や施策に正しく受け継がれることが「子どもと家庭」への「支援」として何より重要になるだろう。

4　子どもと家庭を支援する教育基本法

（1）教育基本法の「改正」

　1947（昭和22）年3月31日，日本国憲法の施行（同年5月3日）を目前に，教育基本法（以下，旧法）が公布・施行された。旧法は，民主的で文化的な国家

の建設および世界の平和と人類の福祉への貢献という日本国憲法の理想の実現が「根本において教育の力にまつべきものである」という前文第1段とあわせて，個人の尊厳を重んじ，真理と平和を希求する人間の育成を期するとともに「普遍的にしてしかも個性ゆたかな文化の創造」をめざす教育の普及徹底を謳った。

　2006（平成18）年12月，旧法は，現行の教育基本法（以下，新法）へと改正された。主な改正点は，旧法における男女共学（旧第5条）が削除され，新たに，生涯学習の理念（第3条），大学（第7条），私立学校（第8条），教員（第9条），家庭教育（第10条），幼児期の教育（第11条），学校・家庭・地域住民の連携（第13条），教育振興基本計画（第17条）の各条項が設けられた。

　この改正では，男女共学のように定着したための削除もあったが，不可解なこともなくはなかった。たとえば，①旧法前文第1段落の「この理想の実現は，根本において教育の力にまつべきものである」という表現は完全に姿を消した。また，②旧法第6条1項で「法律に定める学校」が「公の性質をもつ」とされたことに対応する「法律に定める学校の教員は，全体の奉仕者」（同条第2項）という表現も新法にはない。さらに，③旧法第10条第1項の，教育は「国民全体に対し直接に責任を負つて行われるべきものである」という表現は，教育は「この法律及び他の法律の定めるところにより行われるべきもの」（新法第16条第1項）にとって代わられた。特に，①と③からは，今回の改正の隠された意図が垣間見えよう。要は，教育に関しては，「理想の実現」も含めて「教育の力にまつ」ことなく，政治的多数派が支配する国会が作る「この法律及び他の法律の定めるところ」に任せればよいということでもあろう。加えて，新法では，教育の「振興」なる表現が頻繁に用いられる。だが，斜陽の産業や経済の「振興」ならいざ知らず，そもそも，教育は「振興」に馴染むものなのかは大いに疑問であろう。

（2）新旧教育基本法における子ども・家庭

　旧法は，子ども・家庭に直接言及しない。むしろ，前文の「個人の尊厳を重

んじ」るというくだりからもわかるが、「子ども」や「家庭」としてではなく個人を個人としてとらえる。そして、その先に「人格の完成」や「平和的な国家及び社会」、さらに「世界の平和と人類の福祉」への貢献が展望される構図になっていた。

　一方、新法は、生涯学習の理念（第3条）や家庭教育（第10条）、幼児期の教育（第11条）等、一見、「子どもと家庭」への「支援」を期待できそうな条項を含む。かといって、具体的な脈絡で個人をとらえる配慮はないように思われる。そのように考えると、上記のような規定が新設された理由もわかってこよう。すなわち、旧法以来、「あらゆる機会、あらゆる場所」と表現されてきたが、新法は、「あらゆる機会」に通ずる時間の観点で「生涯学習の理念」や「幼児期の教育」に言及し、「あらゆる場所」に通ずる空間の観点で「家庭教育」に言及する。これらは、肯定的にとらえられなくはない改正内容である。

　しかし、新法で「伝統と文化を尊重し、それらをはぐくんできた我が国と郷土を愛する」（第2条第5号）等とあるように、ひとたび、対象として何を「尊重」したり「愛する」かが限定されると、個人としてどのように生きるかの選択の幅が狭められかねない危惧をおぼえる。また、「豊かな人生を送ることができるよう」（第3条）という表現にしても、そもそも、自分の「人生」が「豊か」か否かは自分が評価するものでこそあれ、他者が評すべきものではなかろう。このようなどことない押しつけがましさは、「障害のある者」に対する「教育上必要な支援」（第4条第2項）が国や地方公共団体に義務づけられても完全に拭い去れない。むしろ、それ自体、押しつけがましく（あるいは恩着せがましく）感じられる虞れすらある。さらに、家庭教育に関して「父母その他の保護者は、子の教育について第一義的責任を有する」（第10条第1項）とはいうが、これが民法の「親権」（民法第820条）であれば、そうした責任を果たす「義務」を他から干渉されずに果たす「権利」と理解されるものであり、「責任」のみを強調する第10条第1項とは似て非なるものと理解すべきであろう。

　新法では、一見、「子どもと家庭」への配慮が行われるようになったが、一方で、一人の個人の生き方の幅は限定されかねない側面をもつ。また、教育は

「この法律及び他の法律の定めるところにより行われるべきもの」（第16条）と
されるため，詰まるところ，政治的多数派の意思次第ともなりかねない。この
限りでは，「子ども」等にとっては，「我が国と郷土」等という枠の中で小さく
生きるよりも，世界の平和と人類の福祉への貢献という理想の実現を「教育の
力」にまつという旧法の下で生きることの方が，はるかに息苦しさを感じずに
いられたのではないかとさえ思われる。

ま　と　め

　ある法律が，どのような理念の下に作られているかを探求することは，それ
ほど容易なことではない。しかし，それに取り組まねばならないのであれば，
法学において，ある法律がどういう目的の下で作られたのかを問う場合，方法
論的には立法者意思説にならい，立法者が立法に際していかなる理念を託した
かを制定過程の審議記録等の資料を読み解き推し量る方法が考えられる。しか
し，諸事情によってそれがかなわないのであれば，法律意思説のように，当該
法律自体に体現されている理念を見出すことが肝要となろう。それは，当該法
律が，現在の社会においてどのような目的や価値の実現を目指しているのかを
法律自体から読み取ることにほかならない。

　そこで，本章各節で取り上げた法律について，それ自体が体現していると考
えられる「子どもと家庭を支援する法の理念」を簡潔に示すと次のようになる。
まず，「支援」されるのが「子どもと家庭」であるとすると，対象はどのよう
な「子ども」や「家庭」なのかが問題となろう。これについては，児童福祉法
が，何らの限定も留保も付けずに「児童」をただ「児童」としてとらえようと
している点に注目したい。一面で，そのような扱いの起源は，「異常児」対策
からすべての子どもの福祉へと転換して生み出された児童福祉法制定の経緯に
まで遡るであろうが，他面，「児童」である限り，「障害児」も「小児慢性特定
疾病児童」も包摂（inclusion）されるのは，まさに，現代という時代の要請で
もあろう。要は，児童福祉法であればこそ常に問われ続ける，古くて新しい問

題であろう。

　次に，「子どもと家庭」は「支援」によってどのような生活を保障されるべきかである。生活保護法は，憲法25条の生存権を基礎とし，人間らしい生活を営むことを，しかも，仮に「家庭」であっても，そこに個人を埋没させることなく，何より，人間らしく生きることを個人の「権利」としてとらえようとする。ただし，現代的な課題として「子どもの貧困」が深刻化しているが，その解消はまだ緒についたばかりである。「子どもの貧困」の根深さは，「貧困の連鎖」として世代を超えて影響を与え続けることにある。この問題の解決が，今後の関係法令の「理念」となることが強く望まれる。

　さらに，「子ども」の成長・発達という観点からは，教育が不可欠となる。この面では，教育基本法の「支援」が期待される。前述のように，教育基本法は2006（平成18）年の改正を経て，生涯学習（第3条）や家庭教育（第10条），幼児期の教育（第11条），あるいは，特に「障害のある者」に対する「教育上必要な支援」（第4条第2項）といった形で「子どもと家庭」への「支援」を多面的に強化しようという方向性を打ち出した。

　しかし，同時に，教育基本法の改正自体が政治的な争点となったことにも鑑みると，旧教育基本法にあった「この理想の実現は，根本において教育の力にまつべきものである」という一文の削除や，教育は「国民全体に対し直接に責任を負って行われるべきものである」という表現が，新法で「この法律及び他の法律の定めるところにより行われるべきもの」（第16条第1項）とされる等，教育に対する役割期待が変質した感がある。仮に，「教育の力」という自律的なあり方が多少なりとも後退させられたのだとすると，その部分に政治的多数派の意思が強く働くのではという懸念は容易に拭い去れない。今後の法律の運用を注意深く見守っていくことも必要であろう。

　最後に，社会福祉も法律に基づいた社会制度として機能している以上，関連する法律や制度が強靱なものでなければ，その下での援助にも少なからず悪影響を及ぼすことは想像に難くない。そのような意味で，直接的に「子どもと家庭」を対象にし，それに対する具体的「支援」を行うことだけでなく，法律や

制度に拠って「子どもと家庭」に対する「支援」が確実に行われることも切に望まれるところであろう。したがって，専門的な社会福祉行政の下で，社会福祉事業が適切に行われることを担保する条件整備が不可欠になる。言い換えれば「支援する」ことを「支援する」，それこそが社会福祉法制全般の理念ではないかと提起しておきたい。

注

(1)　団藤重光『法学の基礎 第2版』有斐閣，2007年，225頁。

(2)　厚生省社会・援護局企画課監修『社会福祉基礎構造改革の実現に向けて』中央法規出版，1998年，8-9頁。

(3)　児童福祉法規研究会編『(最新) 児童福祉法・母子及び寡婦福祉法・母子保健法の解説』時事通信社，1999年，168頁。

(4)　河野正輝・阿部和光・増田雅暢・倉田聡編『社会福祉法入門 第3版』有斐閣，2015年，58頁。

(5)　社会福祉法令研究会編『社会福祉法の解説』中央法規出版，2001年，68-69頁。

(6)　同前書，80頁。

(7)　秋元美世・平田厚『社会福祉と権利擁護——人権のための理論と実践』有斐閣，2015年，115頁以下。

(8)　山野則子・武田信子編『子ども家庭福祉の世界』有斐閣，2015年，27-28頁。

(9)　秋元美世・平田厚，前掲書，154頁以下。

(10)　蟻塚昌克『証言・日本の社会福祉——1920〜2008』ミネルヴァ書房，2009年，156頁。

(11)　(資料1-3)「児童保護法を制定しようとする理由」寺脇隆夫編『続・児童福祉法成立資料集成』ドメス出版，1996年，74頁。

(12)　(資料1-9)「児童保護事業の強化徹底策に関する小委員会成案報告 (昭和23年1月16日)」同前書，103頁。

(13)　池田和彦・砂脇恵『公的扶助の基礎理論——現代の貧困と生活保護制度』ミネルヴァ書房，2009年，188頁。

(14)　同前書，52頁。

(15)　鈴木一郎『生活保護法の法社会学的研究』勁草書房，1967年，285-287頁。

(16)　小山進次郎『改訂増補 生活保護法の解釈と運用 (復刻版)』中央社会福祉協議会，2004年，219-220頁。

(17)　小山進次郎，前掲書，220頁。木村忠二郎『改正 生活保護法の解説』時事通信社，

1950年，60頁。

(18) 阿部彩『子どもの貧困』岩波書店，2008年，2頁以下。

(19) 同前書，18頁以下。

(20) 同前書，22-23頁。

(21) 於保不二雄・中川淳『新版 注釈民法(25)』有斐閣，1994年，84-87頁。

(22) 五十嵐清『法学入門 第4版』悠々社，2015年，146頁。

(23) 同前書，151頁。

参考文献

浅井春夫・松本伊智朗・湯澤直美編『子どもの貧困——子ども時代のしあわせ平等のために』明石書店，2008年。

浦部法穂『憲法学教室 第3版』日本評論社，2016年。

大曽根寛編『ライフステージ社会福祉法——いまの社会福祉を批判的に考える』法律文化社，2008年。

河野正輝『社会福祉法の新展開』有斐閣，2006年。

教育法令研究会『教育基本法の解説』国立書院，1947年。

第7章	子どもと家庭を支援する施設・機関の理念

はじめに

　多くのマスコミが，2016（平成28）年8月3日，2015（平成27）年度に児童相談所が対応した児童虐待の件数が，厚生労働省が統計を取り始めて以来，初めて10万件（速報値として）を超えたことを大きく報じた。子どもに対する暴言や脅し等のいわゆる心理的虐待の件数の増加が顕著で，全体の約半数にのぼっている。増加の一途を辿ってきた児童虐待対応件数の勢いは，減少する気配を感じさせないまま10万件の大台を超える結果となった。わが国の子どもとその家族に何が起きているのであろうか。このことは，「一億総活躍社会」をめざす背後に看過できない子育ちと子育てをめぐる課題が山積している実態を物語っている。わが国は，経済成長を遂げ，世界にリーダーシップを発揮する国家をめざす傍ら，国内では必要な保育サービスを受けることができず，必要な時に必要な支援が届かない子どもと家族の暮らしがあることを見過ごしてはならない。

　国家予算に占める防衛費の割合と比較すると，圧倒的に低い社会保障費に関する予算の実態を，時の為政者はどのように認識しているのであろうか。国民が，それがたった一人であったとしても安心して子育てができないと感じるような国家に，どのような未来が待っているのか。子育ちと子育ての支援をめぐる問題への対策が，日本国民の暮らしの安寧を図る上で重要なテーマであることが次第に鮮明になってきている。そこで，本章では，子どもを支援する施設・機関の理念を相談機関，児童福祉施設，保育所，児童館を取り上げながら検討する。

1　相談機関——児童相談所等

（1）子どもの権利を護る砦としての相談機関

　わが国には，子どもの権利が危ぶまれている状況への迅速な対応が期待される機関として，児童相談所がある。現在，児童相談所に寄せられる相談件数は年々増加傾向にあり，児童虐待に関する対応件数は10万件を超えた。このことについて，厚生労働省は，児童虐待防止法が規定している市民による通告義務が広く浸透してきたことを背景に，これまでは水面下にあった児童虐待の兆候を地域がセーフティネットとして機能し，情報が届けられている結果との認識を示した。

　その一方で，子育て中の母親等からは，子どもが泣き止まないと隣近所の人に通報されてしまうので，必死に泣かせないようにしているとの声も寄せられている。ここからは，地域住民から「あの家は子どもを虐待しているのではないか」とあらぬ誤解を受けた子育て中の家族が，世間体を過剰に気にせざるを得ない状況に置かれている様子がうかがえる。児童虐待は周囲からわかりづらく，児童相談所や警察等の関係機関が，緊密に連携をとりながら早期発見・早期介入することが求められる。

（2）相談機関としての多様な役割・機能

　相談機関のうち，児童相談所は，同時に子育て相談・支援機関として，家庭での子育てを支える役割も担う。つまり，児童相談所は，子育ちと保護者等による子育てを「支える機能」と，それが適切に機能していないと判断された際に，保護者等から子どもを保護し「社会的養護へとつなぐ（措置する）機能」を併せもっている。しかし，このような児童相談所が担う双方の機能が拮抗することで，子どもや保護者等への支援がスムーズに展開できない場合もある。つまり，保護者等との支援関係の構築をめざす一方で，その保護者等から子どもを保護することが，保護者等に「わが子を児童相談所に取られた」との思い

を抱かせることが多いためである。相談機関の理念として掲げる「子育て支援」と「子どもの権利擁護」を遂行する場面では，保護者等から切り離して子どもを保護することが，時に，それまで築いてきた保護者等や子どもとの関係を破綻させてしまうことに留意する必要がある。

　したがって，児童福祉司には，インテークからアセスメントの段階で，子どもやその家族が置かれてきた状況を丁寧に整理し，子どもにとって必要な支援を計画することとあわせて，保護者等へ支援を必要とする意図を説明し，理解を促すことが求められる。特に，保護者等の虐待が疑われる場合，保護者等自身が虐待の事実に自覚を欠いていたり，その指摘を受け入れようとしない場合が多い。このような時，児童福祉司が保護者等との面接を通じて虐待の事実を説明しても，子どもを保護することの同意を保護者等から得ることは難しい。仮に，保護者等からの同意を得ることできなかった場合でも，児童相談所が子どもを保護する必要があると判断すると，そのための制度的裏づけ（措置制度）があるとはいえ，児童相談所は，あくまでも「相談機関」であることを忘れてならない。斉藤幸芳の「ソーシャルワーカーとしての児童福祉司は，保護者等との良好な関係を基軸に子どもの最善の利益を図るための援助者でなければならない[1]」との指摘は，その証左といえる。

　児童相談所が遭遇する子どもの権利を護らねばならない状況とは，子どもの命を護ることを意味する。その場合，児童相談所が有する権限を最大限に発揮して保護することになるが，そのような状況になる前に，地域で機能している子育ち・子育て支援につながる資源を動員し，児童虐待の兆候を早期に把握することが求められる。

（3）地域における相談窓口の拡充

　児童相談所との連携を必要とする機関として，東京都を除く地方公共団体には，児童福祉施設等に附置される児童家庭支援センターがある。これは，地域の子育ち・子育てを支援する相談支援機関として，1998（平成10）年に創設された。また，東京都の場合，単独事業として市区町村に子ども家庭支援セン

ター（2009〔平成21〕年度からは子供家庭支援センターに改称）がある。センターの目的は「①児童に関する家庭その他からの相談のうち，専門的な知識及び技術を必要とするものに応じ，必要な助言を行うとともに，市町村の求めに応じ，技術的助言その他の必要な助言を行うこと。②児童相談所長や都道府県の委託による，児童及び保護者に対する指導を行うこと。③児童やその家庭に対する支援を迅速かつ的確に行うための，関係団体との連絡調整などを行う施設」とされている。

　児童相談所を取り巻く今日的状況を鑑みると，地域住民の生活に近い相談機関として位置する児童家庭支援センターや子供家庭支援センターが担う役割は大きい。児童相談所が主催する関係機関との連絡会では，児童福祉司が担当する相談（ケース）件数が，一人当たり100件を超える状況が続いている状況や，児童福祉司の増員を進める動きがある一方で，離職率も高くなっている実態がたびたび話題にあがる。このような実態は，支援を受ける子どもたちや家庭を担当する児童福祉司が頻繁に交代していることを意味し，安定した支援関係の構築にも影響を及ぼすことは想像に難くない。

　児童家庭支援センターや子供家庭支援センターは，このような児童相談所の実情も踏まえ，地域の子育ちと子育てに対応した相談・支援をすることが求められる。その際の重要な機能の一つにアセスメント機能の充実がある。児童相談所が子どもを保護する前に，児童家庭支援センター・子供家庭支援センターが介入していたケースも少なくない。ここで重視されるべきは，相談機関が子どもや保護者等とのかかわりをもつに至った契機である。たとえば，相談受理のきっかけが地域住民からの通告によるものなのか，子ども自身からの相談によるものなのか，保護者等からの相談によるものなのか，あるいは，支援センター職員の訪問によるものなのか等によって，以後の相談者との支援関係の構築や支援展開に大きく影響すると考えられるからである。

　特に，地域住民からの通告やセンター職員の訪問のように，当事者以外の人が介在して支援活動の開始となった場合，支援者は，当事者が抱える「事情」に関心を向ける前に，当事者が抱いている「感情」に配慮する必要があると考

えられる。本章が強調するアセスメント機能の充実とは，支援を展開する際に必要な情報を当事者の語りから把握することを意味するが，さらにいえば，そのことが目的化することにより，相談過程で支援者が，子どもや保護者等へ多くの質問を投げかけたり，相手の心情への配慮に欠く態度をとらないための配慮と準備に努めることである。

　相談機関が十全に機能できるか否かは，当事者と相談機関との最初の出会い（インテーク）で決まるといっても過言ではない。したがって，支援者には，当事者との間に「対等性」「平等性」の理念が身体化された面接（いたわりの心や，安心を感じさせる面接）の進め方や，アセスメントする内容を丁寧に吟味すること等が求められる。支援の入り口に臨む相談機関は，子どもをなかば強制的に保護者等から引き離し，保護せざるを得ない状況に陥らないような工夫が必要となる。

2　児童福祉施設

（1）児童福祉施設を規定する法体系

　北川清一は，児童福祉施設について，「児童福祉法に基づいて設置され，各種のニーズに対応して地域における児童福祉サービス提供の場として機能し，徐々に体系化されてきた」という[(3)]。たとえば，かつては孤児院と称された入所施設は，現在では児童養護施設として法制上に位置づけられ，税金を原資とする措置費によってその安定的な運営が確保される等，児童福祉施設はその時代状況に呼応すべく整備されてきた。

　児童福祉施設を規定する児童福祉法は，1947（昭和22）年に制定された。そして，2016（平成28）年6月には，制定以来初となる同法の理念規定が見直され，次いで2016（平成28）年10月には，児童虐待の発生予防に関する規定が，さらに2017（平成29）年4月には，児童虐待の発生時の迅速・適格な対応に関する規定が施行されたことによって改正法は完全施行となった。なお，児童福祉法の見直しとあわせて児童虐待防止法も見直され，同様の時期に改正施行されている。

表7‐1　児童福祉法条文の新旧対照表

2017年4月の法改正後	改正前
〔児童心理治療施設〕 第43条の2　児童心理治療施設は，家庭環境，学校における交友関係その他の環境上の理由により社会生活の適応が困難となつた児童を，短期間，入所させ，又は保護者の下から通わせて，社会生活に適応するために必要な心理に関する治療及び生活指導を主として行い，あわせて退所した者について相談その他の援助を行うことを目的とする施設とする。	〔情緒障害児短期治療施設〕 第43条の2　情緒障害児短期治療施設は，軽度の情緒障害を有する児童を，短期間，入所させ，又は保護者の下から通わせて，その情緒障害を治し，あわせて退所した者について相談その他の援助を行うことを目的とする施設とする。

出所：中央法規出版編集部編『改正児童福祉法・児童虐待防止法のポイント――平成29年完全施行』中央法規出版，2016年，181頁の内容を参考に筆者作成。

（2）児童福祉法改正と児童福祉施設

　2017（平成29）年4月に施行された改正児童福祉法の第3章には，児童福祉施設として，助産施設（第36条），乳児院（第37条），母子生活支援施設（第38条），保育所（第39条），幼保連携型認定こども園（第39条の2），児童厚生施設（第40条），児童養護施設（第41条），障害児入所施設（第42条），児童発達支援センター（第43条），児童心理治療施設（第43条の2，2017〔平成29〕年の改正よりこれまでの「情緒障害児短期治療施設」から名称変更），児童自立支援施設（第44条），児童家庭支援センター（第44条の2）が規定されている。

　以下では，2017（平成29）年4に施行された改正児童福祉法で名称変更された「児童心理治療施設」の改正点を手がかりに，児童福祉施設の目的や制度の捉え方について整理してみたい。法改正前の情緒障害児短期治療施設と，改称された児童心理治療施設に関する条文を比較すると表7‐1のようになる。

　この改正で着目すべき点は，当該施設が従来の法では「情緒障害を治す」ことを目的としていたのが，「社会生活に適応するために必要な心理に関する治療及び生活指導を主として行う」として，施設の目的を明確にしたことにある。さらに，「情緒障害」のとらえ方についても，その状態を引き起こす背景について，家庭環境や交友関係をはじめとする「環境上の理由」に着目したことである。法律そのものが，今ある子どもの状態にのみ着目するのではなく，その

状態の背景にまで着目し明文化されたことは，社会がこうした状況に置かれた子どもたちをとらえる上でも重要な意味をもつと考える。家庭や暴れたり暴言を吐いたりする子ども，学校で授業妨害をしたり他の生徒とトラブルを繰り返す子どもたちは，それだけで厄介者とされてしまうことは想像に難くない。しかし，この改正では，そうした子どもたちの状態は，彼らが置かれている（きた）環境からの影響が大きいことを規定していることから，このような子どもたちに日常的にかかわる親や家族，教師だけでなく，彼らの治療や支援にかかわる医師，心理士，ソーシャルワーカーに対しても，子どもたちを理解する視点の変化を促すものと期待したい。

（3）「最低基準」という「基準」がもつ意味

　ところで，それぞれの児童福祉施設は，児童福祉法が規定する目的に沿って運営されることになるが，さらに重要なことは，それぞれが持つ相談機能としての側面を活かし，地域に潜在している子育ち・子育てのニーズを早期に発見し，必要な支援に結びつけることである。そのためには，子どもやその保護者はもとより，児童相談所や市区町村，社会福祉協議会や主任児童委員，学校，保健所等の子どもや保護者がかかわる地域の社会資源との連携のあり方が課題となる。

　児童福祉施設は「児童福祉施設の設備及び運営に関する基準」に沿って運営されており，2011（平成23）年の改正で，これまでの児童福祉施設基準で用いられていた名称も改められた。それぞれの児童福祉施設は，この「基準」によって設備や配置職員の職種や人数が定められ，また，改正後の「基準」では都道府県等が条例で定める「基準」を「最低基準」と呼び，各都道府県は監査を通じてその運営状況を監督する立場に置かれた。したがって，この「最低基準」は，児童福祉施設が掲げる理念と設置目的を支援の「形」として体現するには，支援を提供する側が「基準」をどのようにとらえるかが重要な意味を持つことになろう。

　つまり「最低基準」を，施設が遵守（保持）すべき基準としてとらえるか，

あるいはそれを上回るべき実践の「目安」としてとらえるかという点である。たとえば，児童養護施設等の措置施設は，この「最低基準」に基づいて，施設の入所定員数や職員配置数に応じた措置費が国や都道府県から支弁される仕組みとなっている。この仕組みは，いわば「最低基準」を保持する仕組みであり，この基準を上回る職員数を整備しようとする場合，それぞれの施設による自己財源の確保が不可欠となる。このような財源の確保は，東京都のように，措置費に加えて施設運営を支える独自の制度⁽⁵⁾がない限りは難しい。措置費はあくまでも単年度の施設運営にかかわる必要経費として支弁されることが想定されており，そこから翌年度以降に見込まれる経費を捻出することは，当該年度のサービスの低下や職員処遇の低下を招くことにもつながりかねない。それぞれの施設は，支弁される（与えられる）公的補助金だけに頼ることなく，自己財源を恒常的に確保できる独自の施設運営が可能なのかが課題の一つになろう。以下では，児童福祉施設の中でも，地域における子育ちと子育てを支援する施設に着目し，第3節では乳幼児期の子どもを対象とする保育所を，そして第4節では，学童期の子どもを対象とする施設として，児童厚生施設の一つである児童館に着目する。

3 保 育 所

（1）保育所を取り巻く状況

　保育所は，保護者の就労や病気等の理由により「保育を必要とする」乳幼児を対象とする保育サービスのうち，子ども・子育て支援新制度の中で施設型給付に分類される施設が「保育所」「認定こども園」である⁽⁶⁾。「認定子ども園」は，その特徴によって「幼保連携型」「幼稚園型」「保育所型」「地方裁量型」に分類される。このほかに地域型保育給付に分類される施設として，「家庭的保育」「小規模保育」「居宅訪問型保育」「事業所内保育」が挙げられる。さらに，児童福祉法では定められていないが，ニーズに対応する保育サービスを提供する「認可外保育施設」がある。

　ところで，保育所をめぐる課題の中で最重要とされているのが，大都市圏に顕在している保育所の利用を希望しても利用できない子ども，いわゆる待機児童の解消である。2002（平成14）年度から「待機児童ゼロ作戦」の推進が図られており，保育所に受け入れる子どもの数を増員する取り組みが継続されている。2013（平成25）年4月には，さらに待機児童解消を推進するために「待機児童解消加速化プラン」が策定された。その結果，2014（平成26）年4月の保育所の定員は233万5,724人に達し，保育所待機児童数は2万1,371人と4年連続で減少している。一方で，2015（平成27）年4月には，2万3,167人と増加に転じている。このような統計的推移を概観すれば，待機児童解消への施策が毎年のように更新あるいは新たに策定されてはいるものの，明確な制度設計に欠ける中で推進されている印象をもつ。

　生計を立てるために就労したいと考えても，子どもを預けられる保育所が見つからず，結果として生活困窮に陥っている保護者やその子どものことを考えるならば，これは必ずしも楽観視できる推移の過程ではない。法の理念として掲げられる「子どもの最善の利益保障」とは，保育所を利用する子どもだけを対象とした理念でなく，わが国で暮らすすべての子どもにかかわるものだとすれば，必要な子どもに必要な保育サービスが届けられる環境の整備は喫緊の課題であり，為政者は当事者感覚をもって受け止めるべきだといえよう。

（2）保育所として取り組む家庭への支援

　保育所が取り組む家庭への支援，とりわけ保護者に対する支援の基本について，「保育所保育指針」では次のように説明している。すなわち，①子どもの最善の利益と子どもの福祉が基本，②子どもの成長の喜びを共有すること，③保育士の専門性や保育所の特性を生かした支援，④親子の安定した関係づくりをねらいとした養育力向上のための支援，⑤保護者の気持ちを受け止め，自己決定を尊重する，⑥保護者と子どものプライバシー保護と秘密保持，⑦子育て支援に関する地域資源の活用と連携である。

　これらは，保育所が提供する保育サービスについて，家庭における子育ての

代替ではないことを明示しているといえる。つまり，子育ての主体は親であり保護者であることを踏まえ，家庭での子育てを基本としながら，保育士は保護者と協力して子どもの保育にあたることが期待されている。専門職としての保育士は，家庭，保護者との信頼関係・協力関係を構築し，家庭での子どもの様子を把握しながら保育に活かし，その状況を保護者へと伝えていく。保育士には，家庭・保育所それぞれにおける子どもの状態を専門的な視点から見極め，親と子どもをつなぐコーディネーターとしての機能をもち，保護者とともに子どものとのかかわり方や過ごし方を考える役割がある。

　さらに，2017（平成29）年3月，厚生労働省は改定「保育所保育指針」を公示し，同指針は2018年4月から適用される。今回の改定の重要なポイントとして，汐見稔幸は以下の点を指摘する。すなわち，「乳児の保育のねらいや内容，そして1歳以上3歳未満児の保育のねらいや内容について記述を充実させたこと」さらに「はじめて保育所も我が国の『幼児教育施設』として認められたこと」と。前者については，乳児の時期から非認知能力を育てることの重要性が強調され，その実現のためには保育士の丁寧な対応，応答的な姿勢，受容が大切だとされている。後者については，保育所が子どもの「資質・能力」を育む場として期待されるようになったとされる。したがって，保育所は，養育者から子どもを預かってその帰りを待つための施設から，専門職である保育士が，乳児期から幼児期へと進む子どもの成長過程を見据え，専門的なかかわりと教育を提供する施設へと発展していくことが期待されている。このことは，同時に担い手である保育士に対して，専門職として新たな実践力を身に付ける必要が生じていることを含意している。

（3）保育所の拡充と保育サービスの質の確保

　迅速な対応が求められる待機児童の解消には，受け皿としての保育所を増やすことはいうまでもないが，それは必然的に担い手である保育士の確保の必要性につながる。吉田眞理は「保育士不足の原因は，いったん就職してもすぐにやめてしまうことにもある。保育士が退職する理由は，仕事の負担，給与の低

さ，職場の人間関係などである[(8)]」と指摘している。このような指摘を待つまでもなく，保育士の待遇改善も重要な課題の一つとなっている。

一方，守隨香は，保育者の責務について「保育者の責務は，子どもにとにかく安心感を保証できるよう生活の具体性においてかかわることから出発する。安心感の保証に努めながら，一人ひとりの子どもの成長発達がどのように実現されていくか，その道筋ごと自身の身に引き受けるよう日々伴走する。遊びを通してその道筋を辿れていることを確かめながら，共に生活するというのが保育者という生き方である。…（中略）…保育者とは直接間接に子どもを見守り続ける生き方のことであり，見守るとは目をかけ手をかけ心を配る普段の配慮に満ちた極めて具体的な営みである[(9)]」と言及している。守隨が指摘するように，保育士は，子どもの成長と発達にかかわるという社会的責務を担う重要な仕事であり，保育士になる事前の準備をするにあたってはしすぎることはない。特に，新卒の保育士にとって事前の準備とは，保育士養成機関等における学びの過程を意味する。したがって，保育士個人の専門職としての資質と同様に，準備過程そのものの質，つまり養成機関や実習受入施設の指導者がいかなる学びの機会を彼らに提供してきたのかも重要である。もし，保育士として就職するまでの養成過程を通じて，保育士としてのアイデンティティの芽が育まれていたとするならば，就職後すぐに退職するような事態は，現在のように容易に起きることはないように思えるからである。

国が策定した「保育士確保プラン」を受け，今後は一段と多くの保育士資格を有する人材が保育所に採用されることになる。保育所が採用する人を選ぶのではなく，就職を希望する人たちが保育所を選ぶ時代になろう。したがって，保育所は，これまでのように保護者から選ばれるだけでなく，有為な人材を確保するため，保育士を志す人からも選ばれるようにならなければならない。このことが，組織としての保育所が質の高い保育サービスを提供するために必要な視点の一つとなるものと考える。

4 児 童 館

(1) 児童館の制度的位置づけ

　児童福祉施設の中でも児童厚生施設の一つに位置づけられる児童館は，子どもに健全な遊びの場を与えて，その健康を増進し情操を豊かにすることを目的に設置された。児童館は，機能によって次のように分類される。小地域を対象とし，屋内での活動を主とする「小型児童館」，それを基本機能として，中高生等の年長児童への育成機能を強化した「児童センター」，さらに，児童館相互の連絡調整機能を有する「大型児童館（A型）」，自然の中で子どもたちが宿泊し，野外活動が可能な「大型児童館（B型）」，広範囲の子どもたちを対象にし，芸術や体育，科学等の総合的活動ができるよう劇場やプール等の施設が附設された「大型児童館（C型）」である。児童館の設置数は，1985（昭和60）年の時点で3,517カ所であったものが，2014（平成26）年には4,598カ所となり100カ所程度増加した。子どもの数が減少する時代背景に鑑みると，児童館の設置数の増加は，量的ニーズよりも，質的な子育ち・子育て支援のニーズが高まってきていることをうかがわせる。

　児童館の中には，幼児の集団指導や「放課後児童健全育成事業」を行っている所もある。「放課後児童健全育成事業」は，保護者等が労働により家庭にいない小学校低学年の子ども等を対象に，児童館や学校の空き教室，公民館等の施設を利用して，健全な遊びと生活の場の提供を図る事業である。1995（平成7）年から国の予算補助事業として整備が進み，1997（平成9）年の児童福祉法改正で法律上に位置づけられた。2015（平成27）年4月以降，厚生労働省が定める「基準[10]」を踏まえ，各市町村の条例に基づいて「放課後児童健全育成事業」が運営されることとなった。国は，この「基準」を踏まえ，事業者および実践者向けの「放課後児童クラブ運営指針」に基づき具体的内容を定め，2015（平成27）年4月1日より適用している[11]。

（2）子どもの問題の「気づき」の場として

　下浦忠治は，この指針について「長年にわたり学童保育現場で積み重ねてきた指導員の実践を言語化して社会に発信してきた内容を精査し，社会保障審議会児童部会専門委員会で検討を重ねて作成されたもの[12]」として評価している。さらに下浦は，近年増加の一途を辿る児童虐待を防止することとの関連で，学童保育（放課後児童クラブ）に携わる放課後児童支援員の役割を重視し，「（子どもたちが）毎日帰ってくることが『変化』に気づく第一歩であり，子どもの『困っている状況』を見逃さない見守りの目を重層的に持つことにつながるのである。これが虐待防止の一歩でもある[13]」と指摘する。さらに，放課後児童支援員を取り巻く実情を踏まえ，「基準をはるかに超える異年齢の大規模集団を前にして，一人ひとりに寄り添うことはできないと思っている支援員も少なくない。しかしだからと言って『仕方がない』とは言えない。『生活の場』を保障するだけの話ではなく，子どもたちが自らの意思で毎日帰りたいと思える居心地のいい居場所をつくっていくことである[14]」と強調し，児童館とそこで働くスタッフが，来館する子どもたちの育ちに寄り添い，日々のかかわりを通して見られる子どもの変化に「気づく」ことが，児童虐待防止の一助となる働きにつながるという。

　民間企業の中にも，児童館のように，放課後に子どもたちの居場所を提供しようとする動きもある。しかし，企業はあくまでも収益事業としての展開となるため，このサービスを利用できる人は限定的にならざるを得ない。経済的にゆとりのある保護者の中には，負担する費用に見合うだけの質の高いサービスの提供をわが子が受けられるのであれば，このような企業が提供するサービスを希望することもあろう。しかし，社会福祉が対象とするのは，そのような一部の人たち（子ども）だけでなく，すべての子どもたちである。だからこそ，事業を継続的に行えるように公的な資金が投下されるのである。企業の場合は，提供するサービスが消費者に選ばれなければ終了せざるを得なくなる。だから，いわゆる企業努力としてサービスの質の向上や内容の充実を図ることに努める。このような選ばれるための取り組みは，社会制度として整えることになる社会

福祉サービスにも等しく求められてよいものと考える。児童館が子どもたちにとって地域の安全地帯として機能するには，ただそこにあるだけでは十分とはいえない。

<h2 style="text-align:center">ま　と　め</h2>

　本章では「子どもを支援する施設・機関の理念」について，2017（平成29）年4月に施行された改正児童福祉法を踏まえて，児童福祉にかかわるそれぞれの機関・施設が担う機能について，名称変更され目的がより明確になった「児童心理治療施設」と，地域の子育てと子育ちを支える機関・施設の観点から，相談機関と保育所，児童厚生施設に着目して概観した。児童福祉法の制定後，初めて法の理念が見直され，第1条において，子どもが権利の主体者であることが，第2条において，子どもの意見が尊重されることと，子どもの最善の利益が優先されるべきことが明文化された。それは，子どもにかかわるすべての機関や施設に共通する理念であることを意味し，それぞれに所属する職員（実践者）には，この法の理念を体現する責務があることを規定しているととらえることができる。

　したがって，児童福祉にかかわるすべての専門職には，自らの実践が子どもたちの最善の利益を体現することにつながっているのかを，サービスを必要とする人びとの目線と同じ高さから点検・検証することが求められている。言い換えれば，制度を人びとの「現実」にあてはめ，そこから乖離している「現実」を見過ごさず，法が改正されたら，その瞬間から実践を通して制度を点検・検証し，不具合な箇所があればそれを明らかにすることが求められている。そのことを共有できなければ，「子どもの最善の利益を保障する」という理念は形骸化し，子ども家庭福祉が掲げる基本理念としての存在意義を喪失することになろう。

　人は，法律や制度によって活かされるのでなく，必要な制度を創出しながら生活の支弁に資することになる。今ある制度が5年後・10年後の人びとの暮ら

しにも相応しいものとして機能する保証はない。人びとの暮らしを支える社会福祉サービスを規定する法制度や施策は，現状に合わせてつくり替えられない限り，現実の暮らしを反映したものにはなり得ない。為政者はもとより社会福祉実践の担い手も，そのことを十分に心に留めて人びとの「現実」に寄り添い，クリティカルな視点から社会福祉専門職として拠り所とする法・制度・施策の妥当性を確かめつつ，自らの実践姿勢を律することに努めなければならない。

注
(1)　斉藤幸芳「ソーシャルワーカーとしての児童福祉司の専門性」斉藤幸芳ら編著『児童相談所はいま——児童福祉司からの現場報告』ミネルヴァ書房，2012年，19頁。
(2)　社会福祉の動向編集委員会編『社会福祉の動向』中央法規出版，2016年，145頁。
(3)　北川清一編著『児童福祉施設と実践方法』中央法規出版，2005年，82頁。
(4)　佐藤まゆみ「児童家庭福祉の施設と専門職」新保幸男ら編『児童家庭福祉』中央法規出版，2016年，62頁。
(5)　「東京都民間社会福祉施設サービス推進費」がこれに該当する。
(6)　寳川雅子「多様な子育て支援サービスの概要」新保幸男ら編『家庭支援論』中央法規出版，2016年，116頁。
(7)　無藤隆・汐見稔幸・砂上史子『ここがポイント3法令ガイドブック——新しい「幼稚園教育要領」「保育所保育指針」「幼保連携型認定こども園教育・保育要領」の理解のために』フレーベル館，2017年，76頁。
(8)　吉田眞理「子育て支援サービスの課題」新保幸男ら編，前掲書(6)，180頁。
(9)　守隨香『語りによる保育者の省察論』風間書房，2015年，235-236頁。
(10)　「放課後児童健全育成事業の設備及び運営に関する基準」（平成26年厚生労働省令第63号）。
(11)　新保幸男ら編，前掲書(6)，94頁。
(12)　下浦忠治「放課後児童支援員と虐待防止対応——放課後の生活の場でできること」『CAPニューズ』第99号，子どもの虐待防止センター，2016年，1頁。
(13)　下浦忠治，同前論文，5頁。
(14)　同前。

参考文献
安道理『走れ！児童相談所——発達障害，児童虐待，非行と向き合う，新人所員の

成長物語』メディアランド，2016年。

和田一郎編著『児童相談所一時保護所の子どもと支援——子どもへのケアから行政評価まで』明石書店，2016年。

久富陽子編著『学びつづける保育者を目指す実習の本』萌文書林，2014年。

渡部平吾『日本で唯一の実践書——子どもの心を育てる学童保育と児童館』ごま書房新社，2013年。

児童健全育成推進財団編『健全育成論』児童健全育成推進財団，2014年。

第8章	子どもと家庭を支援する社会的養護の理念

はじめに

　子どもと家庭の支援のあり方について，「子どもは家庭で家族と生活することが（家庭養護）基本であり，何らかの理由でそれが出来ない場合や，適切ではないと判断された場合に，家庭以外の場で公的責任において代替的に提供されるものが社会的養護である」との理解に立って論じるならば，その目的は，子ども自身の「育ち」と，保護者等による「子育て」を社会全体で支えることともいえよう。

　ところが，後述するが，社会的養護を担う社会福祉専門職による利用者への不適切なかかわり（マルトリートメント）の実態が，昨今，報道を通じて明らかになっている。これまで，社会福祉の担い手に対する社会の評価は，いわゆる「善い人」だったが，かかる実態は，このような評価を大きく揺るがすことになった。とりわけ社会的養護に関連する施策には，国民の血税が投入され推進されていることに鑑みれば，納税者の厳しい視線が注がれるのは必至であろう。このことは，同時に，社会的養護の担い手である社会福祉専門職が，社会的養護の基本理念をいかにとらえているかが問われていることにもなろう。

1　社会的養護の理念——社会全体で保障する子どもの育ち

（1）社会的養護がめざすもの

　厚生労働省が2011（平成23）年に示した「社会的養護の課題と将来像」では，社会的養護の理念を次のように規定している。

① 社会的養護は，保護者のない児童や，保護者に監護させることが適当
でない児童を，公的責任で社会的に養育し，保護するとともに，養育に
大きな困難を抱える家庭への支援を行うことである。
② 社会的養護は「子どもの最善の利益のために」という考え方と，「社
会全体で子どもを育む」という考え方を理念とし，保護者の適切な養育
を受けられない子どもを社会の公的責任で保護養育し，子どもが心身と
もに健康に育つ基本的な権利を保障する。

　ここでは，まず，社会的養護の体系について触れる。
　社会的養護は「家庭養護」と「施設養護」に大別される。さらに，家庭養護
は「里親」と「ファミリーホーム」とに分かれ，里親は「養子縁組里親」と
「養育里親・専門里親・親族里親」に分かれる。一方，施設養護は，「乳児院」
「児童養護施設」「児童心理治療施設・児童自立支援施設・母子生活支援施設・
自立援助ホーム」の３つに大別される。社会的養護を必要とする子どもの相談
に応じる主たる機関は，児童相談所，福祉事務所，児童家庭支援センター等で
あるが，特に，児童相談所は，児童養護施設等への入所措置や里親への委託措
置を講じる権限を持つため，契約利用とは異なり担う役割は大きなものがある。
　なお，社会的養護について，北川清一は，子育ては第一義的にその保護者が
行うべきとする考えを基本に，それが不可能あるいは不適切な場合，社会全体
が保護者に代わってサービスを展開するというとらえ方に対して，次のような
指摘を行っている。すなわち「家庭における子育てが可能か不可能かの二者択
一ではない。基本的には家庭内で子育てが行えるように，家庭が担えない役割
をサービスの利用により補うもの[1]」だという。つまり，子育ての場を，家庭な
のかそれ以外の場なのかで区別するのではなく，家庭でありながらも社会的養
護のサービスを利用する場合もあり，社会的養護のサービスは，家庭における
子育てと連動しながら展開されるものというとらえ方である。

（2）社会的養護の将来的展望をめぐる議論

　2015（平成27）年3月の厚生労働省「社会的養護の課題と将来像の実現に向けて」では，子どもの養育や支援の原理として「家庭的養護と個別化」「発達保障と自立支援」「回復を目指した支援」「家族との連携・共同」「継続的支援と連携アプローチ」「ライフサイクルを見通した支援」を掲げている。このことからも，社会的養護は家庭での子育てを補完する機能ととらえていることが読み取れる。2011（平成23）年7月に児童養護施設等の社会的養護の課題に関する検討委員会・社会保障審議会児童部会社会的養護専門委員会が取りまとめた「社会的養護の課題と近未来像」は，社会的養護について，原則として家庭養護を優先するとともに，施設養護もできる限り家庭的な養育環境の形態に変えていく必要があるとしている。近年，里親やファミリーホームへ委託される子ども数が増加傾向を示すのは，このような政策提言に呼応した結果といえる。

　ところで，社会的養護の今後のあり方を論じる際に強調される事項の一つに「家庭的」なる言い回しがある。自明のように語られる「家庭的な養育環境」とは何を意味するのであろうか。山田勝美は，「このところにわかに，政策的に『家庭』を志向する動きが見られる。それ自体が問題というよりも，家庭を志向するとはどういうことなのか，家庭を志向するのであれば，そこに何が求められてきているのか，こういった点がもっと問われなければならないのではないだろうか[2]」と疑問を呈している。この疑問は，社会的養護の理念を考える上で重要な視点になる。

（3）社会的養護における「家庭的」という言葉のとらえ方

　北川清一は，施設養護に関する議論の中で，施設養護は，なぜ「家庭的」であることを起点に取り組まなければならないのかと問いかけ，「今なお施設養護としての支援の過程が，『家庭的』であることと関連して語られる場合が多い実態からすると，実践場への挑戦的な側面を含むかもしれない[3]」と言及している。つまり，施設養護を「家庭的」と異なる切り口から論じてみることは，施設における暮らしの枠組みの転換につながる可能性があることを含意して

「挑戦」と問いかけたことになろう。北川は，続けて「子ども達や家族が施設養護に何を望むのかを明確にしないまま（＝説明と同意の手続きを省略することの意），彼／彼女らの生き方の活性化・再生化（treatment）を果たすには『家庭的』な場を必要とするし，そのための「枠組み」を自明の如く一方的に提示『する』『している』ことは施設養護に参与する者の傲慢でしかない」と断言する。たとえば，児童養護施設に入所することを余儀なくされた子どもたちは，児童福祉司から施設入所が知らされても，自分が生活する施設を選択することもできないまま入所の当日を迎える。この現実について，措置制度下の通常の手続きとして疑問を抱くことのない施設職員はおそらく少なくないであろう。北川の指摘を踏まえれば，これも傲慢との批判を受けることになろうか。

　現在，社会的養護のシステムは，その理念の実現に向け多様な支援の形が用意され体系化されている。以下では，わが国における代表的な入所型施設として「母子生活支援施設」「児童養護施設」を，そして現在，国が入所型施設に優先して子どもの委託先として想定している「里親」について，それぞれの機能的特徴を整理したい。

2　母子生活支援施設

　母子生活支援施設の法的位置づけは，第7章で前述した通りである。母子生活支援施設は，2017（平成28）年10月末現在で全国に232カ所が設置され，3,330世帯が利用している。1997（平成9）年の児童福祉法改正まで使われていた「母子寮」という名称から「母子生活支援施設」に改称された。住居の提供や保護だけでなく，入所者の自立の促進のための生活支援と，子どもが満20歳になるまで引き続き母子を在所させることができるものとされた。入所の理由も，主に生活に困窮する母子であったものから，近年は，ドメスティック・バイオレンス（以下，DV）の被害にあった母子が緊急避難するシェルターとして，また，その後の生活の安定を図る支援を受ける施設としても注目されている。[4]児童養護施設等の措置施設とは異なり，福祉事務所に利用の申請をし，母親が

契約することでサービスが開始される。

（1）社会的孤立が生む支援課題

　山辺朗子は「母子生活支援施設の利用者の特徴として，さまざまな理由で親族や地域社会の支援を得ることが困難な，社会的に孤立した状態にあること」から，このような母子が「家族として生きがいをもって，安心・安定した生活を営むこと，つまり，『自立』生活を回復，獲得していくことを目標にするのが現在の母子生活支援施設の使命」(5) だと説明している。その上で，山辺は，現在，母子生活支援施設が抱える課題を，①自立支援の考え方や方法に関する支援者の理解や支援能力の向上，②施設と地域の連続性の確保，③母子の自己肯定感や社会的存在としてのアイデンティティ問題に正面から取り組むことの必要性，④家族の生活の再構築を図ることを意識した支援の必要性，の4点にまとめている。(6)

　これらの課題には，社会的養護の担い手に共通する要素が多く含まれている。たとえば，自立支援の考え方や方法について，母子生活支援施設に勤務する専門職が，いかなる状態を「自立」ととらえ，支援目標に据えているかは，自身の業務に大きな影響を及ぼすことになる。さらに，その目標を具体化するプロセスでは，当事者である母と子の意向を丁寧に反映させることが肝要になる。特に，母に対する「自立」支援と，子に対する「自立」支援の異同と相互関係への配慮は欠かせない。母子生活支援施設であっても，利用者としての母子を一括りでとらえるのではなく，「個別化の原則」を基本にかかわりを続ける視点も必要になろう。山辺のいう「良好な家族関係や生活や育児にかかわる技術や方法・知識を獲得しながら，生活が自然に営まれるような支援」(7) とは，支援者が，一人ひとりの状況を個別化してとらえることで可能になると考えたい。

（2）児童養護施設と連携した家族支援の可能性

　母子生活支援施設は，母子分離を前提にかかわりが始まる児童養護施設との連携が可能であれば，分離を必要とした要因（主訴）が段階的に解消される見

込みが立った段階で，子どもが家庭生活に戻る一つ手前の生活の場として活用できる可能性もある。さらに，18歳で児童養護施設を退所した女性が成人前に未婚の母となるケース，社会的養護で育った子どもが，分離の主因となった家族（母子）関係の調整が不十分なまま家庭に戻ったため，再び社会的養護のサービスを必要とする状況に置かれるケース，退所後に精神疾患を患う等のため適当な就労につながらず孤立状態になり，出会った男性との不安定な関係の中で出産し子育てに難儀するケース等々では，母子生活支援施設が，そのような状況下に置かれている母子が新たな生活に向けた準備を整えるベースキャンプのような場所として機能することも期待される。

　その一方で，措置施設とは異なり，利用施設のため，母親自身が必要としなければ，サービスの提供につながりにくい点も課題である。支援者側が支援を必要とする状態に置かれている母子の存在を認識していても，当事者が入所を拒むこともあり，かかわりが持てないことも例外ではない。このような事態に至らないためにも，支援者には，地域にある相談機関が日頃から母子と良好な関係を築くよう努め，必要な時に支援を開始できる関係づくりが求められよう。

3　児童養護施設

（1）児童養護施設を取り巻く状況

　児童養護施設は，第7章で前述したように児童福祉法第41条に規定されている。今日では，入所から自立支援，そして，退所児に対するアフターケアの提供が責務となっている。2016（平成28）年10月時点での全国の児童養護施設で暮らす子どもの総数は2万7,288人であった。入所児童総数は過去5年間の変遷を見ると減少傾向にある。

　しかし，この状況を踏まえて，社会的養護を必要とする子どもの数が減少している，あるいは，子どもやその家族をめぐる問題が収束に向かっているととらえることは安易かもしれない。たとえば，北川清一は，施設で暮らす子どもの状況について，虐待のダメージによって生きる意欲を喪失している，何らか

の精神疾患や発達障害を背景に日常生活が成り立たなくなるほどに不可解な行動を繰り返す，対人関係の不調による引きこもり等，かかわりに困難さを感じざるを得ない子どもの存在を指摘した上で，実践現場は「深刻で静かに迫り来る危機」に直面しているという。山田勝美は，社会的養護にある子どもたちの多くについて「自身を受け止めてもらえた経験が少ないゆえに，自らの衝動性をコントロールすることが苦手である」と言及する。このような子どもたちの自立を促す支援等には一体いかなる取り組みが求められているのか。そこでは，施設職員が子どもたちの入所前の生活を考慮しながら，どのような生活を提供するイメージを持つかが重要になろう。

（2）施設養護がめざす「自立」とは

　北川清一は，施設養護がめざす「自立」のとらえ方について，担い手であるソーシャルワーカーに期待されている役割と関連させながら，「『自立』とは，『経済的自立』や『独立生活』を意味しているのではなく，『多様性』への配慮を基本に据えて検討を加えるべき概念である。ここでいう『多様性』とは，ものの見方や考え方，価値観の相違だけでなく，生活の仕方，趣味，嗜好等々を含め，そこに見出せる『違い』の重要性と理解することができ，人間としての尊厳を護る取り組みに繋がることが意識されていることをいう」と説明している。つまり，自分と他者は違うということも理解して，お互いが違いを受け入れることのできる関係を他者との間に築ける人として成長することだと理解してみたい。すると，子どもたちとこのような施設生活を共にする施設職員にも，子どもたちと同様の生き方が求められることにもなろう。そのような生き方は決して容易とならないが，子どもと施設職員が同じ人間として互いを尊重し，かつ影響し合いながら成長を遂げていく暮らしを作り上げていくことが，児童養護施設における自立支援の「形」といえよう。

（3）施設職員による「不適切なかかわり」を生み出す構造

　ところで，児童養護施設をめぐっては，施設職員による子どもへの不適切な

かかわりの問題も看過できない状況にある。そのようなかかわりを生み出す構造について，村井美紀は，「児童養護施設のハイリスク構造」および「職場環境」と関連づけながら整理している。前者は，被虐待の子どもの入所に対応した環境・設備が整っていない中で生活が営まれていること。後者は，「取り扱いの難しい子ども」「対応の未熟な職員」が要因となって不適切なかかわりが生じやすい構造について，それを職員個人の資質や施設長の管理能力等，個人的問題としてとらえるにとどめ，組織・システムの機能不全ととらえる視点が弱いことの問題を指摘する。村井のように，「不適切なかかわり」が生み出される要因を，個人の問題としてではなく組織や運営システム上の問題としてとらえ，そこに働きかけて是正を図るべきとする分析視点には理解できるものがある。しかし，そのこと以上に，施設職員として，例えば，社会的養護の理念について共通の認識を持ち合わせていないがために生じる事態を問題視すべきとも考える。

　このことについて，北川清一は，以下のような問い・投げかけに対し，「個人的に」ではなく「施設職員」として回答を準備する必要があるという。

① 　児童養護施設はそもそも何を行うところなのか？
② 　児童養護施設とは，施設における日々の「暮らし」を通じて子ども達の「生活設計能力の再形成」を促進する場ではないのか？
③ 　社会福祉サービスは利用者に安心・安全をデリバリーする取り組みとする時代になったが，そのためのシステム作りとの関係で，施設養護は何故に「家庭的」であることを起点に取り組まなければならないのか？

　私たちは，このような問いかけへの答えを導き出しながらソーシャルワーカーの職務としての実践に臨むことが，児童養護施設が抱える諸課題を議論する際の前提要件になるとしておきたい。したがって，いかに優れた組織・システムを構築しても，その構成メンバーである施設職員との間でこの前提が共有できなければ，結果として，組織やシステムは機能不全に陥り（たとえば，子ども

の事情よりも施設職員側の都合を優先させた運営が常態化している意），子どもへの不適切なかかわりを生み出す構造は是正できないことになる。

　以下では，こうした前提を共有できなかった児童養護施設の事例を紹介する。

（4）過去からの連続性として子どもの「今」をとらえる意義

　新入所児の受け入れを控えた事前のカンファレンスの一環として，入所予定の子どもが一時保護されている児童相談所に出向き，当該児を担当する児童福祉司に，保護される以前の子どもの生活状況を尋ねたことがあった。その時の児童福祉司は，「この子の過去ではなく，今を大切にして支援してください」と返答した。結局，保護される前の詳しい情報を共有できないままやり取りは終了し，後日，改めて施設から児童相談所に情報提供を求めるという異例の展開となった。子どもの「今」を大切に受けとめるために，それまでの生活（＝過去）の情報を得ることが必要となるのは，社会的養護に携わる者が支援計画を取りまとめる際に基礎となる情報だからである。それすら共有できない現実との遭遇は，あまりにも衝撃的であった。児童養護施設が子どもの措置委託を受けるということは，単に空いている居室があるからではない。児童養護施設は，新たに子どもを受け入れることが想定された時点から，既存の子ども集団と新入所児との間で予測される人間関係の軋轢（ダイナミックス）への対応の準備とともに，学齢や性別，主訴，心理学的所見等の内容のほか，児童相談所が定める支援方針とその理由（根拠）をあらかじめ精査し，支援計画の策定にあたる。つまり，児童養護施設として，必ずしも自らの意志で入所するわけではない子どもの心情に配慮するにあたり，このような支援の始まりの準備を丁寧に進め，少しでも穏やかな気持ちで施設生活の初日を迎えられるよう環境を整えることに努める。そのために必要な準備作業として，子どもの支援に参与する専門職間で「子どもの生きてきた歴史」を知り共有することは「自明」の取り組みとする，「実践の知」を持ち合いたいものである。

4　里親制度

　里親制度は，1947（昭和22）年の児童福祉法成立によって児童福祉施設とともに制度化された。1987（昭和62）年の民法上の特別養子縁組制度の成立に伴う制度改革以降，2000年代に入って，里親制度を活性化し推進すべく，2002（平成14）年と2009（平成21）年に大きな変更があった。2002（平成14）年には「専門里親」「短期里親」「親族里親」が創設された。

　わが国は，1989年に国際連合で採択された児童の権利に関する条約を，1994年に批准した。その後，国際社会からは，わが国の施設入所措置が主流の社会的養護について，施設偏重であると繰り返し指摘を受けてきた。そこで，2011（平成23）年に里親委託ガイドラインを策定し，里親養育等の家庭養護が「子どもの最善の利益」にかなうとの視点の共有を企図して「里親委託優先の原則」を明確化した。統計によると，2014（平成26）年の時点で認定・登録されている里親数は9,949であるのに対し，実際に子どもの委託を受けている里親の数は3,644となっている。ここ10年間の推移で見ると，それまで減少傾向にあった委託数は，2005（平成17）年に2,370となったのを境に増加に転じ，現在も増加の傾向を維持している。

（1）施設養護と里親養育をめぐる議論──子どもに何を保障するのか

　子どもに保障する家庭的環境について，北川清一は「地域社会と密接にかかわりをもつ家庭生活において，健全な発育を図ることである。家庭は，子どもにとって，愛情を学習し，社会性の基礎を身につけ，自立に必要な準備を行う場である」ととらえている。また，その上で「児童福祉施策として里親委託を施設養護に優先させることが，そのまま施設不要論や施設否定論に結びつくものではない」とも明言している。今日の里親制度に関連する議論の中でも，この北川による指摘は重要な意味をもつ。すなわち，里親制度の推進については，施設養護の対抗軸かのような議論ではなく，社会的養護を必要とする子どもが

置かれている多様な状況に対応する選択肢の一つとしてのあり方を論じるべきといえよう。

　しかし，施設養護か里親養育かをめぐる議論は，施設養護が里親養育に劣るとの認識を前提として推移してきた印象が強い。たとえば，「施設にいる子どもは親の愛情を受け，親と親密な関係を発展させる機会を持てない」，施設養護において改善するのが難しい側面とされている「管理に重きを置き，柔軟性の欠けた日課に基づく養育に主眼を置くあまり，子どもの自立性を育てる機会を制限したり，プライバシーへの配慮が欠落する」等といった点である。このような指摘からは，かつて，許斐有が施設養護について「最低基準があまりにも低すぎて，そこで暮らすこと自体が人権侵害にあたる[17]」とした状況と大きく変わっていないようにも感じる。重要なのは，それぞれの優劣を論じるのではなく，子どもにとって適切な支援環境とは何かを問うことといえよう。

（2）里親委託の推進をめぐる課題

　ところで，わが国における里親制度の課題は，里親開拓と里親支援の各々に見出せる。統計的でみれば委託を受けた里親数は，登録されている里親数の3分の1である。つまり，多数の里親が委託を待っている状態にある。木村容子による「日本が本格的に家庭的養護の推進に取り組み始めたのが2011（平成23）年からである[18]」との指摘に鑑みれば，里親制度の運用は，国主導で進める必要がある。その一環として，里親制度そのものの認知度を高める「広報活動」の取り込みも図らなければならない。その一方で，里親制度の発展を妨げる要因について，北川清一は，かつて日本に独特の二つの抵抗感があるとして，「この抵抗感は，二つの方向から里親制度の発展を阻んでいると考えられる。一つは，里親になることによって，自分の家庭に公的機関が介入してくることへの抵抗感であり，もう一つは，本来育てるべき親の無責任を里親が肩代わりしていることへの抵抗感である[19]」と指摘している。日本人の国民性や，家族や子育てに対する価値観に大きな変化がなければ，現在も，北川が指摘したような抵抗感は払拭できないままといえよう。

昨今，問題視されている施設職員における不適切なかかわりは，里親の場合も例外ではない。里親による殺人事件は，多くの人びとを震撼させた。その背景には，複数の職員で支援にあたる児童養護施設とは異なり，里親は世帯単独で子どもを育てているため，育児の行き詰まりが周囲から見えにくいという特徴がある。事態の改善には，児童養護施設をはじめとする地域にある施設が，子育ての拠点として機能する体制づくりも重要なテーマになる。たとえば，定期的に地域で暮らす里親を施設へ招待してサロンを開設したり，施設職員が里親宅を訪ねて相談に応じる取り組みや，里子を一時的に施設が預かり，里親に対するレスパイト機能を果たす等が考えられよう。このように，地域において施設と里親との間に日常的なかかわりが生まれてくれば，北川清一が指摘した前述の「抵抗感」の軽減にもつながることだろう。

ま　と　め

　本章では，子どもと家庭を支援する社会的養護の理念を考える素材として，母子生活支援施設，児童養護施設，里親制度を取り上げた。社会的養護の理念を実現しようとする過程でそれぞれが直面する課題にも触れ，その克服の道筋は，相互の連携が重要になることを考えてみた。

　社会的養護として各々の独自機能を十全に遂行することの重要性がある一方で，実際の子育て支援の場面では，各機能が相互に重なり合う部分や相補性があることに気づくことが多い。子どもの最善の利益を保障するには，それぞれの機能遂行を担う支援者相互が制度的垣根を乗り越え，お互いを知り合い，状況に応じて必要な連携を取れる関係づくりに努めることも重要である。与えられた権限を拠り所に自らの守備範囲に限定したサービスの提供に努めるだけでなく，社会的養護という大きな枠組みの中で連携・協働を図ることができれば，さらに質の高いサービスのデリバリーが可能になるに違いない。子どもと家族を取り巻く「深刻で静かに迫り来る危機」への対処策の一つである。

注

(1)　北川清一編著『児童福祉施設と実践方法——養護原理とソーシャルワーク』中央法規出版，2005年，91頁。

(2)　山田勝美「生活型児童福祉施設における家庭的支援の隘路」『社会福祉研究』第118号，鉄道弘済会，2013年，60頁。

(3)　北川清一『未来を拓く施設養護原論——児童養護施設のソーシャルワーク』ミネルヴァ書房，2014年，131頁。

(4)　山辺朗子「母子生活支援施設の現状と課題」『社会福祉研究』第110号，鉄道弘済会，2011年，96頁。

(5)　同前論文，97頁。

(6)　同前論文，102-103頁。

(7)　同前論文，103頁。

(8)　北川清一「社会福祉における権利の擁護と第三者からの評価」『社会福祉研究』第120号，鉄道弘済会，2014年，71頁。この中で，北川は，児童養護施設に入所してくる子どもたちが受けるダメージが，虐待のほか，さまざまな障害，生活上のつまずきを背景にさらに深刻化・複雑化が進み実践場の苦悩が続いている状態を「深刻で静かに迫りくる危機」と表現し，施設職員による「不適切なかかわり」をめぐる課題について言及している。

(9)　山田勝美，前掲論文，62頁。

(10)　北川清一編著，前掲書(1)，23頁。

(11)　村井美紀「児童養護施設における子どもの権利擁護と実践課題」『社会福祉研究』第107号，鉄道弘済会，2010年，38-39頁。

(12)　北川清一，前掲論文(8)，130-131頁。

(13)　木村容子「里親開拓と支援の現状と課題」『社会福祉研究』第122号，鉄道弘済会，2015年，2頁。

(14)　同前論文，3頁。

(15)　北川清一，前掲書(1)，204頁。

(16)　同前。

(17)　許斐有『子どもの権利と児童福祉法——社会的子育てシステムを考える』信山社，1996年，169頁。

(18)　木村容子，前掲論文，7頁。

(19)　北川清一編著，前掲書(1)，207頁。

参考文献

北川清一『未来を拓く施設養護原論——児童養護施設のソーシャルワーク』ミネルヴ

ァ書房，2014年。

北川清一『児童養護施設のソーシャルワークと家族支援――ケース管理のシステム化
　とアセスメントの方法』明石書店，2010年。

養子と里親を考える会編著『里親支援ガイドブック――里親支援専門相談員等のソー
　シャルワーク』エピック，2016年。

須藤八千代『増補 母子寮と母子生活支援施設のあいだ――女性と子どもを支援する
　ソーシャルワーク実践』明石書店，2010年。

深谷昌志・深谷和子・青葉紘宇『社会的養護における里親問題への実証的研究――養
　育里親全国アンケート調査をもとに』福村出版，2013年。

第9章	子どもと家庭を支援する専門職

はじめに

　今日の日本社会は，雇用状況等の社会経済的仕組みの改変により格差や貧困が蔓延し，問題を多様化・複雑化させる事態にある。そして，そのしわ寄せを家庭と社会的弱者である子どもたちに蓄積する構造を作り出している。そして，子どもの貧困，児童虐待，子どもの社会的不適応，さらに，このような課題を予防的に食い止める子どもと家庭に対する支援の手立ての不足とともに，近年の社会福祉業界で叫ばれている人材不足の深刻化や制度運営の規制緩和は，支援体制そのものを脆弱化させている。

　子どもと家庭の支援にかかわる支援領域，機関，専門職は多岐にわたる。支援にかかわる者を「社会資源」ととらえれば，社会福祉専門職，教育関係者，医療関係者，近隣住民，友人，当事者，家族，里親，ボランティア等と多様であり，さらに，支援者が活動する機関等も，保健所，地域の子育てサークル，療育センター，親の会，保育所，幼稚園，養護機能をもつ児童福祉施設，障害児施設，医療機関，学校，児童館，子ども食堂や学習支援といった地域インフォーマル資源等と非常に幅広い。

　ここで留意すべきは，子どもはいくつかのライフステージをまたぎ成長することである。子どもはいつまでも子どものままではない。したがって，保育所から小学校，小学校から中学校にわたる，さらには，ライフステージ全体を通した切れ目のない支援の構築が課題となる。そして，子どもや家族を支援するには，フォーマル・インフォーマルといった立場にかかわらず，支援に携わる者が，それぞれの立場から多角的にアプローチすること，職場内外にかかわら

ずチームで参与する「連携」が重要である。本章では，地域にいるさまざまな担い手を知り，子どもと家庭を支援するアウトリーチやネットワークの必要について学ぶ。

1　子どもと家庭を支援する専門職の役割

　子ども家庭支援領域の支援体制は，これまで，児童相談所や市町村の相談窓口等の公的機関や伝統的な児童福祉施設が中心となって担ってきた。子どもを支援するとは，家庭も子どもとともに支援を受けることであり，子どもと家庭を支援する目的は，療育，子育て不安等の問題，児童虐待・ネグレクトへの対応や予防，権利擁護，障害にかかわる問題，貧困や社会的孤立の問題等，多岐にわたる。そして，支援の対象や目的が異なろうとも，支援の方法はソーシャルワークとして共通している。多様な生活課題を抱えた子どもと家庭の支援に必要となる狭義の「相談」にとどまらないソーシャルワークの実践が求められる。

（1）家族システムへの焦点化

　子ども家庭支援としての相談は，生活課題や自家族の機能不全等に自覚的で自ら相談機関に足を運ぶ利用者を対象としてきたが，虐待やいじめ，貧困等の増加と相まって，被相談者が第三者となることも増えている。さらに，多問題を抱えながらも支援を求めない家庭のニーズも地域に潜在している。そのため，子どもと家族のニーズをキャッチし正しく把握する上で，ソーシャルワーカーによる地域へのアウトリーチだけではなく，子どもやその家族，また家族を取り巻く多様な環境や地域全体におけるアセスメントが欠かせない。

　家族が「困難」に陥る状況には多様な要因が複雑に絡み合っていることが多く，それらが他の交互作用に影響を与え，新たな要因を生み出す負のスパイラルに陥いることも多い。そのような状況下では，家族が自分たちの「困難」を「困難」として感知できない事態が生じやすく，家族の自助で気づいたり，そ

の要因を克服することは難しい。現象として表出している「問題」，すなわち，虐待や不適切な養育環境を問題視し，それに対する助言と指導という「相談」に終始するのではなく，家族システムへ視点を向け，家族システムの不均衡に注目することがソーシャルワーカーに求められる。子どもの最善の利益を目的に，家族の社会的機能を促進する支援の必要性である。

（2）ジェネラリスト・ソーシャルワーク

ジェネラリスト・ソーシャルワークは「人と環境の相互作用」に着目し，それにかかわる広範な領域を構造的に理解し，支援を展開する。人を地域社会の構成要素，あるいは，システムとしてとらえ，地域社会との相互作用に焦点化して支援を行うことを特徴とする。そこでは，地域で子どもと家族が当たり前に暮らせるような地域社会との関係調整や，ニードの充足に必要な社会資源の活用と開発，児童福祉施設や学校，地域との連携，広く地域社会への啓発と働きかけ，社会福祉課題を地域社会で共有する拠点の創設等の諸活動が具体的な実践となる。

ジェネラリスト・ソーシャルワークの展開で重要なことは，支援を必要とする人びとの「暮らしの場面」へアウトリーチすることである。そして，家族システムへの支援は，助言や指導の場ではない「地域近隣における敷居の高くない」仕組みの中で展開されることが求められる。たとえば，近年，各自治体の取り組みとして子育て支援のメニューが増加しているが，多様な困難を抱える家族，すなわち，社会的排除のスパイラルに陥りやすい家族の支援には十分に機能してはいない。要保護児童を措置する仕組みは一貫して存在するが，措置に至る前段階で生活困難を受け止める中間的な社会資源が必要である。中間的な社会資源とは，親の休息や急な病気などに対応するような，これまでは親族や近隣が担ってきたような役割をもつ社会資源である。このような社会資源の創設は，地域住民や地域組織の参画があってこそ可能であり，ソーシャルワーカーは時間をかけて地域近隣へのアウトリーチを続け，かかわりを重ねることが必要となる。また，このような社会資源とのかかわりを通して，ソーシャル

ワーカーは，困難な状況にある子どもとその家族への接点を得ることになる。

（3）アドボカシーとソーシャルアクション

ソーシャルワーカーは，人権と社会正義の原理に則り，サービス利用者本位の質の高いサービスの開発と提供に努めることによって，社会福祉の推進とサービス利用者の自己実現をめざす専門職といえる。「人権」と「社会正義」はソーシャルワーカーが優先すべき価値であり，その価値に対してソーシャルワーカーは「貢献」し「誠実」であること，その価値の体現は「社会に対する倫理責任」の下で利用者や他の専門職等と連帯しながらソーシャルアクションを行うことを使命とする。

すなわち，ソーシャルワーカーは，ソーシャルワークサービスの提供とアドボカシー活動を車の両輪として実践する専門職なのである。アドボカシー活動とは，利用者が置かれている社会システムに働きかけ，「利用者の権利のためにアクションを起こすこと」であり，それを起こす機能が「ソーシャルアクション」である。ソーシャルワーカーは，「ソーシャルアクション」を用いてアドボカシーを実践することになるが，わが国では「ソーシャルワーカーはソーシャルアクションを失って久しい」とも指摘されている。

ソーシャルワークのアドボカシーに明確な定義は見つからないが，1970年代の理論研究では，ソーシャルワーカーの調停者（intercessor）的・弁護者（advocate）的役割として紹介されてきた。[1]近年では，ソーシャルワークにおけるアドボカシーについて，本来あるべきソーシャルワークの機能を遂行することを前提に，[2]権利の擁護も行うが，それよりも広い概念をもって「ニーズ充足」「生活支援」「生活擁護」を行うと説明される。[3]

アドボカシーは，ソーシャルワークにとって必ずしも目新しいものとはいえない。その重要な視点である利用者の「自己決定尊重」「利益最優先」の考え方は，従来からいわれていることであり，ソーシャルワークの支援過程で意識的に取り組むことが求められている。同時に，「エンパワメント」の視点を導入し，利用者の権利の獲得，回復，強化を支援することで，ソーシャルワーク

の再構築を図る方法であり，専門的機能として理解されている。しかし，社会福祉基礎構造改革以降に推進されてきた社会福祉事業の市場化・営利化を目の当たりにすれば，「変革」や「社会正義」を実践の拠り所とするには，理念と現実との間に乖離を覚えざるを得ない。ソーシャルワークの枠組みの中で，ソーシャルワーカーが「変革」や「社会正義」の実現に必要な姿勢や態度をどのような方法で獲得し実践するのかをイメージすることが難しく，理念の域にとどまりやすい。

　いずれにしても，ソーシャルワークの実践は，眼の前の利用者一人ひとりと向き合うところから始まる。そのかかわりを普遍化・社会化していく過程で，必然的にソーシャルアクションが求められ，利用者の権利擁護の確立と，必要な社会資源の開発，新たなサービスの創出が不可欠となろう。まずは，一人の利用者の「声なき声」に耳を傾け，利用者の「ニーズ充足」「生活支援」「生活擁護」の実現のために，個々のソーシャルワーカーが実践現場でどのような工夫と方法で臨むのかが問われてくる。

2　支援の担い手としての専門職

　社会福祉士及び介護福祉士法，精神保健福祉士法によって国家資格化した社会福祉専門職の登場以来，ソーシャルワーカーとは，社会福祉士，精神保健福祉士とする狭義の解釈が広がっている。しかし，これらは名称独占の専門職であり，国家資格を持たない者も有資格者と同等の業務を行っている。したがって，国家資格の有無にかかわらず，広く社会福祉現場での対人支援を主業務とする者がソーシャルワーカーとして認知されている。すると，ソーシャルワーカーとしての価値と倫理は，国家資格の有無にかかわりなく活動の根底に置かれていなければならないことになる。また，現在，社会福祉の領域では，法律に規定された固有の名称を持つ専門職が配置されている一方で，固有の名称を持たず「相談員」「ケースワーカー」「ソーシャルワーカー」等の総称で配置されている専門職も多い。本節では，法律に規定された固有の名称を持つ社会福

祉専門職について概要を述べていく。

（1）児童福祉司

　児童福祉司は児童相談所の中核的な職員である。児童福祉司の主な業務内容は，①子ども，保護者等から子どもの福祉に関する相談に応じること，②必要な調査，子どもや保護者等の置かれている環境，問題と環境の関連，社会資源の活用の可能性等を明らかにし，どのような支援が必要かを判断するために社会診断を行うこと，③子ども，保護者，関係者等に必要な支援・指導を行うこと，④子ども，保護者等の関係調整を行うこと，である（児童福祉法第13条）。児童福祉法施行令の第2条により，人口おおむね4万から7万人までが児童福祉司の担当区域の標準と定められ，2014（平成26）年時点で，全国207の児童相談所に2,829名が配置されている。児童相談所における児童虐待相談の対応件数の大幅な増加等もあり，児童福祉司数は，1999（平成11）年度と比較して約2.3倍になっている。

　児童福祉司の任用要件は，①都道府県知事の指定する児童福祉司等養成校を卒業または都道府県知事の指定する講習会の課程を修了した者，②大学で心理学，教育学もしくは社会学を専修する学科等を卒業し，指定施設で1年以上相談援助業務に従事したもの，③医師，④社会福祉士，⑤社会福祉主事として2年以上児童福祉事業に従事した者，⑥上記と同等以上の能力を有する者であって厚生労働省令で定める者となっている。

（2）児童指導員

　児童相談所の一時保護所に配置される児童指導員は，やむを得ず一時保護された子どもに対して，主に，生活指導，レクリエーション，学習指導等を行い，子どもの精神的安定と行動観察等を行う。児童福祉施設に配置される児童指導員は，子どもの養育，介護，介助，療育等を中心に，生活全般におけるケアの中心的役割を担っている。また，自立支援計画の作成や家族支援，地域との関係づくり等を行っている。

　児童指導員の任用要件は，①都道府県知事の指定する児童福祉施設の職員を養成する学校その他の養成施設を卒業した者，②4年制大学の学部で指定科目を修めて卒業した者，③小・中学校または高等学校の教諭の資格を持つ者で厚生労働大臣または都道府県知事が適当と認定したもの，④高等学校を卒業した者で2年以上児童福祉事業に従事したもの，⑤3年以上児童福祉事業に従事した者で，都道府県知事が適当と認定したものとなっている。また，社会福祉士，精神保健福祉士にも児童指導員の任用資格が与えられる（児童福祉施設の設備及び運営に関する基準第43条）。

（3）保　育　士

　保育士は，保健所，保育所，障害児施設，児童相談所の一時保護所等，子どもと家庭を支援する多種多様な機関に配置されている専門職である。2000（平成12）年の児童福祉法改正で国家資格化し「専門的知識及び技術をもって，児童の保育及び児童の保護者に対する保育に関する指導を行うことを業とする」専門職として規定された。保育士は保育と相談援助を通して子どもと保護者，地域住民に対する支援を行うが，児童福祉施設においては児童指導員とともに子どものケアを担う生活支援スタッフでもある。近年では，地域の子育て支援の中核を担う専門職として期待されている。その資格は，①厚生労働大臣の指定する保育士を養成する学校，その他の施設を卒業した者，②保育士試験に合格した者に与えられる（児童福祉法第18条）。なお，保育士は名称独占資格である。

（4）社会福祉主事

　社会福祉主事は，都道府県，市および福祉事務所を設置する町村に配置されており，福祉六法に基づいて職務にあたる。子どもと家庭の支援に関する業務では，保育所等の児童福祉施設の入所手続や児童扶養手当等の諸手当の受給手続の支援等を中心として，専門的なサービスを必要としている人に対して幅広い相談支援業務を担っている。児童福祉法では，子どもの「福祉」に関して実

情の把握や情報提供を行うとともに，家庭等からの相談に応じて必要な調査や指導を行うことを市町村の業務として規定している。

社会福祉主事は次の任用資格を得た当該地方公共団体の公務員が，社会福祉主事に任用されてはじめて名乗ることができる。任用要件は，年齢が20歳以上の地方公共団体の事務吏員または技術吏員であり，人格が高潔で，思慮が円熟し，社会福祉の増進に熱意があり，①大学，短大，旧制大学，旧制高等学校，旧制専門学校において厚生労働大臣の指定する社会福祉主事任用資格選択必修科目のうち，いずれか3科目以上の単位を修得して卒業した者，②厚生労働大臣の指定する養成機関または講習会の課程を修了した者，③社会福祉士・精神保健福祉士，④厚生労働大臣の指定する社会福祉事業従事者試験に合格した者，⑤前項に掲げる者と同等以上の能力を有する者として厚生労働省令で定める者，のいずれかに該当する者とされる（社会福祉法第18条）。

（5）家庭児童福祉主事，家庭相談員，母子・父子自立支援員

福祉事務所に設置されている家庭児童相談室は，養護相談，障害相談，非行相談，育成相談等の専門的支援を行っており，家庭児童福祉主事と家庭相談員が配置されている。家庭児童福祉主事は，社会福祉主事の資格を持ち，かつ，①児童福祉司の資格を有する者か，②児童福祉事業に2年以上従事した経験を有する者である。

家庭相談員は，原則として非常勤職員とされ，①大学等で児童福祉・社会福祉・児童学・心理学・教育学等を履修した者，②医師，③社会福祉主事として2年以上児童福祉事業に従事した者，④これらに準ずる学識経験を有する者等である（「福祉事務所における福祉五法の実施体制の整備について」「家族児童相談室の設置運営について」母子及び父子並びに寡婦福祉法第8条）。

母子・父子自立支援員は，母子及び父子並びに寡婦福祉法に規定された専門職で，母子家庭の母及び父子家庭の父並びに寡婦を対象に，利用者の自立に必要な各種情報の提供や指導，および職業能力の向上や求職活動に関する支援を行う。原則として非常勤の専門職である。

（6）　児童自立支援専門員

　児童自立支援施設に置かれ，児童福祉法第44条に基づき不良行為をなし，または，なすおそれのある児童および家庭環境その他の環境上の理由により生活指導等を要する児童を入所または通所させて，個々の児童の状況に応じて必要な指導を行い，その自立を支援し，あわせて退所者について相談等の援助を行う。任用要件は，①医師であって精神保健に関して学識経験を有する者，②社会福祉士の資格を有する者，③都道府県知事の指定する養成機関を卒業した者，④大学や大学院で指定科目を履修し，卒業して児童自立支援事業の実務を 1 年以上経験した者，または，そのほかの実務経験が 2 年以上ある者，⑤小・中学校や高校等の教諭となる資格を保持している者であって 1 年以上児童自立支援に従事した者，または， 2 年以上その職務に従事した者である（児童福祉施設の設備及び運営に関する基準第82条）。

（7）　児童生活支援員

　児童自立支援施設に置かれ，児童自立支援専門員とともに子どもの生活支援を行う専門職である。任用資格は，①保育士の資格を有する者，②社会福祉士の資格を有する者，③ 3 年以上児童自立支援事業に従事した者のいずれかである（児童福祉施設の設備及び運営に関する基準第83条）。

（8）　母子支援員

　母子生活支援施設に配置され，福祉事務所や児童家庭支援センター，公共職業安定所，学校，児童相談所等の関係機関と連携し個々の母子の就労，児童の養育等に関する相談，助言，生活指導を行う専門職である。母子支援員は，①都道府県知事の指定する児童福祉施設の職員を養成する学校その他の養成施設を卒業した者，②保育士の資格を有する者，③学校教育法の規定による高等学校を卒業した者もしくは通常の過程による12年の学校教育を修了した者，または，文部科学大臣がこれと同等以上の資格を有すると認定した者であって， 2 年以上児童福祉事業に従事した者のいずれかである（児童福祉施設の設備及び運

営に関する基準第28条）。

（9） 家庭支援専門相談員

　児童養護施設，乳児院，情緒障害児短期治療施設および児童自立支援施設に配置され，子どもの家庭復帰における保護者等との関係調整や関係機関と連携し，保護者等への家庭復帰後における相談支援を行う専門職である。ファミリーソーシャルワーカーともいう。また，里親の新規開拓や養子縁組の促進，地域の子育て家庭に対する育児不安の解消のための相談支援等を行っている。

　家庭支援専門相談員は，①社会福祉士もしくは精神保健福祉士の資格を有する者，②上記の児童福祉施設において乳幼児の養育や児童の指導に5年以上従事した者，または児童福祉司となる資格を有する者のいずれかに該当する者でなければならない（児童福祉施設の設備及び運営に関する基準第42条）。

3　支援の担い手としての市民活動

　社会福祉サービスの担い手は多様である。個人がボランティアとして社会福祉の支援活動に参加していたり，宗教団体による伝統的なボランティア活動，近年の企業の社会貢献活動（CSR）のように組織によるボランティア活動がある。民生委員・児童委員，保護司等のような制度化されたボランタリーな支援者もいる。また，社会福祉支援の受け手としての当事者や経験者も担い手として活動しており，ピア活動やセルフヘルプグループ等を展開したり，当事者の家族の会の運営に参加していることも多い。

　今日の社会福祉支援が，「孤立」や「排除」の予防を重視し，利用者が暮らす「地域」での展開を円滑化するには，地域近隣との関係性を基盤とする支援体制の構築が望まれる。特に，暮らしの場面での支援に欠かせない「見まもり」活動は，日常生活における継続した「気配り」であり，それを制度化することは難しい。かえって地域近隣のボランタリーな人材や社会資源によって担われる方が効果的である。このように，インフォーマルな社会資源はフォーマ

ルな社会資源が満たせない課題の多くを担っている。また，不足する制度サービスの拡充を要望してソーシャルアクションを展開することも多い。

（1）ボランタリーな人材としての支援の担い手

　ここでは，非常勤公務員として規定されていたり，法律や要綱等に根拠を持つ公共性の高いボランタリーな担い手について述べていく。

1）民生委員・児童委員・主任児童委員

　民生委員は，地域住民の立場から地域の「福祉」を担うボランティアで，民生委員法第5条に基づき厚生労働大臣から委嘱された無給の地方公務員である。民生委員は児童福祉法に定める児童委員も兼ねている。任期は3年（再任可）で，地域を見守る，地域住民の身近な相談相手である。自らも地域住民の一員でありながら，担当区域において高齢者や障害者の安否確認や見守り，子どもたちへの声かけ等を行い，医療や介護の悩み，妊娠や子育ての不安，失業や経済的困窮による生活上の心配ごと等の多様な相談に応じている。また，必要な支援が受けられるよう，地域の専門機関とのつなぎ役を果たしている。

　主任児童委員は，子どもや子育てに関する支援を専門に担当する民生委員・児童委員であるが，担当区域をもたず，区域担当の民生委員・児童委員と連携しながら子育ての支援や児童健全育成活動等に取り組んでいる。

　誰もが安心して住み続けられる地域づくりに向けて，地域住民や関係する機関・団体と連携，協力し，地域の絆づくりや地域福祉の充実を図る取り組みを進めている事例も多い。子ども家庭支援の活動では，子どもと家庭が地域で孤立しないよう，子育て中の親が育児の悩みを共有できたり，一息つける居場所づくりとしての「子育てサロン」等の運営を，行政や関係団体とともに進めている事例も多い。また，犯罪被害から子どもを守るための活動や，児童虐待防止を呼びかける啓発活動，虐待の早期発見・早期対応のための見守りや相談支援にも取り組んでいる。

2）メンタルフレンド

　「ひきこもり等児童福祉対策事業実施要綱」の「ふれあい心の友訪問援助事

業」における，ひきこもりや不登校状態にある子どもの家庭等に派遣されるボランティアである。児童相談所の職員（児童福祉司・児童心理司）が，子どもとの面接や心理カウンセリング等を行いながら，支援の一環としてメンタルフレンド（心の友）の派遣が望ましいか否かを子どもと一緒に考え，必要と求められた場合にメンタル・フレンドの派遣が決定される。

　メンタルフレンドは，ひきこもり，不登校等の子どもに対して，その兄姉に相当する世代で児童福祉に理解と情熱を有する大学生等を家庭や児童相談所のフリースペース等に派遣して，遊び相手や話し相手になったり，勉強を教えたり，趣味の活動を一緒にする等，遊びやふれあいを通じて子どもの成長を支援する。メンタルフレンドは，一定の研修を受講した後に都道府県に登録され，児童相談所職員の指導，助言を受けながら活動する。

3）保　護　司

　保護司は，保護司法に基づき法務大臣から委嘱された非常勤で無給の国家公務員である。保護観察官を補助し，犯罪や非行行為のある子どもを支援する。生活上の助言や就労の援助等を行い，その立ち直りを助ける保護観察や，釈放後にスムーズに社会復帰を果たせるよう必要な受入態勢を整える生活環境調整，犯罪や非行を未然に防ぐために，世論の啓発や地域社会の浄化に努める犯罪予防活動を行う。

4）里　　親

　里親制度は1948（昭和23）年に施行された児童福祉法において制度化された。里親とは，何らかの事情により家庭での養育が困難又は受けられなくなった子ども等の養育を希望する者で都道府県知事が適当と認めた者である。第8章で詳述したが，里親には，養育里親，専門里親，養子縁組里親，親族里親の4つの類型がある（児童福祉法第6条）。

　また，2009（平成21）年に創設された小規模住居型児童養育事業は，複数人の児童の養育を養育者の住居において行う里親型のグループホームである。

（2）インフォーマルな仕組みとしての市民活動

　ここでは，市民としての社会的問題意識や当事者性のあるつながりの中から自発的に創出される，身近な地域での支援活動について述べていく。

1）「親の会」活動

　「親の会」とは，病気や障害を抱える子を持つ親達を主な構成員として組織された団体であり，相互交流や情報交換を目的に組織されている。また，これまで，「親の会」は，行政や社会への働きかけを行い，制度充足や政策決定に影響を与えてきた。

　障害児，長期間にわたって入院加療を余儀なくされる子ども，難病であっても病院を出て在宅生活を送る子どもの暮らしを支えることは，制度によるサービスや家族の自助のみでは難しい。また，家族だけで抱えきれない問題が生活上に多様に出現する。

　「親の会」とは，子の親同士・本人同士が知り合える場所，情報を交換できる場所，相談できる相互支援や学び合いの場所である。そして，医療や制度等の改善等を要求し，必要な社会資源の開発，制度や計画に向けての当事者としての発言，署名活動・陳情，会議への参加，広報・啓発等の社会的活動を展開する場所である。家族自らがその経験と知識をもとに家族相談を展開する活動も増えている。さらに，近年では，「親の会」とともに「兄弟姉妹の会」もさまざまな領域で立ち上がっている。

2）子育てサークル活動

　少子化・核家族化・地域近隣での人間関係の希薄化等を背景に，育児不安・育児困難・虐待に悩む母親の増加と相まって，地域での子育て支援の必要が叫ばれ，子育てグループの活動が一般化してきた。また，妊娠中からの地域での仲間づくりも広がっている。

　出産や子育てに不安を抱えた妊婦や母親が，参加者同士で安心して悩みや関心を話題にし，医療機関，保育所，学校，就労等についての親同士の情報交換の場になっている。サポートし合える仲間の存在によって，地域で孤立することなく切れ目のない支援・関係づくりが可能となる。親たちが互いの子どもを

交代で預かり合いながら，子どもの育ちの場を創出する自主保育活動や，趣味や勉強に幼い子を連れて参加できるサークル活動等，母親自身のための活動も広がっている。子育てサークル活動は，会費や社会福祉協議会からの活動助成金等を活動資金とし，グループの立ち上げや運営支援には子育て経験者やコミュニティワーカー，保健師等の専門職がかかわっている事例が多い。

3）子どもの居場所づくり活動——子どもの貧困対策

　生活困窮者自立支援や子どもの貧困対策の推進事業の一環として，各自治体で生活困窮世帯の子どものための居場所づくりが取り組まれている。多くの自治体が民間に委託しているが，制度化前から，NPOや地域の住民組織が先駆的に取り組んできた経過もある。主体となる組織の形態はどうであれ，具体的な事業運営は多くの地域住民によって担われていることが多い。「子どもの貧困」の問題に対し，家庭を支える生活支援，学校内外での学びをサポートする学習支援，地域での社会教育の機会を保障するための活動を推進する担い手が，地域の身近な人びとであることに意味がある。家庭の経済的困窮が原因で学校や友達から孤立した子どもたちが，あらためて前を向きスタートラインに立つためには，安心できる人と場所の存在が必要である。

4）その他のさまざまな市民の活動

　余剰な食べ物があり，一方で食べ物に困っている人がいる。それをつなぐ活動として「フードバンク」がある。「フードバンク」への食べ物の提供も，企業や組合，農家等によるボランタリーな活動である。さらに，商店街や飲食店，個人等のボランタリーな活動として「子ども食堂」の取り組みが広がっている。地域の子どもに無料あるいは安価で食事を提供するだけでなく，生活に困窮する子どもの学習支援の場，夜を独りで過ごすことが多い子どもの居場所等を兼ねた活動も多い。登校前の朝食のほか，給食がない土日の昼食や長期休暇時に取り組む事例もある。その他にも，障害児を支える余暇支援や放課後支援活動，不登校やひきこもりの子どもを支援するフリースクールや，外国にルーツを持つ子どもの学習支援や交流事業等，支援対象や必要とされる支援の特性，地域性に応じた多様な市民活動が広がりを見せている。

4　子どもと家庭を支援するネットワーク

（1）ライフステージをつなぐ支援ネットワーク

　子どもと家庭の支援には，制度の壁を超えて，さらにライフステージに応じた切れ目のない支援体制が必要である。子育て支援が対象とする子どもは幼児が多く，親も一般的に若い世代である。子どもは乳幼児期を過ぎると，瞬く間に学齢期・思春期を迎える。親自身も年齢を重ね，子育ての課題とともに高齢の親の支援や介護の課題等に直面するようになる。

　乳幼児期を対象とする子育て支援であっても，子どもの育ちと子育て後に迎える暮らしをイメージし，子どもの育ちがトータルに見通せるような支援をすると同時に，親自身に対してもライフステージで経験するであろう生活課題を見通せるようにすること，すなわち「切れ目のない」支援と人びととの関係づくりが，暮らしに身近な場所で展開されることが求められる所以である。さらに，個別ケアが必要な子どもの日常場面では，入学や進学，卒業等により支援を中心的に担う者が交代する場合も多く，支援の一貫性が途切れてしまいやすい。子どものライフステージをまたぐ「切れ目のない」一貫した支援は，市町村を基本とした相談支援体制を構築し，移行期の支援，個別支援計画の中で意識的に取り組まれる必要がある。

　また，従来から，教育と社会福祉の間では連携の難しさが指摘されてきた。個別ケアが必要な子どもと家庭の支援は，教育と社会福祉との連携が必要であり，これまでも連携の強化が図られてきた。しかし，就学相談での申し送り，保健所，保育所，幼稚園等の所属機関からの引き継ぎといったバトンタッチ的な伝達はあっても，学校と母子保健や児童福祉，障害福祉関係の機関との間で当事者の暮らしの課題について連携・協働する機会は多くない。まずは，ライフステージをまたいだトータルな生活課題の見立てとその共有が必要となろう。現在，スクールソーシャルワーカーを配置し，子どもや家庭の課題解決を支援するとともに，「小中一貫型カウンセラー」の配置や「登校支援アプローチプ

ラン」に基づく登校支援等，義務教育の9年間を見通した支援に取り組む自治体もある。

（2）暮らしの場での支援ネットワーク

　地域には，保健，医療，社会福祉，保育，教育，就労支援等，多様な支援の仕組みがある。しかし，それらにアクセスできない，あるいは正しい情報がなく積極的な利用に結びついていない事例が顕在している。このような支援サービスの利用を望まない家庭，支援サービスの適用条件にあてはまらない低所得の家庭，身近に相談できる人がいない等の社会的孤立の状況にある家庭，支援サービスの情報が届いていない家庭等の生活問題は深刻化しやすい。

　やむを得ずこのような状況に陥る背景には，保護者が仕事を休めない，健康状態が悪く外出が難しい等のため，個別の相談や必要な手続きを行うために相談機関の窓口に来所できない場合もある。また，過去の何らかの支援体験等から，行政等の支援機関とかかわることを望まない場合や，そもそも必要な情報が届いていないということも考えられる。既存制度の利用だけではなく，困難を抱えている子ども・若者，家庭を適切かつ迅速に把握し，具体的な支援や見守りにつなげる仕組みが求められている。たとえば，妊娠・出産・乳幼児期にあっては，妊娠届出時の面接や新生児訪問，乳幼児健診等の母子保健の取り組み，地域での子育て支援の場面，保育所・幼稚園等での様子，また，学齢期にあっては，学校生活での気づき等を通して子どもと家庭にアウトリーチする支援が必要であろう。困難を抱える可能性のある子どもや家庭の存在に気づき，地域で見守り，専門機関につなげる仕組みづくりが必要である。

　特に，保護者に疾病や障害があったり，外国にルーツがある家庭では，地域社会や近隣から孤立しやすく，就園や就学にあたって必要な情報が得られない／家庭に求められる事柄を理解できない等の事態が生じやすい。そのため，就園や就学の準備が不十分となり，子どもの学校生活が円滑にスタートできないといったことも生じる。さらに，所得格差の拡大や多様な家庭環境を背景とする学力や進学機会の格差が生じており，親に対する日本語教育や子どものニー

ズに合わせた学習支援等の課題も見られる。子どもや家庭の経済的困窮，保護
者の就労や疾病・障害等による養育環境の課題は，学校や社会福祉機関だけの
取り組みでは解決できず，教育，社会福祉，医療等の専門的アプローチと連携
が重要となる。

　困難を抱えている子どもと家庭に「気づく」「つなぐ」「見守る」という支援
は，子どもや保護者の語りを傾聴することで家庭が抱えている困難や背景に気
づくこと，気持ちに配慮しながら寄り添い，見守り，抱えている悩みや困難に
応じた具体的支援につなげるだけでなく，見守る人のすそ野を広げる取り組み
も重要であり，学校，社会福祉，地域の支援と連携の仕組みを構築しサポート
するソーシャルワークの支援活動が不可欠である。

ま　と　め

　これまで述べてきたように，子どもと家庭の支援にかかわる支援領域，機関，
専門職は多岐にわたる。子どもも親もいくつものライフステージを経験し，多
様な生活課題に直面することになるため，ライフステージに応じた切れ目のな
い支援が必要となる。
　子どもと家庭を支援するソーシャルワークは，家族の社会的機能を促進する
ことを目的に家族システムに焦点化すること，子どもと家庭が地域で豊かに暮
らすために地域社会との関係調整を図ること，必要な社会資源の活用と開発を
図ること，社会福祉施設や学校，地域との連携を図ること，広く地域社会への
啓発と働きかけを図ること等，社会福祉課題を地域社会で共有することを含め
た，ジェネラリスト・ソーシャルワークの活動が重要となる。特に，ライフス
テージに応じた切れ目のない支援を実現するには，暮らしに近い地域近隣での
日常的な見守り支援が不可欠であり，地域サポートネットワークの構築と多機
関・多専門職・地域住民の連携が重要な課題となる。

注

(1) 岡田藤太郎『社会福祉とソーシャルワーク』ルーガル社，1973年，140頁。

(2) 岩間伸之「ソーシャルワークにおける『アドボカシー』の再検討」山縣文治編『社会福祉法の成立と21世紀の社会福祉』（『別冊発達』25），ミネルヴァ書房，2001年，34-41頁。

(3) 秋山智久「権利擁護とソーシャルワーカーの果たす役割」『社会福祉研究』第75号，鉄道弘済会，1999年，23-33頁。

(4) 沖倉智美「ソーシャルワーカーと権利擁護」『ソーシャルワーク研究』27(1)，相川書房，2001年，4-11頁。

参考文献・資料

金子恵美「地域における支援を求めない子どもと家庭への介入」『ソーシャルワーク学会誌』第27号，日本ソーシャルワーク学会，2013年。

高橋重宏・山縣文治ほか編『子ども家庭福祉とソーシャルワーク』有斐閣，2002年。

橋本好市・直島正樹編著『保育実践に求められるソーシャルワーク――子どもと保護者のための相談援助・保育相談支援』ミネルヴァ書房，2012年。

厚生労働省ホームページ（http://www.mhlw.go.jp/，2016年7月10日アクセス）。

全国社会福祉協議会ホームページ（http://www2.shakyo.or.jp/，2016年7月10日アクセス）。

法務省ホームページ（http://www.moj.go.jp/，2016年7月12日アクセス）。

全国里親会ホームページ（http://www.zensato.or.jp/，2016年7月12日アクセス）。

第 10 章	子どもと家庭を支援するための ソーシャルワーク

はじめに

　各章で述べてきたように，子ども家庭福祉領域には，子どもとその家族や家庭，さらに周辺地域や関係者との相互作用に介在する多様なソーシャルワークの形が存在する。わが国の社会福祉制度全体が社会福祉基礎構造改革の提起を受けて，措置制度から利用契約，契約制度へと移行するが，子ども家庭福祉領域では，措置制度と利用契約制度それぞれによる実践がサービスごとに混在し，多様な活動方法が展開されている。

　ただし，いかに制度が変遷し，供給体制が変化しようとも，子どもの傍らに立つ支援者は子どもの権利擁護を第一義とし，個々の子どものストレングスに信頼を置く，揺るがざる視座を据えた直接・間接の方法の模索が探究されてきた。また，発達・成長の途上にある子どもは，その成長過程で環境からの影響を受けざるを得ない状況に置かれている。その意味からすると，子どもを育む家族や地域社会に働きかける視座と方法の開発は，現代社会における重要な課題として認識すべきである。

　つまり，子ども家庭福祉領域のソーシャルワークを駆使した支援活動は，制度施策の展開を視野に入れつつ，これまで蓄積してきた知見を取り込みながら山積する諸課題に積極的に介入することになる。本章では，久しく取り組まれてきた本領域におけるソーシャルワークによる支援方法の特徴に触れながら，今後に期待される機能や役割の開発について論じてみたい。

1 子ども家庭福祉領域におけるソーシャルワークの特徴

（1）子ども家庭福祉領域でのソーシャルワーク

　子どもは発達・成長の途上にあるため，自身の「権利」の擁護を求め，その対応の必要を主体的に主張することは容易でない。おそらく日頃出会う多くの若者に聞いても，子ども時代に自身の人権について社会が擁護していてくれた（受動的権利主張）とする実感は持ち合わせていないだろうし，ましてや，自身の権利を主張すること（能動的権利主張）が可能なことを知る機会もなかったに違いない。つまり，乳幼児期の子どもの場合に明らかなように，自身の「権利」を理解するには周囲の大人の丁寧なかかわりと代弁が必要であり，就学後の子どもにも学校教育の機会等を通じて繰り返し伝えられることによって，その意識は定着することになるに違いない。

　わが国は，1994（平成6）年に「児童の権利に関する条約（以下，子どもの権利条約）」を批准したが，そのことが契機となって「児童福祉」の通称が「子ども家庭福祉」へと変化し，子どもの能動的な権利主張を可能とする制度の改変を重ねてきた。特に，2016（平成28）年の児童福祉法改正では，わが国の子ども家庭福祉領域の支援は，「子どもの権利条約」に基づき「児童の最善の利益を保障する」ことが明示された。しかし，前述したが，その主体である子どもをいかに認識すべきか，そのことの社会の理解は十分とは言い難いものがある。

　このような状況を真摯に振り返ってみると，今日の子ども家庭福祉領域におけるソーシャルワークは，被虐待児や要養護児，保育を必要とする子ども，さらに何らかの障害を抱える子ども等，具体的な支援課題を抱えた子どもへの直接的支援は無論のこと，子どもの権利に関する社会全体の理解や，権利擁護の理解の促進にも機能すべきであり，とりわけ一般家庭に潜在しがちなネグレクトの課題への速やかな対応が必須となろう。つまり，子ども家庭福祉領域のソーシャルワークは，ジェネリックとスペシフィックの視座を柔軟に使い分けながら，子どもの課題，その子どもを取り巻く環境としての家族や家庭，地域社

会，そして，その環境にも介在することになる。

（2）保育——チャイルド・ケアワークとの連携

　子ども家庭福祉領域におけるソーシャルワークの場は，その形態として機関型，施設型，在宅型に大別されるが，その主流となる入所・通所施設での実践は，主に保育職が担うケアワークと連携，協働しながら取り組まれる点に特徴がある。なお，このような実態は家庭福祉領域独特のものでなく，高齢・障害領域における支援の場でも，ソーシャルワークと介護職によるケアワークが連携して展開されている。

　発達・成長の途上にある子どもは，日々成長・変化を遂げ，その過程で想像もしなかった力やスキルを身に着けたり，レジリエンス（困難を跳ね返す力）を強化したり，さらに，ソーシャルワークによる支援を活用することで潜在していた課題が明らかになり，生活の再編に結びつけることができたりする。そのため，生活場面は，子どもの変化を観察・理解する機会となるだけでなく，個々の行為や人間関係を行動変容アプローチや課題中心アプローチによる介入の機会として取り込むこともできる。むしろ，就学前の子どもに対する遊びの場面を活用してソーシャルスキルの獲得や行動変容を促すことは，生活場面での働きかけの方が抵抗なく受けとめられ，課題の解決に役立つことが多い。特に，暮らしの単位の小規模化が図られている児童養護施設等では，集団生活の場がグループワークとしての介入の機会でもあり，ソーシャルワーカーとケアワーカーが施設における日々の暮らしを整えながら支援活動を展開することが重要である。

　子どもが暮らす家庭における生活を展望した場合，施設での暮らしも，親と子，子どもと家族が互いを大切に想い，期待される役割を円滑に果たすため，感情表現やスキルの獲得を企図する支援は必要であり，生活を営む実際の場面を活用しながら支持的に介入していくことが有効になる。それは，その後に可能となるかもしれない定位家族[(2)]・家庭への復帰につなげられるだけでなく，将来，結婚等により自らが作り出す自律的家族生活，家庭における生活の営みへ

の移行が円滑に進められることになるとも考えられるからである。さらに，支援者には，子ども本人もどのように表現したら良いのかの理解に及ばず，あるいは，それがニーズと気づかないため表現に至らない潜在的な訴えを見立てる積極的介入も求められよう。

　また，発達・成長の途上にある子どもは，乳幼児期には自らの訴えを言語化することが難しく，成長の過程で言語表現は増える一方で，心理的葛藤がその口を重くしたり，本来の意思や想いと異なる表現が言語化されたりすることもある。それは多くの子どもが体験する思春期の混乱や葛藤だけでなく，自身の定位家族との関係性に起因する心理的課題や，一人ひとりの子どもが抱える生きづらさ（障害や疾病，アレルギー等）に起因する心理的葛藤により，率直な感情表現が困難になるためと考えられる。

　このような状況において，ソーシャルワーカーとして子どもに心理的・時間的負担を強いることなく必要な面接を進めるには，日頃から子どもと生活を共にし，個々の子どもの特性や課題を観察しているケアワーカーからの情報提供が不可欠となる。ケアワーカーは，さまざまな機会や場面で子どもが表出する力や課題，さらに，周囲社会（友達関係，家族関係等）との相互作用についての情報を持つとともに，子どもの表現方法の特性も知りうる存在だからである。したがって，ケアワーカーに日頃の子どもの生活状況について情報提供を依頼するとともに，子どもの課題，ニーズの代弁を依頼することによって，ソーシャルワーカー単独では接近困難な子どもの世界の共感的理解を試み，面接に備えることにしたい。

（3）子どもの環境としての家族・家庭へのアプローチ

　人には誰でも必ず家族が存在する。それは，生・死別，同居・別居の違いはあっても必ず家族が存在するということである。そして，その存在が「自分が自分らしくあること」つまりアイデンティティの源泉にもなる。家族は，本来，子どもにとってその誕生を祝福し，成長を見守る養育のコアとなる集団であり，最も身近な社会である。子どもはそこで感情と理性，情緒と客観性等，さまざ

まな体験をすることでバランス感覚を身に付け，育っていく。

　しかし，現代社会では，残念ながら家族間に多様な暴力関係やネグレクトが顕在し，ソーシャルワークの介入を必要とする状況も少なくない。また，子どもの養育や老親の介護等の場面でも，子どもが抱える障害や介護の長期化が家族の心身や健康の負担になってきている。さらに，扶養や財産相続をめぐる家族内搾取の問題も浮上しており，このような実態への社会の理解は十分でない。加えて，核家族化，小規模化する家族は，何らかの課題を持っているがゆえに，痛みや苦しみを抱え込んでいることも多く，課題が拡大・深刻化する場合も少なくない。したがって，子ども家庭福祉領域では，予防的な観点から早期の介入が必要なだけでなく，課題が解決した後も再発を防ぐため，地域での多様かつサポーティブな介入が求められている。

　第4章でも言及したが，特に現在，社会の関心を集めている子どもをめぐる貧困問題，通称「子どもの貧困」といわれる課題は，子ども自身の「問題」でなく，家族や社会の課題が子どもの養育環境に「貧困に起因する問題」となって持ち込まれたと理解すべきであろう。子どもは，その養育環境下で遭遇した経済的貧困に起因する社会資源の乏しさや，その資源の活用機会の乏しさゆえに，自分の現在や未来に等身大の夢や希望を描けない状況に置かれている。さらに，そこには学習の機会や食の保障というナショナル・ミニマムにさえ抵触するかのような状況もうかがえる。

　しかし，社会の関心は，その時々のマスコミュニケーションが標榜する印象的なフレーズに一時的に喚起される傾向がある。前述のような子どもたちをめぐる諸家庭と定位家族の経済問題や，親や保護者の抱える生活課題への関心や支援が不十分なまま，子どもたちが学校給食さえ食べられないといった，ある意味表面的な現象のみがクローズアップされがちである。その結果，子どもたちをめぐる諸課題が，「子どもの貧困」というフレーズに偏り，「子ども食堂」の乱立といった対処療法的支援が展開されるのみにとどまり，なぜそのような状況が現代社会や家族に生起しているのかということについての適切な分析・理解を共有できていない。

また，家庭は，多くの場合，家族の生活の場であるが，家族以外の人びとが生活を共にする場合もある。たとえば，自営業の家では，家族とともにそこで仕事をする人が暮らしを共にしたり，親族の離・死別により家族以外の親戚が同居していたり，あるいは，未婚のままのパートナーや恋人が同居していたり等，暮らしを共にする場にいる大人は必ずしも「家族」ばかりとは限らない。

　さらに，家庭は，地域社会の中で，一軒一軒の家を単位とする相互作用や協力，時に抑圧・排斥といった関係性を体験する。近年では，特に，そのような家庭の地域社会における孤立が問題視され，児童虐待や高齢者の孤独死等の主たる要因としても理解されている。特に，子ども家庭福祉領域では，家庭に潜在しがちな児童虐待の予防や早期発見を企図して，子育て中の家庭に関する情報の収集や介入に多様な施策の展開が試みられている。したがって，今日の子どもの養育環境を的確に理解したり，そこに生じている課題に介入したりする場合，一人ひとりの子どもの家庭環境とその在住地域との相互性についても把握することが必要になる。

（4）子どもの権利擁護への取り組み

　わが国では，第2次世界大戦の敗戦を契機に新たな社会福祉の枠組みが構築され，早い段階で「全ての児童」の健全育成を「社会の責任」（受動的権利）とする理念を掲げた児童福祉法が制定された。しかし，制定当時は大量の戦災孤児が浮浪児となって生活困窮に直面していた状況にあったことから，その理念の実現には多くの年月と実践を重ねることとなった。

　1994年，わが国は「子どもの権利条約」を批准し，子どもの「意見表明権」が認められ（能動的権利），その後の社会福祉基礎構造改革とも連動して，子どもの権利擁護の理解や仕組みづくりが急速に進んだ。ただし，このような理解や体制の整備は，積極的に子どもの権利擁護を充実させるべきとの発想から進展したものではなく，数々の施設内虐待の課題への反省と問題意識から生じた側面も否めない。

　他国に先駆け優れた内容からなる児童福祉法を整備し，国際条約（子どもの

権利条約）を批准したにもかかわらず，子どもをめぐる人権侵害を伴う問題の解消に着実な進展がない。2009（平成21）年には，児童福祉法として「被措置児童等の虐待の禁止」を明記する契機となった，いわゆる児童養護施設をはじめとする施設内虐待の「事件」は今なお後を絶たない状況が続いている。そのため，子どもが施設で生活する場面で苦情申し立ての機会が保障されたり，子どもと施設の間に立ち第三者性を活かして権利擁護の運営に寄与する第三者委員が配置されたりする。しかし，実際には苦情解決の仕組みが形骸化したり，第三者委員自体に子どもの権利の適切な理解に至らない実態があったりと，関連する制度の実効性を高めるにはソーシャルワークの貢献を必要とする状況が横たわっている。

　つまり，子ども家庭福祉領域におけるソーシャルワークは，子どもや家庭への直接的支援だけでなく，子どもや家族がサービスを利用する際の権利擁護を第三者的に支持する役割も求められる。子どもや家族の権利が侵害されている状況について，社会の認識を促し，社会全体で子どもや家族の権利を擁護，尊重できる環境の創造にも寄与していくことが使命の一つになっていることも銘記すべきである。

2　ファミリーソーシャルワーカーの役割

（1）子ども家庭福祉領域におけるファミリーソーシャルワーク

　わが国は，第2次世界大戦後，児童福祉法が制定されて以来，ひとり親支援，特に，母子家庭支援を中心に家族支援を展開してきた経緯がある。これまでも，父子家庭等，父と子の課題をめぐる支援も展開されてきたが，2015（平成27）年の児童福祉法改正に関連して児童扶養手当が父子家庭にも支給されるようになったものの，母子及び寡婦福祉法が母子及び父子並びに寡婦福祉法と名称変更されるまで，制度・実践とも母子家庭を中心に推進されてきた歴史がある。

　一方，第2次世界大戦前後にあった民法の改正を受け，わが国の伝統的な家制度が徐々に解体・脆弱化することになり，核家族に代表されるように家族の

小規模化傾向が顕在してきた。さらに，親族の関係も制度的・伝統的家族から友愛型家族へと変化し，家族のつながりや相互扶助（自律的関係調整の力）は脆弱化の一途を辿っている。その象徴的な現象が孤独死であり，規範や抑止力を失った家族が陥っている現象が家族内搾取であろう。そして，小規模化のゆえに関係性が密になり，かかわりのバリエーションが限定された結果，児童虐待も増加の傾向に歯止めがかからず，世代間で負の文化の伝承を止められない状況が継続し，深刻化している。

　ファミリーソーシャルワークは，エコロジカル・モデルが洗練される過程で Social Work with Families という新しい枠組みとして認識されてきた。ある意味で，家族や家庭を一つの対象として支援の視野に取り込むことは，リッチモンド以来の伝統的なソーシャルワークの視座ともいえる。しかし，わが国のファミリーソーシャルワークは社会福祉士の国家試験の科目にも取り上げられず，単なる家族関係の調整技法のように誤解される向きもある。あるべきファミリーソーシャルワークは，対象となる家族の構造や機能，家族が抱えやすい課題，家族ゆえに生じる葛藤の構造，一度に複数の対象の人権に対して同時にアプローチする支援の多様性等の理解を前提とする。特に，家族関係に葛藤を抱え，人生を左右されるような課題を重複して抱え込んでいる家族を支援していく際には，その痛み，悲しみに強く共感でき，時にその身を委ね，とも揺れできるような洗練されたソーシャルワークとしての介入が求められる。声なき叫びを多種多様な言動を用いて表現する家族に寄り添うにあたり，ソーシャルワーカーには，より専門的な介入方法（スペシフィックレベルの技量）が求められる所以である。

（2）児童福祉施設におけるファミリーソーシャルワーカーの機能と役割

　厚生労働省を中心とする社会的養護の対象となる子どもの施策は，「社会的養護の課題と将来像」として示されているように，暮らしの場として人権侵害が危惧される施設養護を縮小し，里親や在宅での養育を増加させる方向性が提示されている。そこでは，要養護状態に陥った子どもの支援が主に里親に期待

され，やむを得ず施設利用する場合にも，早期の家庭復帰や里親委託へと措置変更が求められている。

　このような社会状況と施策の方向性によって，子ども家庭福祉領域の施設や相談機関では，家族・家庭支援を主業務とするソーシャルワーカー，いわゆるファミリーソーシャルワーカーが配置される傾向にある。2011（平成23）年の児童福祉施設の設備及び運営に関する基準の改正では，ファミリーソーシャルワーカーの業務を担う前提となる国家資格や経験を規定しているが，そこでは，どのような人材がファミリーソーシャルワーカーとして望まれるかという専門性に根拠を求めるよりも，配置する人材の実務経験や人柄を重視する傾向が強い。加えて，児童養護施設のファミリーソーシャルワーカーは，全施設で 1 名ないし多くて 2 名の配置に留まっている。

　児童虐待との関係で児童福祉法第28条の行使によって家族分離がなされる際，十分な支援のもとで慎重な判断が求められる。特に，母子生活支援施設を利用する母子の場合等，専門職がチームを組んで支援を継続しても分離せざるを得ないほど深刻化したケースが多いからである。このような家族の再統合・再生を図る際，大規模な定員の児童養護施設で暮らす子ども一人ひとりの家族にアプローチし，分離の要因となった課題の解決に向けて介入するには，現行のファミリーソーシャルワーカーの配置基準の劣悪さが大きな障壁となる。

　家族や家庭への介入を視野に入れ，一度に複数の人を対象としながら支援を展開してきた実務経験を持つのは母子生活支援施設であるが，ここには，家族支援を主たる業務として期待されるソーシャルワーカーの配置は制度化されていない現状がある。また，配置が制度化されて間もないことに考慮すべき背景はあるものの，すでにファミリーソーシャルワーカーの配置が規定される児童養護施設は，今なおその業務を支える実践経験の蓄積や共有だけでなく支援の枠組みの構築も不十分であり，逆に，多くの実践経験が蓄積されている母子生活支援施設には職員の配置が制度的に保障されないという矛盾が生じている。

　現代家族は，家族間の暴力や不適切な養育（ネグレクト）等により，本来機能を十分に発揮することが困難なばかりか，家族構成員が相互に傷つけ合うよ

うな事態まで生起している。さらに，このような現状や困難な社会状況を憂いた若年層は結婚をためらい，総務省の統計では，未婚・非婚の割合が増加し，今後，男性の4人に1人，女性の5人に1人が生涯結婚することなく人生を過ごすといわれている。今後の家族・家庭支援は，児童虐待等のような著しい子どもの人権侵害の事態を予防するとともに，一人ひとりの市民が相互性をもって助け合いながら生きる社会の基盤となる暮らしの場を築くためにも，豊かに家族を育む支援が必要となっている。

（3）その他の実践現場におけるファミリーソーシャルワーク

　このほかにも，経済的にかろうじて自立を維持することで支援に至らないまでも，何らかの課題を抱え苦悩が続く家族・家庭が多く存在する。たとえば，若年の両親とその子どもの養育の課題である。そこには，妊娠・出産に関する情報もインターネットのみを情報源とし，周産期の健康管理の理解も不十分で，母子健康手帳の取得もないまま出産を迎えるような事態も含まれる。子どもの安全・安心な成長には，そのための環境としての家族が妊娠や出産に関する的確な情報を持ち，子どもを出産し迎え入れることを喜ぶ愛情表現の豊かさ，そして，安全で子どもの養育に適した家庭環境づくりに努めることが不可欠である。
　しかし，このような若年の家族の場合，子どもを授かり，その命を大切にしたいという想いはありつつも，本人に十分な社会経験やネットワークが備わっていないため，授かった子どもにとって安全・安心な環境をどのように創出したらよいかの理解を持ち合わせていないことが多い。あるいは，授かった子どもが抱えているかもしれない課題を早期に発見したり，予防する知識や，ネットワークも不足している場合がある。このような家族・家庭については，日々の生活の中で子どもの人権を尊重し，その暮らしを守る上で親として求められる役割や機能があること，大人としての責任があることの理解を促す必要もある。さらに，子どもの健康を守り，教育を受ける権利の保障を実体化するには，予防接種や就学手続き等を滞りなく行えるよう，情報提供とその理解，手続きの仕方の支援も必要になる。

　また，ラベリングにならないよう留意しつつ言及すべきことがある。子ども
を育む両親や保護者に何らかの障害があったり，外国籍であったり，親や保護
者自身が何らかの生きづらさを抱えていたりする場合，そこに子育ての負荷が
加わると，家族としての自立や家族内での子どもの権利擁護が困難になるケー
スが散見される。障害や日本に滞在している期間が短いために識字が困難で，
難解な制度の理解や申請手続きができず，自身の生活の維持や子どもの心身の
健康や適切な養育環境の維持が円滑にいかないケースも多い。

　また，近年では，前述した社会的養護のあり方の見直しの影響から，乳児院
からの措置変更も施設入所より里親委託となり，それを支援する家族支援専門
相談員（ファミリーソーシャルワーカー）が配置されたものの，その拡大が急が
れる状況にある。諸外国と比較すると実子の養育経験のない里親も少なくなく，
子育ての理想と現実のギャップに悩み，児童虐待を体験した子どもの示す後遺
症的課題の対応に混乱が生じるケースも少なくない。家族支援を担うファミリ
ーソーシャルワーカーには，里親に子どもを養育する心構え，要養護児の特性
の理解，子どもの養育に関する知識やスキル等が備わっているか否かの診断力，
アフターケアのプログラムの用意やフォローアップのシステムの構築を含んだ
専門性が求められる。

3　スクールソーシャルワーカーの役割

（1）子ども家庭福祉領域におけるスクールソーシャルワーク

　これまで学校で表面化する子どもの課題の多くは，子どもが抱える障害に起
因する生きづらさ，学習の困難への対応，いじめ等，子ども間に生じる人間関
係の調整とその要因の明確化，問題の原因の改善・解決にあった。しかし，こ
こ数年，散見される学校をめぐる子どもの課題は，子どもの家庭の貧困問題と
の関連で提起される傾向がうかがえる。今や，改善されつつあるが，7 人に 1
人の子どもが家庭の経済状況を理由に就学の継続の困難を訴えているという。
この課題が深刻に受け止められているのは，一部自治体で給食費の払えない

子どもへの給食を停止される等，ナショナル・ミニマムの観点だけでなく，子どもの権利擁護の観点からも法律違反といえる状況が生じているためである。

　本来であれば，社会の責任によって愛され，護られるべき子どもが，教育という公的サービスにおいて，食事の保障を得られないという由々しき事態の発生は，当然ながら，社会的に改善・解決しなければならない次元の問題といえよう。しかし，まずは，子どもの身近な現場で，解決可能な事象から子どもの人権を護り，暮らしの支援を構想することが必要となる。特に，高校生等の年長者の場合，施設利用が困難なケースも多く，子どものみの世帯で生活保護を受給しながら生活し，通学する子どもさえ存在している。

　しかし，従来の制度においては，教育現場において子ども主体で子どもをめぐる問題に介入し，そこに潜在化しがちな家庭や社会の課題を適切にアセスメントすることによって，子どもたちの抱える（正確には巻き込まれているとも表現すべき）問題を明確化し，解決の糸口を見出すようなソーシャルワークの機能は，十分に企図・開発されてこなかった。それは，社会福祉にとって教育という隣接領域を実践場とする背景と，従来オーバーワーク気味に，子どもたちの教育と生活支援に取り組んできた教員の頑張りにもよる。

　また，障害児への支援についても，これまで以上に障害の診断が細分化されてきたが，その具体的な支援方法や教育に配慮すべき点の示唆や提示が少なく，子どもの家族と担任の教師が，手探りで一人ひとりの子どものストレングスの支持・強化を模索しているのが実情である。特に，発達障害等については，その障害特性の社会的理解がようやく得られつつある感がある。これまでに蓄積されてきた学校教育，特別支援教育のツールだけでなく，子どもたちの権利擁護や暮らしの支援にその機能を発揮するソーシャルワーク，つまりはスクールソーシャルワークが希求されている状況といえよう。

　詳細については，後述（171頁）するが，このような社会福祉の隣接領域でのソーシャルワーク実践には，従来の社会福祉の知識に加えて，教育に関する法制度，教育現場の仕組みや機能など関連する知識の習得も求められる。そこで

子ども家庭福祉領域のソーシャルワーカーとしての活躍が期待されるのが，スクールソーシャルワーカー（以下，SSWr）である。SSWr を教育現場に配置することによって，子どもたちの日々の暮らしに身近なところで，子ども主体の視点を軸足にした問題の明確化，課題の改善・解決が期待される。

　具体的に SSWr には，一人ひとりの子どもの抱える暮らしの課題への共感的アプローチは無論のこと，そこから顕在化する課題の改善・解決の機能が期待される。そのためには，教育現場に関与する多職種のコーディネートや地域におけるネットワークとの連携，さらには，子どもたちの将来の就職までを視野に入れたキャリアプランの想定等，子どもと社会との「架け橋」となる機能や役割が期待される。

（2）教育現場におけるスクールソーシャルワーカーの機能と役割

　現在，発達障害等のように日常生活の生きづらさに加え，学校生活の適応，学習の取り組みに課題を抱える子どもへの対応が必要な状況になっている。わが国では，久しく統合教育が推進されてきた。障害のある子どもとない子どもが共に育ち合い，学び合う環境の創出は，幼い頃から共生の意味を理解し，障害のバリア（差別や偏見）を持つことなく育つことにつながる。

　しかし，障害児の成長や学習スタイルはきわめて個性的かつ個別的であり「特別」に配慮された環境やプログラム，少人数教育を必要とする側面がある。共生と個別化，時に矛盾するこれらの課題の重みの軽減に向け，SSWr は，子どもや家族の心情や立場を代弁しながら，次頁の事例のような関係調整も試みることになる。

　このように，SSWr は，学校内で子どもの支援にも力を注ぐが，特に，子どもの家庭や地域での暮らしにもアウトリーチし，個々の課題に介入することになる。さらに，地域のネットワークに働きかけ，地域における子どもの暮らしも支援しながら課題の解決に努める役割や機能の遂行が期待されている。

　残念ながら，現在，多くの問題を抱える環境下に生きる子どもの中には，自身の成長や就学のため給付される各種手当を親や保護者が自分たちの生活費や

　A君には学習障害がある。一部の識字に困難があり，国語や社会のように文字が多い授業は，学年が進むにつれ苦手意識が強くなり，教室にいることも嫌がるようになってきた。A君は療育手帳を取得しており，定期的に SSWr と面談していた。その面接過程で，A君が障害のない子どもたちと一緒のクラスで勉強していることに疲れを感じている様子が把握できた。そこで，SSWr は，担任教師，学科主任等と話し合い，A君の得意科目と不得意科目によって普通学級と特別支援学級を行き来するプログラムを提案した。そして，自分の状況を言語化することが難しいA君が，マンガのキャラクターを用いて「今，心地よいのでこのままのクラス」「居心地が悪いのでクラスを変わりたい」と自らの意思を伝えられるよう学校関係者との間で調整し，あわせて，A君と意思表示の練習をした。

　ところが，この方法にA君の両親が反対の意向を示した。そこで，SSWr は，繰り返し丁寧にA君の日常の様子を伝え，両親の葛藤を共感的に受容し，A君が普通学級と特別支援学級を自分のペースに合わせて行き来することの理解を得られるように努めた。A君は，両学級を行き来することで得意な領域を活かし，疲れた時は適宜休むことでストレスが誘因となるパニックを起こすことも減少し，学校行事への参加が増えてきた。初めは抵抗感を示していた両親も元気なA君の様子を見ることで現状を受け入れ，卒業後の中学，高校への進学についても特別支援学校を視野に入れることができるようになった。

ギャンブルに使い込んだり，子どものアルバイト代を搾取したりする事態が発生している。さらに，子どもが高校生になり，日常生活にある程度の自立が見込まれる場合，子どものみの世帯で生活保護を受給して暮らしている実態も側聞する。子どもの教育を受ける権利は「子どもの権利条約」の中心的事項であるが，SSWr は，それを侵襲する事態にさまざまな資源を活用し，時には家族関係にも介入し対処することになる。また，子どもの最善の利益の根幹ともなる「知る権利」を保障するため，子どもが学校に通い，発達や年齢に応じて多様な体験を享受できるよう，子どもとその家庭だけでなく学校や教員，地域社会にも働きかけることが肝要になる。

（3）スクールソーシャルワーカーの資格と期待される役割

　これまで述べてきたように，SSWr は教育現場という社会福祉の隣接領域を実践場として機能する。したがって，SSWr の資格は，社会福祉士資格を基礎資格としながらも，さらに教育に関連する諸知識の習得を必要とする。

　具体的には，社会福祉系大学等における社会福祉士の養成課程で所定の科目を修めた後，ソーシャルワーク教育学校連盟が指定する SSWr 業務を担う際に必要とされる知識を重ねて学び，演習・実習を経て団体認定資格として SSWr を名乗ることが可能となる。ただし，社会福祉士資格が基礎資格の要件となるため，養成課程で単位を修得しても社会福祉士国家試験に合格し資格登録しなければ，その名称を名乗ることはできない。

　しかし，その人材養成は始まったばかりの途上にあり，SSWr 業務を「代替」する人びとは教育関係者によって担われる場合が多い。しかも，その大半が非常勤あるいは一人で広域を担当している。したがって，担当区域における学校での相談は週 1 回程度という学校も少なくなく，学校生活に何か課題があった場合でも，子どもが随時ソーシャルワーカーに相談できる状況にない。

　一方，学校に専従する SSWr は今なお少数であるが，その中には社会福祉士の有資格者も含まれ，子どもたちからさまざまな相談を受けている事例も散見する。しかし，実際の支援の内容（範囲）は「教育経験を生かした相談支援」から，ソーシャルワーカーらしい多様な社会資源を駆使した子どもや家族への支援，地域のネットワークへのアプローチ等々まで，質量ともに大きなバラツキが見られる。

　このような状況と相まって課題となってくるのが SSWr の養成課程の問題である。ソーシャルワーカーを志す学生の中には，自身の学校生活の中でいじめや不登校等を体験したため学校生活の支援の必要を感じていたり，そのような自分（当事者）が支援を担いたいとの想いを抱いていたりする者も少なくない。しかし，SSWr は職能団体の認定資格であり，社会福祉士資格が基礎資格となっているため，SSWr の課程に進む学生はそれほど多くない。また，SSWr の実習を受け入れたり，実習指導体制がとれる教育現場は限られている。

結果，SSWr の配置の必要性は共有できるものの，ソーシャルワークの支援の必要性について学校現場での承認を得て，その専門性の理解を浸透させるまでの道程は決して平坦とならない。

4　保育をめぐるソーシャルワーカーの役割

（1）子ども家庭福祉領域における保育現場のソーシャルワーク

　近年の子ども家庭福祉領域の支援活動は「子どもの権利条約」や社会福祉基礎構造改革の議論を踏まえ，児童福祉法の改正やそれに伴う子ども子育て支援新制度の創設・改変の影響を受けながら制度・施策，そして，これに伴うサービス内容に変更を加えてきた。その中でも保育実践の変化は著しく，併せて，保育士養成課程のカリキュラムも従来にない変化が見られる。

　さらに，このような一連の変化の中で従来の「保育に欠ける」という概念・理解が拡大し，量的に「保育に欠ける」だけでなく，質的に「保育に課題や不安がある」ものも「保育に欠ける」ケースとして「保育を必要とする」と表現を新たにして，公的支援の対象となった。加えて，前述したが，一般家庭におけるネグレクトの問題の対応として，保育所は，子どもを預かるだけでなく，子どもの家庭環境に生起する課題にも対処するため，地域における保護者支援を視野に入れた相談業務も保育業務に加えられることとなった。

　また，保護者や地域に軸足を置くアプローチを促進するため，保育相談としてのソーシャルワークの展開が図られるようになった。保育所にソーシャルワーク「的」支援を担う人材の配置や，行政機関等から保育所に相談員が派遣される形での相談活動も始まっている。しかし，現在までのところ専門職業務としての，いわゆる「保育ソーシャルワーク[11]」と通称される実践の積み上げや理論的枠組みの提示は十分な状態にはない。その必要性の論議はまだ端緒についたばかりといえよう。

　このような状況と相まって，保育士養成課程のカリキュラムにも大きな変更が加わり，「保育所保育指針」に「保育相談」が保育士業務として位置づけら

れてきた。しかし，従来から「保育所保育指針」や「保育所保育指針解説書」[12]等にも具体的な「保育ソーシャルワーク」との表現はなく，同解説書に保育士にソーシャルワークの原理，知識，技術の理解と展開を求めるにとどまっていた。この度，2017年に「保育所保育指針」が改定されたが，この改定条文中にも具合的な保育ソーシャルワークの表記はなかった。第4章の「子育て支援」に「保育士の特性を活かした子育て支援」あるいは，「地域の保護者等に対する子育て支援」として，保育所や地域での子育て支援へのソーシャルワーク「的」（用いられる専門用語から実践内容としてソーシャルワークを意識したものと理解される）支援の必要性が示されているのみである。

　子ども家庭福祉領域全体に共通して見られることであるが，新たにソーシャルワーカーを配置する必要性が提起され，配置が義務づけられた場合，ソーシャルワークを駆使できる職員不足から，保育士がソーシャルワーク「的」支援を担うことが多くなることも予測される。それが専門職業務に相応しいものとなるには，第1節で述べたが，ソーシャルワークとチャイルド・ケアワークが円滑に連携できるシステムの構築が必要になる。保育所では，今なおソーシャルワーク支援を可能にするソーシャルワーカーの配置が不十分な状態にあるため，ソーシャルワーカーではない保育士がソーシャルワーク「的」支援を担わざるを得ない状況の改善が待たれる。今後，「保育ソーシャルワーク」が名実ともにソーシャルワークの一領域として位置づけられるには，保育士が社会福祉士等のソーシャルワーカー資格を取得するか，保育所を実践場とするソーシャルワーカーの専従配置が必要となろう。しばらくは，保育士がソーシャルワーク支援の機能を代替し，その様態がソーシャルワーク「的」支援と表記されることになる。

（2）保育現場におけるソーシャルワークの機能と役割

　前項でも述べたように，現状では「保育ソーシャルワーク」と明確に限定されるような理論的枠組みや実践知の積み上げが十分なわけではない。しかし，保育所や在宅の保育サービス，地域の子育ち・子育て支援の現場で，子ども主

体のソーシャルワークの必要性が提起されているのは事実である。[13] ここでは現在，なぜ保育現場でソーシャルワークが希求されているのか，保育所保育の場面でソーシャルワーク機能を必要とする子どもやその保護者が抱える課題にはどのようなものがあるのか，概略であるが触れておきたい。

　保育士業務に保育相談援助が位置づけられ，その支援の対象となるのは，保育所を利用している保護者や，保育所に併設する地域子育て支援センターの相談事業を利用する子育て中の家族である。その相談経路を見ると，自ら課題の存在を認識し保育士に助言を求める場合もあるが，多くは，保育士の丁寧な観察や子どもへの共感が機能した結果，課題が確認されることが多い。保育士が頻繁に用いる表現に「気になる子」という用語がある。この「気になる子」が保育士の関心を引く要因となる行動や様子には，発達障害のような子ども自身が抱える生きづらさもあれば，保護者の養育困難，ネグレクト状態に置かれた子どもが示す心身状況や生活習慣として確認されるものもある。

　また，このような課題を抱えた子どもを養育する親や保護者には，障害や疾病への対処法や子どもの特性に応じた養育に困難を感じ，疲弊する者も少なくない。さらに，周囲の理解が得られず子どもが不適応状態に陥ったりパニックを起こした際，周囲の拒否的・攻撃的言動の対象となって親や保護者を苦しめることもある。

　いかなる状況にあっても，子どもの権利を擁護し，子どもを養育する親や保護者を支援することが必要な時代となりつつある。そのため，社会に子どもの人権と障害をもつ子どもの特性理解を促し，[14] 一人ひとりの子どもを守り育て，家族を支援するためにも保育業務にソーシャルワーク機能を取り込むことは急務の課題といえよう。

（3）保育にかかわるソーシャルワーカー養成の必要性

　保育士が子どもの理解や子どもとの相互性を築く優れた専門職とすることに，もはや少しの異論もない。その一方で，自身の感情が先行し，時には子どもに振り回されたり，保育中に知覚した子どもの課題を保護者に適切に伝えられな

いことのもどかしさに悩む保育士も少なからず存在する。また，一生懸命さが子どもとの距離を保てなくし，子どもが抱える課題の見立てを誤る場合も散見される。

　保育ソーシャルワークを担う専門職として，子どもの課題を認識できたり，保育所の環境整備に努められたりできるには，何よりも支援の主体としての子どもについて，独立した一個の存在として理解・認識する支援の枠組みの習得が肝要となる。つまり，職務遂行の枠組みを「保育」から「保育所でのソーシャリワーク実践」へと変容できるよう求められることになる。その上で，子どもの権利擁護の理解，子どもの権利の代弁，家族システムへの介入方法としてミクロ，メゾレベルのアプローチについての習得も求められる。

　児童虐待等は，保育所での子どもの語りの聞き取りや丁寧な身体状況の観察から発覚するケースも多い。しかし，介入に慎重を要する深刻な課題等については，保育職が直接介入するのではなく，すみやかに通告し，一次保護等につなげ，詳細な情報の把握やその後の介入は専門機関のソーシャルワーカーに委ねることが望ましい。保育士によるソーシャルワーク「的」支援を軽視するものでないが，児童虐待やドメスティック・バイオレンス（DV）等の家族内に生じる命の危険を伴う危機状況への介入は，経験と訓練を積んだソーシャルワーカーでも緊張を覚え，慎重な介入を必要とする困難度の高いものとなるからである。子どもを想うあまり無理をすることが，かえって子どもや家族に命の危機をもたらすことになるので，慎重な対応が望まれる。

　これまで，保育所は，地域に所在しながら保護者が子どもを送迎する形態を基本としていることから，地域の社会福祉協議会と連携することがなく，職能団体としての連絡調整も委託にとどまる場合が多い。しかし，地域子育て支援センターでの対応状況や，一般家庭に顕在しているネグレクトの課題への介入（アウトリーチ）の必要性等を勘案した場合，これまで以上に積極的な地域の子ども・家庭支援ネットワークへの実効的参入も望まれる。そのためには，保育所側の努力だけでなく，社会福祉協議会をはじめ地域福祉の機関・団体等との連携・協働を探究することも必要になる。

ま と め

　本章では，子ども家庭福祉領域におけるソーシャルワークの直接・間接の活動方法の特性について，さらに，これまではソーシャルワークの実践場でなかった学校や保育所等を新たな活動場所として展開するソーシャルワークについて，その実際や特性，そして，今後の課題を概観した。どのような形態の取り組みであっても実践者が常に留意すべきは，子どもの人権，子どもの権利擁護である。しかし，実際には，児童虐待の相談件数が年々増加傾向にあり，社会的養護の場にも「被措置児童等虐待」の問題が生じている。このような状況において，子ども家庭福祉に関連する実践場で子どもの権利擁護を第一義とするソーシャルワークを展開するには，何よりも支援者がソーシャルワークの支援原則に立ち返り，自らの専門性を再確認することが必要と思われる。それは，学校や保育所等，これまでソーシャルワークが取り込まれなかった実践場で，当面はソーシャルワーカーの職務を代替するスタッフに専門職としてのモデル像を明示することにつながるに違いない。

　ソーシャルワークを駆使した支援方法は，子ども家庭福祉の領域でチャイルド・ケアワークとの密接な連携のもとに展開されてきたが，現在，ソーシャルワークそのものが一層洗練されるよう求められている。ソーシャルワーカーとしての専門性や機能，役割について，子どもの支援場面で重要な連携のパートナーとなっているチャイルド・ケアワーカーに的確な理解を得るには，あらためてソーシャルワークの支援とは何かを説明できる環境を整えることも必要となっている。ソーシャルワーカーとして自身の業務の特徴を明確に言語化できた時，関連する専門職とのより有機的な連携が可能になると考える。

　注
(1)　本章では，子ども家庭福祉領域におけるサービス利用契約の特性に留意し保育所や母子生活支援施設のように期間の調整が関与する契約を「利用契約」，介護保険

制度のように利用認定を経て，利用者と事業者が直接契約する契約を「契約」と区別して表記する。

(2)　家族について，自分自身が育った家族を「定位家族」，結婚によって新たに構成する家族を「結婚家族」「生殖家族」と表現する。

(3)　子ども子育て支援新制度においては，在宅支援や地域福祉サービスの充実によって，個々の家庭の孤立化の予防，早期の家庭介入が施策として展開されている。

(4)　苦情解決の担当職員が第三者の委員に取り継ぐことなく子どもを説得したり，子どもたちの意見・訴えを受け取る意見箱が職員の周目のある場に置かれていたり等，苦情解決の仕組み自体の理解が不足する場面も散見される。

(5)　久保紘章・副田あけみ編『ソーシャルワークの実践モデル——心理社会的アプローチからナラティブまで』川島書店，2005，53頁。

(6)　リッチモンド，M.／星野晴彦ら訳『善意からソーシャルワーク専門職へ——ソーシャルワークの源流』筒井書房，2014年。

(7)　児童養護施設等の社会的養護の課題に関する検討委員会・社会保障審議会児童部会社会的養護専門委員会の取りまとめ（平成23年7月）によれば，今後の社会的養護は「家庭的養護の推進」がめざされ，原則として里親，ファミリーホームでの支援を優先させることとなった。

(8)　一部で社会福祉士の有資格者の登用も始まっているが，その養成課程でファミリーソーシャルワークを学んでいるわけでもなく，従来から保護者支援を担当していた経験者がその業務にあたる場合が多い。

(9)　2010年国勢調査。内閣府はこのデータを基に，『少子化社会対策白書　平成27年版』をまとめ少子化社会の背景として，こうした婚姻（結婚）の傾向があることに言及している。

(10)　一部自治体では，要養護児童を措置する施設が不足し，児童相談所の一時保護所に定員超過の状況もあり，児童福祉法に「全ての子ども」と謳いながら，現実には，そのようにならない実態が見られる。たとえば，年少の子どもたちへの対応が優先し，実際には努力すれば自立生活が可能な年長の子どもたちに十分な支援が届いていない現状がある。

(11)　保育現場で試行されているソーシャルワークを「保育ソーシャルワーク」と呼称する傾向があり，学会なども創設されているが，文中にも記述したように，明確な規定や養成課程が明示されているわけではない。

(12)　「保育所保育指針」は基本的な事項がシンプルに列挙されているため，保育実践に向けては，何種類かの類する「保育所保育指針解説書」が刊行されている。

(13)　「日本保育士養成校協会」ではすでに，保育現場での代替的ソーシャルワークの必要性に応えるべく，一定年限の保育経験をもつ保育士を対象にソーシャルワーク

研修を実施している。

⑷　障害をもつ子どもたちも，まずは一人の子どもとして，児童福祉法にその「愛
　護」と「最善の利益を保障される」存在である。

参考文献

大江ひろみ・山辺朗子・石塚かおる編著『子どものニーズをみつめる児童養護施設の
　あゆみ──つばさ園のジェネラリスト・ソーシャルワークに基づく支援』ミネルヴ
　ァ書房，2013年。

柏女霊峰・澁谷昌史編『子どもの養育・支援の原理──社会的養護総論』明石書店，
　2012年。

北川清一編著『児童福祉施設と実践方法──養護原理とソーシャルワーク』中央法規
　出版，2005年。

北川清一・小林理編著『子どもと家庭の支援と社会福祉──子ども家庭福祉入門』ミ
　ネルヴァ書房，2008年。

鈴木孝子『社会的構成アプローチと家族援助──新しい福祉臨床のための援助技術』
　川島書店，1999年。

立木茂雄『家族システムの理論的・実証的研究──オルソンの円環モデル妥当性の検
　討』川島書店，1999年。

日本社会事業大学児童ソーシャルワーク課程編『これからの子ども家庭ソーシャルワ
　ーカー──スペシャリスト養成の実践』ミネルヴァ書房，2010年。

第11章	子どもと家庭に関する現代的課題と 社会福祉①──子どもへの虐待と非行

はじめに

　わが国における子どもたちによって引き起こされる驚愕する出来事については，もはや「ギャングエイジ」と称され，反抗期を迎えた子どもたちが繰り広げる「度をすぎた」「羽目を外しすぎ」の類いの段階ではもはやなく，「狂気の沙汰」としか言いようのない事態といえる。たとえば，以下のように要約できる大々的に報道された，「命の尊厳」を語ることに空しささえ覚える子どもたちの姿から，私たちは，いかなる課題を見出すべきだろうか。

　2015（平成27）年2月，神奈川県川崎市川崎区港町の多摩川河川敷で13歳の中学1年生の少年が殺害され，遺体が遺棄された事件。殺害された少年の死因は首を刃物で傷つけられたことによる出血性ショック。少年の遺体には着衣がなく，首の後ろから横には鋭利な刃物による切り傷が集中していた。顔や腕にも切り傷があり，数本の結束バンドが殺害現場から発見され，手足を縛られて激しい暴行を受けた可能性もあると報じられた。事件から1週間後に少年3名が殺人の疑いで逮捕された。

　そこには，今なお記憶に新しい「神戸連続児童殺傷事件」との類似性を想起させるものがある。それは，1997（平成9）年に兵庫県神戸市須磨区で発生した当時14歳の中学生による連続殺傷事件であり，別名「酒鬼薔薇聖斗事件」とも呼ばれ，数カ月にわたり複数の小学生が殺傷された。強い暴力性が伴う特異な事件であったが，犯人が，いわゆる「普通の中学生」であった点も社会に衝

撃を与えた。この時に話題となった「普通の中学生」が引き起こす事件は，現在，当時以上に頻発している。

　　2016（平成28）年9月19日午前7時頃，大阪府忠岡町新浜の大津川の河口付近にある突堤で釣りをしていた男性会社員に，10代とみられる少年数人が「釣れていますか」等と声をかけ，その後，いきなり男性の背中を押して海に転落させた。少年らはそのまま逃走。男性は自力で岸に上がり，けがはなかったが，警察は悪質な「いたずら」とみて殺人未遂容疑で捜査している。（産経新聞：2016年9月19日配信記事を一部改変）

　このような背筋も凍るような報道から何が読み取れるだろうか。多くの人がまだ眠りの中にある時刻に自宅を出て，大津川の河口に集まるような子どもたちの日常性は，いつ，どこで，どのように育まれたのか。声をかけることと背中を押して人を海に突き落とすという暴力行為とがつながる思考はどこから生じたのか。その後に悪びれることなくその場から立ち去る「命」を軽んじる子どもたちの感性に見え隠れする危うさに，周囲の者の気づきはまったくなかったのか。子どもたちの中に今や拡散して止まらない「殺人未遂」のような行為に対し，「罪を償う」ことを促す支援について，これを社会福祉専門職の立場から取り組む「方略（strategy）」として打ち出すことができるのか等々である。
　子どもたちの健やかな生き方を育みたい。そのような願いを適えるのも難しい事態にあると言わざるを得ないが，さらに一段と悪質化しかねない次の虐待や事件（非行）を未然に防ぐ方法を探りたい。本章では，子どもたちを取り巻く生活環境内で何が問題となって顕在しているのか，その問題の特性は何か，問題を理解する上で必要な知識と情報は何か，問題に対処すべき社会的な／個人的な資源は何か，等々について，これを「子ども虐待」および「子どもの非行」に焦点化して論じることにしたい。

1　児童虐待とは

　わが国では「子どもの濫用」とも訳出できる「チャイルド・アビューズ (child abuse)」を「児童虐待」「子ども虐待」と表記して用いるのが一般的である。

　しかし，虐待という用語が広く使われることで，その行為を必要以上にネガティブなイメージでとらえがちな傾向もうかがえる。親として日頃から懸命に子育てに努め，その過程で我が子との向き合いに苦悩し，対処策が見つからないまま我が子に手をあげる行為の背景的問題に十分な配慮がないまま，処罰的対応に終始することは問題といえよう。そのため，虐待よりも広義にとらえ，大人（行為の適否が判断可能な，およそ15歳以上の年齢の子どもを含む）の子どもに対する必ずしも適切といえない子育てやかかわりも含めて「不適切なかかわり（マルトリートメント：maltreatment）」と呼称することもある。そこには，家族として行う子育ての関係で論じられる「躾（しつけ）」の問題も含み，未然に「虐待」行為を抑止する環境を醸成したいとする意図もある。

　いわゆる「家族問題」とは，わが国の場合，第2次世界大戦後にあった「民法」改正を受け，久しく続いた「家族制度」が崩壊し，家や家族に対する考え方の変革から影響を受けた側面がある。「家族制度」は，家や家族のあり方として「主君には忠，親には孝」といわれた儒教の考え方を社会的に慣習化させ，それを土台に国家的統制の支柱としてきた。その過程で育まれた夫婦間の愛情，親子の絆，血縁者同士の親近感等を重視する「家族観」は，旧来の「家族制度」に代わり，西欧型ともいえる夫婦の人格的絆によって形成された夫婦家族の出現を受けて大きく変容することになる。とりわけ，2000（平成12）年頃に「核家族」の時代が終焉し，形態的には「現代家族」の時代を迎えたといわれて以降，想定外の出来事に遭遇した場合，家族構成員「個々」の耐性力の脆弱性が「家族全体」に機能不全状態をもたらし，紐帯も分解し，家族内で弱い立場にある者が「行き場」を失う傾向にあることが指摘されている。いわゆる

「家族の液状化」によってもたらされた問題である。このような社会変動の中で頻発したのが，家族内で起きた過度な「躾」による子どもの死亡事故（虐待死）である。

　虐待と躾の間には，明確に線引きできないグレーゾーンが存在する。日本社会の中で培われてきた「家族観」として，「他者から干渉を受けない私的生活領域で行われる親による子育て」とする考え方が今なお支配的であることの影響といえようか。しかし，虐待とは，躾の延長上にあるものととらえるべきではない。躾をする親（大人）との関係性の中で「子どもが耐え難い苦痛を感じる状態」があれば，それは虐待と考えるべきであろう。

　このように，子ども虐待は，荒廃する現代社会の中で彷徨うように揺れながら存在する家族として営まれる生活を通じて出現することになった。このような事態に向けた対応として，2000（平成12）年に施行された児童虐待の防止等に関する法律（平成12年法律第82号）では，2007（平成19）年の改正で，法律上，虐待を以下に説明するような4つに分類（身体的虐待，性的虐待，ネグレクト，心理的虐待）し，これを定義した。また，2004年にあった法改正では，子ども虐待について，これを著しい子どもへの権利侵害とすると明記したこととあわせて，保護者が，家庭内の同居人による不適切な「力関係」の行使を放置したり，家庭内暴力とも呼称される配偶者間暴力（ドメスティック・バイオレンス〔domestic violence，以下，DV）を子どもに「見せる」行為も虐待とされ，虐待のとらえ方が拡大している。

（1）身体的虐待

　これは，児童虐待の防止等に関する法律第2条1号において「児童の身体に外傷が生じ，又は生じるおそれのある暴行を加えること」と規定されている。

　具体的には，暴力等により子どもの身体に傷を負わせたり，生命に危険を及ぼすような行為のことをいう。たとえば，殴る，蹴る，投げ落とす，逆さ吊りにする，（乳児を）激しく揺さぶる，首を絞める，体に熱湯をかけたりタバコの火を押しつける，風呂の中に沈める，刃物で切りつける，異物を飲ませる，厳

冬期にベランダ等に閉め出したり拘束したりする，等々の行為が該当する。結果，子どもは，打撲，骨折，外傷，火傷，切り傷等を負うことになり，深刻な事態にあっては死に至る場合もある。

（2）性的虐待（sexual abuse）

これは，児童虐待の防止等に関する法律第 2 条 2 号において「児童にわいせつな行為をすること又は児童をしてわいせつな行為をさせること」と規定されている。

具体的には，性的暴行や子どもへのわいせつ行為のことをいうが，子どもへの性交や性的暴行，性的な行為の強要・示唆，性器や性交を見せる，ポルノグラフィーの被写体とする等々の行為が該当する。性的虐待は，本人が告白したり家族の気づきがない限り顕在し難い特徴を持つ。「話したら殺す」等と暴力や脅しを受け，口止めされる事例や，幼い子どもの場合は，受けた行為が性的虐待と理解できないこともあるためといえよう。また，現在，実母や義母等の女性から，あるいは，大人の男性から男児が被害を受ける事例も増加する傾向にある。

（3）ネグレクト（neglect）

これは，児童虐待の防止等に関する法律第 2 条 3 号において「児童の心身の正常な発達を妨げるような著しい減食又は長時間の放置，保護者以外の同居人による前二号又は次号に掲げる行為と同様の行為の放置その他の保護者としての監護を著しく怠ること」と規定されている。

保護の怠慢，養育の放棄・拒否等とも訳され，ここには子どもに対する「意図的な無関心」も含まれる。具体的には，外出する際に子どもを家に残したままにする／家に閉じ込めたままにする，適切な衣食の世話をせずに放置する，学校に登校させない，子育ての知識が不足していて必要な情緒的要求に応えない，乳幼児を遺棄したり車中に放置する等々の行為が該当する。年齢の低い子どもの場合，心身の発達を著しく損なう不適切な養育であり，また，病気でも

病院に連れて行かないなど安全や健康への配慮に欠く行為を受けることもあるため，死に至る事例も頻発している。

（4）心理的虐待

これは，児童虐待の防止等に関する法律第2条4号において「児童に対する著しい暴言又は著しく拒絶的な対応，児童が同居する家庭における配偶者に対する暴力（配偶者〔婚姻の届け出をしていないが，事実上婚姻関係と同様の事情にある者を含む〕の身体に対する不法な攻撃であって生命又は身体に危害を及ぼすもの及びこれに準ずる心身に有害な影響を及ぼす言動をいう）その他の児童に著しい心理的外傷を与える言動を行うこと」と規定された。

そこには，子どもの心の崩壊にもつながる行為ととらえるべき問題が内在している。具体的には，大声を出したり脅しを続けることにより，著しい「心理的外傷」を与える，極端に無視したり拒否的態度を続け「精神的な暴力」を与える，きょうだい間に著しい差別が見られる，自尊心を傷つける言動を繰り返す，母親に向けられたDVを見せつけ苦痛を与える等々の行為が該当する。また，必要な生活費を渡さない「経済的な暴力」等も顕在化しており，子どもに及ぼす影響は極めて深刻である。

前述した児童虐待の定義に示される内容以外にも，今後さらに深刻な事態へ進展しかねない危険性を孕む，周囲にいる者が「見ようとしなければ見えにくい」事例も子どもたちの身に起きている。私たちは，このような子育ての場面に見出せる「不適切なかかわり」について，適切な理解の下に早期に対応することが求められており，問題の重篤化・深刻化を防ぐ不断の市民的努力をいかに継続できるかも問われることになろう。

2　児童虐待に関する社会福祉の対応と課題

家族から虐待を受ける子どもたちの背景には，久しく「貧困問題」が横たわ

っているといわれてきた。そこには，家族関係が複雑で欠損し，不安定で余裕がなく，家族員が社会的に孤立する傾向も側聞される。さらに，加害者となる者には，心身に何らかの課題を抱え，周囲との折り合いが悪く，自身も親から虐待を受けた経験をもつ場合も多く，わが子を激しく虐待した事実の認識に欠けること等の類似性もうかがえる。また，虐待だけでなく，子どもへの暴力や体罰，状況の中での「意図的な無関心（ネグレクト）」等は，子どもたちにとって自己肯定感（self-esteem）や自尊感情の否定につながり，彼らの「人権」を侵襲する行為にもなりかねない課題を内包する。児童虐待は，子どもたちにとって愛着関係の対象となる親から加えられる行為によるものが多いため，心身への直接的な傷痕だけでなく，育ちの中で夜驚や夜尿をはじめ後遺症と見なせる多様な影響が残る場合もある。また，大人への信頼度を確かめる行為ともいわれる試し行動や退行を起こしたりするだけでなく，心的外傷後ストレス障害（PTSD）や反応性愛着障害等の深刻な状態を示す子どもも少なくない。

　このように，児童虐待の諸相とその影響の現れ方は，重層的でありきわめて複雑である。しかし，いずれのタイプの虐待にも共通していえることは，社会福祉の支援活動（ソーシャルワーク）が対峙する他の生活課題（life tasks）と同様に，総じていえば，子どもレベルの「生活不安」であり，基本的には現代社会の構造的な欠陥が生み出した側面を持っていることになる。加えて，児童虐待がもたらす影響は，彼らの将来にわたる発達をも左右することになるため，特別な配慮が求められよう。それは，子どもは受けた虐待によって自身の生活がいかに破壊されても，その事実を正しく認識することは，子どもが幼少であればあるほど難しく，仮に認識できても，生活の窮状をあるがままに訴えるだけの「力」を持ち合わせていないことが多いためである。

　さらに，児童虐待が家族内の問題として処理されがちな傾向は，対応の難しさを生む要因ともなっている。すなわち，いまだ現代家族が営む日常生活に見受けられる，明治時代以降に培われた「家族観」の名残ともいえる問題である。家族内のトラブルは当事者もしくは家族員個々の私的な課題であり，社会的な対応（サポート）を求めることは「恥」とする文化，あるいは，家族員同士の

「心がけ」「思いやり」をもって対処すべきとする意識が強く働き，結果，問題が隠蔽されやすい土壌は払拭できないままにある。

　しかし，ここに至って，子どもたちを取り巻く不幸な出来事が頻発するようになり，現代社会における子どもの育ちの環境の見直しを図ることが喫緊の課題となってきた。「人を殺してみたい」との思いを持ち続けてきた長崎県佐世保市の女子高校生や名古屋市の女子大生が引き起こした友人・隣人を殺害した事件，埼玉県川口市の「居所不明児」が，実母の「殺してでもお金を取ってこい」という言葉を真に受けて引き起こした祖父母殺害事件等々である。このような実態が，今や子どもの6人に1人は「貧困状態」にあるとされている社会問題の一端を示しているとするならば，社会的公正や社会正義，人権や尊厳の保障の実現に貢献するよう求められているソーシャルワーカーは，そこにいかなる役割を果たすべきか。

　社会福祉においても，家族や家庭への不当な介入や不必要な支援は，避けなければならない。また，児童虐待への対応は，社会福祉の専門職だけではなく医師や弁護士，臨床心理士，保健師等々との連携や協働を図りながら進められることが多い。そのため，実際の対応の場面では，家族の実像の把握に努め，さらに，介在する他職種が持つ専門性や役割の相互理解を図り，子どもたちの身に降りかかる危険を軽減し，安心・安全をチームとして確保するアプローチについて検討する必要があろう。

　特に，児童虐待の場合，家族員の行為そのものが問題視されることもあって，その理由が家族員の個人的要因として捉えられがちになる。確かに，児童虐待が社会問題として注目され出した当初は，その発生のメカニズムとして家族員の性格や成育歴のような個人的要因と関連させて対処する傾向があった。しかし，ここに来て，社会的要因を視野に入れて発生のメカニズムを説明する視点の共有も定着した感がある。社会福祉専門職としてのソーシャルワーカーも，児童虐待の発生要因を必ずしも個人に内在する問題ではなく社会問題としてとらえ，社会的サポートの媒体（helping media）として個人的あるいは社会的な資源の提供・開発に務めなければならない。加えて，家族が本来的に持つ困難

を跳ね返す力（レジリエンス：resilience）に信頼を寄せ，伝統的視点として保持してきた「全体としての家族」にアプローチする自らの専門性と実践力の質を高める方法を構想しながら対応すべきである。

3　子どもの非行とは

　子どもの非行は，古くから「社会の状況を映す鏡」といわれてきたように，社会変動がもたらす人びとの生活の歪みを端的に表す社会問題の一つと考えられてきた。したがって，非行と称される問題は，人類の歴史とともにあったとされ，人間行動の中でも解決困難な社会現象として受けとめられ，その対応を迫られてきた歩みを刻んでいる。

　ところで，人間は，思春期に入ると身体的に著しい成長を遂げ，生理的にも成熟期に入り，性衝動も高まってくる。また，この頃は，心を自分で全体的にコントロールしているという感覚を伴う自我意識（self-consciousness）が明確になる時期でもあり，さらに，第 2 次反抗期と重なって，親や家族，あるいは，大人からの拘束を避けたいとする思いが強くなり，友人関係の中で自己実現を図ろうとする傾向が顕著になる。加えて，社会生活の中で一定の責任ある役割と行動をとるように求められる時期とも重なる。したがって，この時期には，さまざまな社会規範を学習し，それを自らの内に取り込み，判断し，行動し，結果，その努力の態様が社会に受け入れられる過程を辿ることも求められる。

　このように，子どもたちが生きる過程で遭遇する発達上の課題（試練）は，成長途上にある彼らにとって，個人差はあっても，向き合うに難しい取り組みとなる場合が多い。とりわけ，家庭内外の育ちの場において，成長の過程に見合った欲求が充足されなかったり，発達課題（developmental task）が達成されなかったり，家族（家庭）や学校や地域環境の中に自身の安心・安全を実感できる「居場所」が見出せなかったりした場合，以後の暮らしの場面で遭遇する新しい発達課題を円滑に乗り越えることは難しくなる。彼らなりに試行錯誤を繰り返すものの，やがて社会規範から「逸脱」し，問題ある行動に変貌した様

子がうかがえる事例が，子どもたちが引き起こした事件や事故として数多く報告されている。

　そのため，非行あるいは犯罪の原因を論じる視点には，これまでも諸説があり，実に多様である。

　たとえば，「心的力動機制」を重視する立場は，フロイト（Freud, S.）の精神分析理論の影響を受けて広まった。人は，無意識の「衝動（id）」を持つが，一方で，両親の愛情を受けながら人としての成長発達にあわせて社会的な権威や規範を自らの内に取り込み（自我（ego）），やがて「超自我（superego）」を形成していく。人は，この「超自我」によって「衝動」をコントロールしながら行動するようになるが，その「超自我」が十分に形成されない場合は「衝動」のままに行動し，その過程で反社会的行動を引き起すこともある。このような考え方に依拠して非行や犯罪のメカニズムを余すことなく説明するには無理があるものの，パーソナリティの深層まで掘り下げて考える視点を付与したことの功績は大きい。

　また，「家庭環境（生育史）」を重視する立場は，20世紀前半に説かれたアメリカのヒーリー（Healy, W.）の理論に代表される。非行に走る子どもたちの多くは，家庭生活に恵まれず，親の離別や不和，貧困，犯罪，飲酒・喫煙等の経験を持ち，愛情関係における拒否体験，自己の願望の不充足感，劣等感，きょうだいへの嫉妬感，不幸感，罪悪感にさいなまれている様子が見られる。ヒーリーは，この状態を「情動障害」と呼び，健全な「自我」が育ちにくいため，反抗や攻撃性を強め非行の原因になると考えた。しかし，同じ体験をした者がすべて同じ行動（非行）に走るとは限らず，本人の性格や他の家族員による補てん（代替）等によっても変わってくるという事実を説明できる体系となっていない点に課題が残る。

　さらに，巨視的な社会的要因として「社会変動」に注目し，問題状況を分析する立場もある。たとえば，戦争がもたらす混乱と道徳的荒廃，法律等の社会的統制力が喪失し，経済的破綻によって生み出される犯罪や，非行の激増状況等がその典型例である。わが国でも，第2次世界大戦後の「社会変動」を踏ま

えた少年非行の動向を，以下のように三つの時期に区分（これを三つの「波」とも呼んだ）してとらえ，必要とされる対処策を講じてきた歴史があった。

　第 1 期（1949〜1954年頃）は，第 2 次世界大戦後の社会的・経済的混乱と貧困を背景にもつ点に非行発生の特徴があった。量的には1951（昭和26）年をピークとし，多くの浮浪児や戦災孤児が，飢えをしのぐために盗みや殺人等を犯す事件が多く見られた。

　第 2 期（1955〜1969年頃）は，第 2 次世界大戦後の復興が進み，高度経済成長期へと移行する時期に重なる。工業化の進展は人口の都市集中をもたらした。また，核家族化の進行，主婦の就労の増加等は家族の「形」に変化をもたらし，このような時代背景に影響を受けた点に非行発生の特徴があった。量的には1964（昭和39）年をピークに，10年前の 2 倍にあたる非行発生件数の激増が問題視された。その主たる要因として，高度経済成長の産物としてもたらされた「歪み」が挙げられた。両親が揃った「中流」家庭からも非行に走る子どもが増加し，いわゆる非行の「一般化」傾向に拍車がかかることになった。

　第 3 期（1970〜1990年頃）は，経済活動が低成長期に入り，「オイルショック」を契機に世界的変動期へと移行する時期と重なる。この時期の非行の特徴は，国民生活の大衆化が進展する中で現出している点にある。具体的には，薬物乱用，性非行，陰湿な暴力行為等，そこには，衝動的で罪悪感がなく，甘えや忍耐力の欠如を露呈したものが多く見られた。同時に，暴走族と呼ばれる若者たちの集団行動が問題化し，不登校や校内・家庭内暴力，いじめ等の非社会的で非人道的な行為も多く顕在する。

　第 3 期以降も，子どもを取り巻く環境はさらに混迷を深めるばかりといえる。国外では戦争やテロリストが起こす殺傷事件が止むことなく続く。アフガニスタンの内戦，中近東の不安定化を加速させたイラク戦争，「アメリカ同時多発テロ」事件（2001年 9 月11日），そして，それ以降も「無差別テロ」と称される殺りくが頻発し，数え切れないほどの子どもたちが殺傷される悲劇的な出来事は世界中に拡散の一途を辿る。一方，国内に目を転じれば，阪神・淡路大震災に始まり東日本大震災，熊本大震災に至る天災や福島第一原発の事故は，多く

の人びとの生活を破壊し，子どもたちに及ぼす影響には計り知れないものがある。子どもの暮らしに安寧と平和を取り戻す施策における社会福祉の貢献のあり方が問われている。

4　子どもの非行に対する社会福祉の対応と課題

　非行とは，一般的に，違法行為あるいは違法そのものではなくても，習慣的規範に照らして反社会的と見なされる行為をいうとされている。そのため，成人もしくは不良行為をなすおそれのある子どもたちの行為についても使われるが，法律的な意味からすると，青少年における「非行（juvenile delinquent）」を指すことが多い。なお，少年法（昭和23年法律第168号）第3条では，「審判に付すべき少年」を意味する「非行少年」について，20歳未満の青少年による「犯罪行為（14歳以上20歳未満で刑罰法規に違反した行為）」「触法行為（14歳未満で刑罰法規に触れる行為）」および「虞犯（保護者の正当な監督に服さない，家庭に寄り付かない，犯罪性のある者や不道徳な者と交際する，自己または他人の特性を害する等の性癖があることから将来犯罪をなすおそれが濃いと判定された状態）」を総称して規定している。また，少年少女を保護する観点から，夜遊びや盛り場の徘徊，不純異性交遊等の不良行為も広い意味での「非行」に含めることもある。

　このようにとらえられている「非行」について，内閣府の「少年非行に関する世論調査」（2015年7月）によると，社会一般の認識としては，今なお増加傾向にあると受けとめられている様子が見てとれる。社会的に見て問題と受け止められる少年非行には「掲示板に犯行予告や誹謗中傷の書き込みをする等のインターネットを利用したもの」「突然キレて行うもの」「凶悪・粗暴化したもの」「集団によるもの」等が挙げられているが，実は，刑法犯として検挙された少年数は減少傾向にあるともされている（『子ども・若者白書 平成26年版』）。このような背景には，少年非行について，社会全体がより厳しく受け止めるようになったことに要因があるかもしれない。

　子どもの非行が生起するメカニズムとしては，「貧しさからの非行（伝統的非

行）」から「豊かさの中での非行」へと質的に変化してきた様子がうかがえよう。しかし，今なお物質的精神的な「欠乏状態」が生み出す「伝統的非行」は解消されないままにあり，対応への難しさが問題化している。いずれにせよ，子どもによる非行を論じる場合，誰かを何かをバッシングするような感覚ではなく，実態に基づく冷静な議論が必要になろう。

　物心ともに特別な問題を見出せないような家庭で育っている「普通の子ども」による非行の多発を「非行の一般化」と呼ぶ。その非行に走る動機は，きわめて単純で遊び半分のような感覚に見えることから「遊び型非行」とも説明されることがあった。ところが，最近では，「初発型非行」の類型にあった遊びのように一過性で終わらないほど悪質化する傾向にある。子ども自身の人格発達上の問題であったり，非行を繰り返す中で「罪悪感」が鈍麻し，過度の暴力行為や薬物乱用に発展することも見聞される。さらに，本章の「はじめに」で例示したように，中学生を中心とする非行の「低年齢化」も目立つ。自己破壊的非行は「非社会化」「現実からの逃避」から生み出される問題として注視しておかなければならない。

　非行問題に内在する課題を概観してきたが，このような状況に呼応して，現在，非行に走る子どもたちの健全な育成をめざして警察，検察庁，家庭裁判所，少年鑑別所，少年院，少年刑務所，地方更生保護委員会，保護観察所等の多くの機関が，それぞれの役割・機能に応じて対処するシステムが確立されている。以下では，実践的対応の一つとして機能しているソーシャルワークの実践理念および実践方法からのアプローチについて，その有効性を考えてみたい。

　ソーシャルワークとは，社会福祉専門職が課題解決のために介入（intervention）を試みる支援方法のことをいい，その特徴は，人と環境に焦点をあてて関与することから導き出される。なお，ここでいう介入とは，人びとが直面している生活上の諸課題を，人と環境の相互接触面に生起したものととらえ，両者の交互作用に関与する働きかけを通して，人の環境に対する適応能力や対処能力（coping），応答性（responsiveness）を高めるようアプローチすることをいう。

非行は，これまで述べてきたように，個人（子ども）と環境の相互接触面に生起する相互作用の中で顕在する行動であり，その意味で心理社会的所産そのものとしての特質をもつ。つまり，非行を生み出す課題は，子どもたちが社会で他者と交わる中で起きる行動の「ある断面」を示していると考えるならば，彼らの行動が社会の中で不調をきたさないよう働きかける支援だけにとどまらず，社会そのものが人との調和を生み出す形に変容できるよう働きかけることも，ソーシャルワークを駆使した実践の基本的機能としてとらえられるようになってきた。それは，子どもへの働きかけによって彼ら自身が変化・成長しても，家庭（家族）や地域も共に変容できなければ，再び非行に走る状況が再現されることへの気づきを意味しよう。社会福祉からの支援方法を意味するソーシャルワークは，久しく，そのような個人と環境の間に起こる問題への調整（介入）活動として取り組まれており，子どもたちの非行を予防し，問題性を取り除く役割を担うに相応しい働きかけの成果を蓄積してきた。

　ところが，わが国の場合，古くは，非行の原因を成人犯罪と同じように個人の資質や道徳的欠陥として受け止め，応報的な刑罰主義による対応を基本に据えてきた。以後，子どもの非行は更生保護として扱われ，社会福祉とは別に扱われる歴史を辿ってきた。制度的には，明治期の感化事業や感化院がその端緒になっている。しかし，懲罰は，結局，子どもの中に憎悪と社会関係の喪失を生み，非行の繰り返しや，非行や犯罪の世代間継承につながることに気づかされることになった。今日では，社会福祉からの対応として，第2次世界大戦後，いち早く児童福祉法が制定され，教護院，そして「自立支援」を図る児童自立支援施設へと受け継がれ，非行少年のうち14歳未満を主な対象とするシステムとして体系化されてきた。家庭裁判所の調査官の業務や少年院における矯正教育の場等においても，ソーシャルワーク実践，とりわけ，非行に代表される社会的な不適応行動を改善するための「手段」として，グループ活動に着目すべき視点が内包していることを提示してきたグループを媒介とするソーシャルワーク実践の成立可能性の検討は，当該領域における重要なテーマの一つとなろう。

ま と め

　非行に走る子どもたちの多くの生活実態からは，幼少時代から親に放置されたり，虐待されたり，逆に過保護にされたり等，親自身の養育意識や養育態度に課題性をはらんでいる様相が見てとれる。その帰結といえようが，虐待を受けた子どもや非行の背景に，子ども自身のパーソナリティの未成熟や歪みが見られる場合も多い。したがって，彼らへの対応は，非行行為のように顕在している問題行動を取り除くだけでなく，子どもたち自身が自らとった言動の背景にある課題を見つめ，自己の状況を顧みることのできるような働きかけが必要になろう。

　このように，現代社会に生きる子どもたちを取り巻く生活環境には，憂慮すべき問題が多く含まれている。しかも，彼らがそれまでに各々の生活場面で多様な危機に遭遇した際に獲得した「課題処理能力」だけでは，自ら直面した状況への対応が難しくなる事態も予測できる。子どもたちが抱える生活課題（life tasks）の重篤な状況は緩和される見通しがたたないためである。なお，このような状況が，家族・家庭での育ちに起因しているとするならば，憂慮すべきことは何も子どもの現況にとどまらないことが明らかになる。

　すなわち，虐待や非行に関する問題は，実は「反面教師」としての大人社会に投げかけられた問題ともいえる。言い換えれば，子どもたちの抱える問題の元凶が大人社会の混乱と荒廃にあるとするならば，当事者として存在しているのは子どもたちであるが，彼らへの対応だけに終始していては，問題の本質的な解決につながらないことがわかる。大人社会の迷走が一層深まる中にあって，表出している事態への大人の解釈（認識）を媒介に，子どもたちの問題が浮上する意味を，改めて検討してみるべき時代に私たちは生きていることを自覚すべきであろう。

参考文献

岡邊健編『犯罪・非行の社会学——常識をとらえなおす視座』有斐閣，2014年。

北川清一『児童養護施設のソーシャルワークと家族支援——ケース管理のシステム化とアセスメントの方法』明石書店，2010年。

北川清一『未来を拓く施設養護原論——児童養護施設のソーシャルワーク』ミネルヴァ書房，2014年。

小林寿一『少年非行の行動科学——学際的アプローチと実践への応用』北大路書房，2008年。

南本長穂ほか編著『入門・子ども社会学——子どもと社会・子どもと文化』ミネルヴァ書房，2015年。

第12章	子どもと家庭に関する現代的課題と 社会福祉②——障害児

はじめに

　近年，障害児支援では，障害の程度にかかわらず地域での生活が可能になるための支援体制の整備が求められている。これまで，核家族化，ひとり親世帯の増加，実親の高齢化，さらに，経済的困窮等の問題を背景とする家庭の子育て・養育・介護力の低下が顕在しており，地域で生活するための包括的な支援体制の構築が課題となってきた。しかし，障害児・者にとっての「親なき後」の課題は，障害当事者の尊厳や暮らしの保障のあり方に関する積極的な議論もないまま，依然として親の努力と責任，あるいは，既存の制度サービスに依存する状況が連綿と続いている。

　一方，2012（平成24）年の児童福祉法改正は，障害児支援サービス改革ともいわれ，障害児施設体系の再編，放課後等デイサービス事業の創設，重度障害児に対する訪問発達支援，乳児院や児童養護施設への保育所等訪問支援の拡大等を柱とした，地域における障害児支援の強化が図られた。しかし，これらの施策のあり方にも多くの課題が指摘されている。また，2015（平成27）年度から子ども・子育て支援制度が始まり，障害児支援の充実や障害児童に固有のサービスが創設された。さらに，2016（平成28）年度の改正障害者総合支援法に伴う児童福祉法の改正によって，医療的ケアが必要な子どもへの支援制度を明確に位置づけること等が法定化されており，2018（平成30）年度から施行されようとしている。

　このように，多くの課題を残しながらも障害児への支援の仕組みが強化されつつある。しかし，同時に，子どもの権利条約，障害者の権利条約，障害者基

本法，障害者差別解消法等がめざす共生社会の実現と，そのための地域生活支援，子どもの最善の利益，合理的配慮等を，新たな支援の仕組みの中でどのように具現化していくのかが問われるところである。

　本章では，わが国における障害児支援の歩みと課題について，知的障害児への支援を中心に整理する。

1　わが国における障害児支援のあゆみ

（1）就学前支援と療育

　わが国では，1947（昭和22）年の学校教育法の制定を受け，盲・聾・養護学校が義務制となった。しかし，1960年代までの知的障害児や病弱児の就学前教育に関しては，一部公立養護学校の幼稚部における先駆的な取り組みにとどまっていた。

　1960年代後半以降，障害児の母親らの手により，各地で障害幼児の自主保育が展開され，障害児を受け入れる幼稚園の設置へと発展していった。また，「保育所への私的契約による児童の入所」が入所基準であったことから，私的契約で障害児を受け入れる保育所や障害児保育に実践的に取り組む幼稚園が見られるようになった。さらに，1965（昭和40）年の母子保健法の制定で，乳幼児健康診査と3歳児健康診査が義務づけられ，障害児に対する具体的な保育や療育の場が求められていった。このような背景があって，1970年代になると統合保育の要求が広がっていった。

　一方，障害児を受け入れる施設の一つに療育施設があった。1957（昭和32）年にあった児童福祉法の一部改正で規定された精神薄弱児通園施設（当時）が，療育を行う通園施設として全国に設置された。しかし，療育の対象は，就学を猶予・免除された学齢期の障害児とされ，幼児はその対象とならなかった。さらに，重度の障害児は療育施設に，軽度の障害児は幼稚園や保育所にと，受け入れの実際は年齢と障害の程度により異なっていた。

　1970年代になると，文部省（当時）による「私立幼稚園特殊教育費国庫補助

金制度」の創設や先進的な自治体の取り組みが背景となり，厚生省（当時）の「障害児保育事業実施要項」に盛り込まれた幼稚園や保育所での受け入れが，政策的に取り組まれるようになる。また，通園施設，通園事業の法制化・事業化が進み，専門的な支援を行う機関として整備されていった。

　1982（昭和57）年，文部省（当時）は「心身障害児に係る早期教育及び後期中等教育の在り方について」をまとめ，障害児の早期発見・早期教育の重要性を指摘した。しかし，そこでは，知的障害児の教育について，厚生省（当時）所管の通園施設に期待する内容が盛り込まれ，知的障害児の養護学校に幼稚部の設置は進まなかった。その一方で，保育所においては，国や自治体による就学前支援の取り組みにより，障害児を受け入れる保育所は，1973（昭和49）年の18カ所から，1990（平成 2 ）年には3,779カ所と飛躍的に増加した。1990年代になると，障害児・者への地域支援が課題となり，障害の異なる子どもを一定の割合で受け入れることができる「障害児通園施設の相互利用制度」や，保育所と通園施設の並行通園が認められるようになった。

（2）施設入所から地域生活へ

　児童福祉法（1947年）では精神薄弱児施設（当時）の目的を「18歳未満の児童を入所させ，保護するとともに，独立自活に必要な知識技能を与えること」（当時）とし，更生指導と訓練を施す場とした。その後の「精神薄弱児対策基本要綱」（1953年，中央青少年問題協議会）は，知的障害児を反社会的存在と見なし，社会防衛と家族負担の軽減のため「収容」「分離」「更生」を強調したが，この時代の「自活能力を養う」ことを目的とした入所施設は，終生入所でなく一時的入所を前提としており，入所対象者は退所可能な軽度知的障害児に限定されていた。

　一方，障害が重く社会復帰が困難なケースについては児童福祉施設での対応の限界が，また，重症心身障害児をめぐっては，自宅での世話が親に重い負担を強いている実態が明らかになる。そのため，年齢超過児童や障害の重度化に対応できる，児童から成人までの一貫した施策が求められていった。重度精神

薄弱児施設「国立秩父学園」「名張育成園」の設置が契機となり，精神薄弱者福祉法（1960年）が制定された。

　精神薄弱者福祉法や当時の社会背景の影響を受け，知的障害者入所施設が次々と建設された。1973（昭和48）年のオイルショックによる障害者雇用の縮小，さらに施設入所者の重度化，障害の重複化，高齢化等によって，施設入所への要求は一段と高まることになった。この時代の障害者福祉制度は，障害者を支援するだけでなく，その親や兄弟姉妹を支援する施策としての色合いが濃かった。また，1960年代以降のノーマライゼーションの広がりと相まって，北欧諸国とアメリカでは脱施設化が進む一方で，わが国では，施設中心の施策が進められたことも特徴的である。

　わが国でも，中央児童福祉審議会答申の中で「在宅対策の強化および在宅対策と施設対策の関係の強化」（1974年）が打ち出され，在宅福祉への視点が生まれてくる。しかし，それは，ノーマライゼーションの具現化をめざすことよりも，オイルショック後の「福祉国家見直し論」に依拠した自助努力と相互扶助を基調とする政策転換であった。本格的に在宅福祉の整備と充実が課題になったのは，国際障害者年（1981年）以降である。

　国際障害者年は，これまでの障害者施策のあり方と障害者への意識の変革をもたらし，「住みなれた地域で主体的に生活すること」を新しい価値として浸透させた。知的障害者の自立生活を実現する基盤整備として登場したのがグループホーム事業（精神薄弱者地域生活援助事業：1989年）である。さらに，地域生活を具体化するものとして，1991（平成3）年までに在宅福祉の3本柱（ホームヘルプ事業，ショートステイ事業，デイサービス事業）が整備された。加えて，「障害者対策に関する新長期計画」「障害者プラン」が策定され，障害者福祉はノーマライゼーションを理念に掲げ，これまでの施設入所から地域生活へと，施策そのものが転換した。

（3）インフォーマルな支援活動の萌芽

　フォーマルかインフォーマルかといった活動主体の性格にかかわらず，戦後

の障害者支援の制度化・組織化は，障害当事者や親によって展開されてきた障害者運動と密接な関係にあった。その運動は，医療や社会福祉の専門家・市民・行政職員等が支えるかたちで発展し，同時に，圧倒的に乏しい公的制度資源を補完するように，当事者や家族，市民によって，暮らしを支え合う自発的な相互支援活動が萌芽する。特に，障害児や家族を支援する地域での活動の広がりは，「親の会」活動や運動の歴史とともにある。

　障害者の「親の会」の活動は，制度要求運動を通して戦後の障害者の公的施策に多大な影響を与えてきた。

　1952（昭和27）年，東京の 3 人の知的障害児の母親たちの呼びかけにより，精神薄弱児育成会（現・手をつなぐ親の会）が結成された。また，この頃，肢体不自由児の親たちによって各地で養護学校の設置要求運動が起こり，1961（昭和36）年には全国肢体不自由児父母の会が全国組織として結成された。これらの親の会は養護学校や施設の設置要求運動を前進させた。この時期には，多様な障害ごとに異なる親の会が結成されていた。その背景には，障害児のもつ固有のニーズに法律や行政が対応できず，親自身も日常生活上での固有の困りごとや問題意識を共有できる仲間の組織化が必要になっていたことがあった。言語障害児を持つ親の会，心臓病の子どもを守る会，日本筋ジストロフィー協会，先天性異常児父母の会，全国重症心身障害児を守る会，全国精神障害者家族会連合会，自閉症児親の会，全国腎炎・ネフローゼ児を守る会，等が結成され，さらに，それぞれの親の会の運動を効果的に展開するための連絡協議会として，1965（昭和40）年，全国心身障害児福祉協議会が全国社会福祉協議会内に設置された。[3]1960年代後半以降には，障害幼児を持つ親たちによって，各地に在宅障害幼児のグループが結成されていった。そこでは，自主保育や訓練会等の活動，療育指導の場を専門機関に要求する等の活動が展開されていった。このような親の会活動は，地域の中での子どもと家族の仲間づくり，活動に協働する一般市民の登場とともに，1970年代における通園施設や保育所等の制度的保障を実現する大きな推進力となっていった。

　一方，1950年代から1960年代にかけて，わが国では公害被害者としての障害

者問題がクローズアップされた。森永ヒ素ミルク中毒，水俣病，イタイイタイ病，四日市ぜんそく等の代表的な公害，さらに，スモン病やサリドマイド等の薬害，医療過誤等によって新たな障害児者が生み出された。被害者の父母の会や患者当事者・家族の会等が結成され，長期にわたる裁判闘争を余儀なくされた。患者や家族の悲痛な叫びは，メディアや社会を動かし，日本の社会保障の拡大へとつながっていった。そして，患者の在宅での暮らしを支える支援活動が，学生や市民によって展開されていった。

2　障害児と家族を取り巻く「古くて新しい」課題

（1）親への支援

　親による障害児殺しや無理心中事件は決して過去のものではなく，家族機能や地域構造の変化，認知症等による親の地域からの孤立の常態化等と相まって「親の死亡後に障害のある子どもが死亡する」といった事例が後を絶たない。児童福祉法や精神薄弱者福祉法の成立以降，社会は大きく変化したが，親は今もなお介護を余儀なくされている。

　知的障害児にとっての「親」は「制度」と同等の機能を担ってきた。本人の意思の代弁と日常生活上の細やかな支えがなければ，当たり前の生活が困難になる。障害者総合支援法等によって地域在宅生活の支援サービスが展開しつつあるが，親が置かれている位置は「負担を軽減しつつ，ケア提供者としての役割を強化するもの(4)」との指摘の通りであった。わが国の障害福祉政策は，一貫して，家族機能を「制度の含み資産」として位置づけてきた。しかし，昨今の社会福祉政策に謳われる耳当たりのよい理念が，家族介護の現実を見えにくくしている。

　西村愛は「オイルショック後の日本型福祉社会論が，家族介護を含み資産としたものの，家族の個人化・多様化により，1980年代には既に制度・政策を支える家族機能は破綻した。しかし，家族機能の破綻は，主に高齢者を介護する家族に対してであり，障害者の家族は障害をもつ子どもの介護・世話に対して

別の感情を持ち，意味づけを行っている[5]」と指摘する。この指摘は，わが子が障害児として生まれた際，母親として抱く「罪責感」「責任感」の裏返しとして「自分がケアしなければならない」と強く意識することに関連しており，その感情は，家族が愛情をもってケアを担うべきとする根強い社会規範によっても支えられている。

　福井公子は，障害児の母である自分自身について，「この国の福祉は，親が面倒を看ることが前提なのだ。…（中略）…力尽きたら入所施設しかないと思っている親は今でもたくさんいる。まるで，障害がある子を産んだ自己責任をとるかのようだ。私たち親は，どうしてそんなに貧しい福祉を許してきたのだろう。なぜ，親はモノ言わぬ人になってしまったのだろう。私はずっと考えてきた。そして『母』である前に『私』を取り戻すことが大切ではないかと思うようになった。…（中略）…子どものために，くよくよしてはいられないと自分自身にも言い聞かせる。泣くことも『なぜ私が』と問うことも許されてこなかった。いつの間にか『私』という主体をすっぽり置き去りにしてきたのかもしれない。『母』である前に『私』の尊厳を回復すること。それは，私が年齢を重ねてやっと気づいた親への支援である[6]」と述べている。

　障害者の権利に関する条約では，その前文で「障害のある人及びその家族の構成員が，障害のある人の権利の完全かつ平等な享有に家族が貢献することを可能とするために必要な保護及び援助を受けるべき」としている。「財政難」の大号令の下，家族扶養の義務と責任が再び強調されつつある。障害のある人が他の人と同じ権利を享受し，そのために必要な家族の支援を諸施策の中でどのように具現化するかが問われている。

　そのために必要なことは，一つに，本人に対して常に最良の支援をめざすことを当然とする，現場における支援力の担保である。家族は，障害児の生活が尊重されるサービスが提供されることで，はじめて本人の世話から心身ともに解放される。家族支援は本人支援の上に成り立っている[7]。二つに，本人に必要とされる（あるいは数少ない選択肢としての）支援の形態にかかわらず，ケアを担う家族を個人として認めた上で，家族の個人的・社会的ニーズに対応できる

仕組みの構築を図ることであろう。

　障害児の親となることで，親は他者にできない豊かな世界を経験する。そして，障害児とともに生きることで，強い絆でつながる家族も多い。親は，罪責感を抱える以前に，かけがえのない存在として障害児を意識している。

（2）本人への意思決定支援

　わが国では，障害者基本法の基本原則である「差別の禁止」を具体化する法律として，障害者差別解消法が2016（平成28）年4月から施行された。そこでは，障害者権利条約に基づき「障害に基づく差別とは，障害に基づくあらゆる区別，排除または制限」のことであり「あらゆる形態の差別（合理的配慮の否定を含む）を含む」としている。

　「合理的配慮」とは，障害のある人とない人との平等性を確保するにあたり，従来の「不作為の原則」だけでは不十分であり，社会生活の具体的場面で必要となる個々人の障害特性やニーズに対し，相手方の配慮がなければ実質的な平等は担保できないという具体的必要性に基づく概念である。そこでは，本人が，どのような配慮が必要かを相手方である雇用主，公共機関，事業者等に伝え，当事者である二者が，調整や変更に必要な諸条件を話し合い，折り合うための了解点を見つけ出していく。このような「合理的配慮」を獲得するには，本人や代弁者による「合理的配慮の要求」が必要となる。

　知的障害者に対する合理的配慮の形をイメージすることは，その障害特性ゆえにイメージ形成が難しい。全国手をつなぐ育成会連合会では，知的障害者の合理的配慮のイメージ形成のため，生活の各分野に対応する配慮の具体例を検討した。そして，知的障害者に対する情報保障等の合理的配慮の実現とあわせて，障害者への欠格条項の存在を取り上げ，法制度の障壁を撤廃する活動の必要を指摘している。さらに，連合会は，「合理的配慮の要求」を代弁する支援の必要を強調している。すなわち，知的障害者には，意思表明の困難さ，意思表明の機会の少なさ，自由や権利があることさえ認識していないこと，経験がなく意思表明ができないこと，自尊心の欠如から意思表明が困難なこと等とと

もに，権利行使をめぐるさまざまな障壁があり，「権利」を理解することの支援や，権利行使を後押しする支援が重要との指摘である[8]。

　一方，知的障害者としての権利の代弁は，主に家族によってなされてきた歴史がある。家族は，制度を補完しながら制度を要求する立場であり続けてきた。そして，知的障害者への社会福祉サービスが，主に家族の負担を軽減する目的で整備されてきた経緯があるように，家族が権利侵害・被害の当事者にならないためには，家族への支援と本人支援は表裏一体でとらえて検討される必要がある。すなわち，家族が抱える療育や介護負担の軽減の支援のみならず，親なき後の本人の生活のあり方や重要な意思決定のすべてを家族のみで背負い込まないための親支援の必要性である。

　ソーシャルワークは，利用者とその本人を取り巻く他者との関係，社会との関係との狭間で，利用者の主体性に働きかけながら支援する義務を負う。実践現場における「主体性を尊重し自己決定を促す」というテーマは，重度の知的障害者の意思決定や希望や願いを「どのように」思いはかり，代弁し，権利を擁護するのかという実践的課題を意味する。しかし，知的障害者を支援する際の本人の意思表明の困難さは，真に利用者本位の代弁がなされているか否かを確証する困難さに重なる。

　このように，家族だけではなくソーシャルワーカーも，知的障害者の「判断」に大きな影響を及ぼすことになるが，それは自己決定を揺るがすパターナリズムに要因することもあり，自己決定の尊重との間で常にジレンマを抱えてきた。さらに，自己決定の「自己」の範疇，すなわち，本人のみに限定されない「共決定」における当事者性（クライエント・システム）をどのようにとらえるかは，きわめて個別性が高い問題でもある。知的障害の人へのソーシャルワークでは，本人主体のソーシャルサポートネットワークの構築と，ネットワークにおける「共決定」による本人の「最善の利益」の探求とが求められる。言い換えれば，相談支援場面における「サービス利用への適応」だけでなく，家族との生活の歴史，地域近隣の人々との「つながり」といった「暮らし」にも関心を寄せ，本人にかかわる人びとによる豊かなネットワークの中で，本人の

「最善の利益」が探求されることが望まれる。

3　障害児支援における社会福祉・教育・医療保健の連携

（1）医療的ケアが必要な子どもが置かれてきた状況

　生活する中で「医療的ケア」が必要な子どもを「医療的ケア児」と呼んでいる。近年の新生児医療の発達をうけ，未熟児や先天的な疾病を抱えた子ども等，以前であれば出産直後に死亡していた乳幼児の生命が助かるようになり，それとともに，日常的にたんの吸引や経管栄養等の医療的ケアを必要とする「医療的ケア児」が増えている。

　医療的ケアとは，病院以外の場所で，家族や看護師，保育者等が，恒常的に子どもに「たんの吸引」「経管栄養」等を行う，生きる上で欠かせない医療的援助のことである。したがって，子どものあらゆるライフステージと環境において必要とされる保障といえよう。

　しかし，医療的ケア児を支援する社会資源は多くない。そのほとんどが保育所や幼稚園でも受け入れられていない。保育所における障害児の受け入れは進んでいるものの，待機児童が社会問題となっており，重度の障害児や医療的ケア児の受け入れは厳しい状況にある。また，未就学児の療育を目的とした「児童発達支援事業」にも，医療的ケア児が通所できる事業所は少なく，受け皿が存在していない状況である。

　教育の場面では，手厚い支援体制のはずの特別支援学校でさえ，保護者の介助が当たり前のことと了解されており，親の付添介護を前提に保護者の控室が校内に設けられているような状況がある。また，医師や看護師が同行するにもかかわらず，宿泊行事の際にも保護者の同行が強制される現実が報告されている。「医療的ケア児」の親は，社会的にも孤立しやすい状況に置かれながら，24時間365日のケアにあたっている現実がある。

　そもそも「医療的ケア児」は重度の障害児であるにもかかわらず，制度上の「重症心身障害児」とみなされてこなかった。重症心身障害児認定のために用

いられてきた「大島分類」基準では、「歩けない」で「知的に遅れている」ことが要件となっている。ところが、「歩ける」場合もあり、知的に「遅れもない」場合も多い「医療的ケア児」は、重症心身障害児と見なされてこなかった。いわゆる「制度の狭間」に長く置かれ、支援のための社会資源も広がらず、適切な支援が受けられない状況が続いてきた。

　このような問題の改善を求め、「医療的ケア児」や親が普通に暮らすための制度の充実を求める運動等により「障害者の日常生活及び社会生活を総合的に支援するための法律及び児童福祉法の一部を改正する法律」（平成28年法律第65号）で「医療的ケア児」の支援体制の整備が盛り込まれることとなった。

（2）医療的ケアが必要な子どもに対する支援の制度化

　「障害者の日常生活及び社会生活を総合的に支援するための法律及び児童福祉法の一部を改正する法律」により、児童福祉法に新たな内容が規定された（第56条の6第2項）。すなわち「地方公共団体は、人工呼吸器を装着している障害児その他の日常生活を営むために医療を要する状態にある障害児が、その心身の状況に応じた適切な保健、医療、福祉その他の各関連分野の支援を受けられるよう、保健、医療、福祉その他の各関連分野の支援を行う機関との連絡調整を行うための体制に関し、必要な措置を講ずるように努めなければならない」との規定である。それにともない、地方公共団体へ「医療的ケア児の支援に関する保健、医療、福祉、教育等の連携の一層の推進について」という医療を要する障害児の支援についての通達が出された。ここでは、地方公共団体に対し、人工呼吸器を装着している障害児、その他の日常生活を営むために医療を要する状態にある障害児が、その心身の状況に応じた適切な保健、医療、福祉その他の各関連分野の支援を受けられるよう、それらの支援を行う機関との連絡調整を行う体制整備に関し、必要な措置を講ずるよう努めなければならないとされている。

　その背景には、前述のように、近年の医療技術の進歩等によって、NICU等に長期間入院して退院後も、引き続き人工呼吸器や胃ろう等を使用し、たんの

吸引や経管栄養等の医療的ケアが必要な障害児（医療的ケア児）の増加がある。このような「医療的ケア児」が在宅生活を継続しようとする時，保健，医療，福祉だけでなく保育，教育等における支援の充実が重要であり，当事者およびその保護者等が安心して必要な支援を受けるには，関係行政機関や関係する事業所等が緊密に連携して対応することが求められている。

（3）社会福祉・教育・医療保健の連携

　前述した「医療的ケア児の支援に関する保健，医療，福祉，教育等の連携の一層の推進について」の通達は，社会福祉・教育・医療保健の連携のあり方についても具体的に言及している。まず，保健・医療・社会福祉・労働等の関係機関と連携を図りつつ，「医療的ケア児」を含む障害がある児童生徒等に対して，乳幼児期から学校卒業後までの一貫した教育相談体制の整備の必要と，専門家による巡回指導や関係者に対する研修の実施等，市町村による教育相談支援体制の構築の支援を要請している。また，「医療的ケア児」が学校で，安全かつ安心して学ぶことができるよう，医療的ケアを実施する看護師等の配置または活用を計画的に進めるとともに，看護師等を中心に教員等が連携協力して医療的ケアに対応する等の体制整備に努めるよう求めている。

　関係機関等の連携に向けた施策としては，「医療的ケア児」とその家族を地域で支えるため，「医療的ケア児」の支援にかかわる保健，医療，社会福祉，教育等の行政機関や事業所等の担当者が一堂に会し，地域の課題や対応策について継続的に意見交換し，情報共有を図るための定期的協議の場の設置を求めている。そして，協議の場には，自立支援協議会，医療的ケア運営協議会，慢性疾病児童等地域支援協議会，子ども・子育て会議等の既存の会議の枠組みを活用することを提案し，都道府県単位の設置・開催だけではなく，二次医療圏や障害保健福祉圏域，市町村単位での設置・開催等，地域の実情に応じて検討することを求めている。

　さらに，個々の「医療的ケア児」に対する社会福祉や医療等の関係分野に関して一定の知識を有した者による「暮らしの設計」を手助けできる調整者の必

要性について言及し，地方公共団体等において重症心身障害児・者のほか「医療的ケア児」の「支援をコーディネートする者」の育成を要請していることは特筆すべき点である。「医療的ケア児」の支援については，早くから先駆的な取り組みを行っている自治体がある。今後，懸念される問題として自治体間格差がある。たとえば，他県の学校に転校する際，学校の受け入れに大きな混乱が生じないよう，自治体間における制度整備の平準化と整合性も課題の一つとなる。

4　「親なき後」の支援

（1）連綿と続いている「親なき後」の不安

　人の尊厳を支援の中で具現化することが求められている今日，「生命をつなぐ」だけでなく「その人らしさ」という生活の質的課題への要求が高まっている。しかし，制度に人間の生活を当て込む伝統的な政策スタイルは一向に転換しない。第 2 節で述べたように，障害者総合支援法等によって地域在宅生活の支援サービスが展開されつつも，そこでは「親の負担を軽減しつつ，ケア提供者としての役割を強化するもの」[11]との指摘の通り，知的障害者の親は「制度の含み資産」であり続けている。

　1965（昭和40）年に開催された精神薄弱児育成会の「精神薄弱者全国大会」宣言では「親なき後の保障」がテーマに掲げられ，親たちが期待する施設の役割は，自活能力を養うための一時入所でなく「終生保護」にあることが表明された。また，翌年の厚生省（当時）『国立心身障害者コロニー設置計画』（1966〔昭和41〕年）では，コロニーの役割として「終生居住」が謳われた。育成会をはじめとする親の会も，障害者を親の負担になる存在としてとらえ，親の負担軽減のためには入所施設が必要だとする立場を取ってきた。「親なき後」の不安は，生活の場を大規模入所施設に求めた施設要求運動の時代から，ノーマライゼーション思想を背景とした地域福祉への転換が強調される現在に至るまで，連綿として解消しない課題である。

（2）「親なき後」の不安と障害者施策

1）在宅福祉政策転換期

本格的に在宅福祉の整備と充実が課題となったのは，国際障害者年（1981年）以降である。日本精神薄弱者福祉連盟（当時）は「精神薄弱者に関する長期行動計画（提言）」において，知的障害者の育成の場は施設を包含した地域社会であることに留意すべきと提言した。国際障害者年は，これまでの障害者施策のあり方と障害者への意識の変革をもたらし，「住みなれた地域で主体的に生活すること」を新しい価値として浸透させた。

それに乗じて，国は在宅福祉政策に重点を移行させていくが，そこではオイルショック後の社会福祉予算削減を反映させることになる。同時期に，生活保護制度における受給抑制が始まり，老人医療費無料化の廃止，障害者領域では施設利用に費用徴収を開始する等，大規模な社会福祉予算の削減によって，障害者と家族は新たな負担を強いられることになった。在宅福祉の充実が叫ばれても基盤整備は進展せず，障害者の親がわが子の世話を家庭内で抱え込まざるを得ない状況は依然として続いた。その結果，これまでの「親なき後は施設で」という施設への期待は変わることがなかった。[12]

2）地域生活支援移行期

知的障害者の自立生活の実現に向けた基盤整備として制度化したのが「グループホーム事業」（精神薄弱者地域生活援助事業，1989年）である。グループホームとは，「利用者主体」の視点に立ち，誰かに管理・コントロールされる生活でなく，自己を自律的にコントロールしながら主体的に暮らす場所として期待された。[13] さらに，地域生活を具体化するものとして，1991（平成3）年までに在宅福祉の3本柱（ホームヘルプ事業，ショートステイ事業，デイサービス事業）が整備された。加えて「障害者対策に関する新長期計画」「障害者プラン」が策定され，障害者福祉はノーマライゼーションを理念として掲げ，これまでの施設入所から地域生活へと，施策そのものが転換していった。このような流れとともにグループホームが急増していった。

しかし，障害者の地域生活をめぐって社会全体の考え方が転換しつつあって

も，なお，知的障害児の親の不安は解消せず，この時期の施設入所者数は増加を続けている[14]。その原因は，グループホームの絶対数の不足のみならず，グループホーム運営に対する運営補助費の地域格差とともに，それが利用者負担に直接的に反映される仕組みによるところが大きい。グループホームは知的障害者の地域生活に多大な可能性をもたらしたが，誰の手にも届く安定的な社会資源にはなり得ていなかった。

3）障害者自立支援法以降

1989（平成元）年に生まれたグループホームは，知的障害者と家族に大きな希望を与え，不完全ながらも現場での試行錯誤を通して変化，熟成し，知的障害者支援に浸透し，「地域生活」という提案を示し続けてきた。しかし，社会福祉基礎構造改革を受けて始まる一連の制度改正は，多様なサービス主体の参入と住民参加，公平で公正な利用者負担方式の実現をめざすことで，利用者と家族に新たな負担を強いることになった。各地のグループホームが試行錯誤の過程で積み重ねてきた実践は，改革に翻弄され，障害当事者や家族が求めていた暮らしを遠ざける結果を招いていった。具体的には，入居者が利用料を負担できず，グループホームを退所して自宅や入所施設に戻る事例，施設に戻れず，介護力の乏しい高齢の親元に戻らざるを得ない事例が後を絶たなかった。また，施設を退所して自宅に戻ったものの，施設で提供されていた「24時間365日継続する常時の世話」は在宅の制度サービスには設定されておらず，多くの「世話」が親や本人の自助努力に委ねられるため，途端に生活が立ち行かなくなる事例が多くある。親による障害児殺しや無理心中事件は過去のものでなく，障害者自立支援法以降も数多く報告されている[15]。

2011（平成23）年度の障害者自立支援法の改正以降，グループホーム利用の際の家賃負担助成や，サービス利用料負担の定率負担から応能負担への変更等，制度上に多少の改善は見られたが，障害者施策全般を通してみれば，家族は依然として「制度の含み資産」と位置づけられ，「親なき後」の課題は解決していない。

（3）親の「願い」に重なる「漠然とした不安」

　「親なき後」の「不安」は，その後のわが子の暮らしへの「親の願い」と表裏である。そして，「親の願い」とは，「親なき後の居場所」という具体的なものも含むが，親が抱える「親なき後」の「漠然とした不安」に重なる。

　厚生労働省の調査によれば，日常生活で家族等の支援を「毎日受けている」障害者の割合が，身体障害では21.3％，精神障害では22.5％，知的障害では43.7％であった。知的障害が他の障害の2倍に達する一方で，「支援を受けていない」障害者の割合は，身体障害では37.3％，精神障害では28.7％，知的障害では17.9％であり，知的障害者がいかに日常生活を親に依存しているかがわかる。[16]

　知的障害者の親が「制度」として機能している間は，差し迫った問題は生じないが，その「制度」が途絶えた途端，本人を取り巻く状況は一変する。ことばの伝達が不自由であったり，こだわりが強く自身の思いをうまく伝えられない本人に，幼い時から触れ合い，目を配り配慮してきた家族の何気ない工夫の中にある暮らしのヒント，かかわりのヒントを誰が誰に引き継いでいくのか，親が育んだ地域近隣との関係を，誰が見守り，つないでいくか等の問題が差し迫る。その事態に対して，本人の周辺に残された者たちの多くが無力である。「親なき後」の「漠然とした不安」とは，「今は安心とともにある本人らしい暮らしが途絶えてしまうことへの不安」である。

（4）「親なき後」の支援とソーシャルワークの課題

　「親なき後」の「漠然とした不安」は，相談内容に具体性を求める昨今の相談窓口においては対応外と見なされるだろうし，サービス提供という結果主義的支援方法では解決しない。社会や制度，支援者までもが「知的障害者は親がかり」であることを当然視し，親を制度や支援を補完する存在として容認してきた。その結果，支援者は，本人の不適応の程度や日中活動先での本人の様子を熟知しているものの「どんな子どもだったのか」「近所での様子」「挨拶を交わしている人」「声をかけてくれる人」「何気なく見守ってくれている人」「親

が頼りにしている近所の相談相手」といった，地域での家族の暮らしの重要な事実やその歴史に関心を寄せることがあまりに少なかった。

　やがて親は役割を果たせなくなる。親に代わってその役割を担う人や，その仕組みがあれば，安心をもたらすことができる。また，地域とのかかわりが希薄で孤立しがちな人は，身近な地域に理解者がいることで，孤立せず地域での生活を送ることができる。親が元気なうちから，障害者本人をよく知る人たちによって日常生活の見守りや生活支援が継続して提供され，安心して地域で暮らせるための仕組みづくりが必要となろう。すなわち，今はまだ差し迫って支援を必要としないが，将来のため，障害者とその家族の歴史・思いや願いを受けとめ，つなげる支援である。[17]「親なき後」に新たな支援が必要となる時，スムーズに支援がつながり，孤立することなく安心して暮らしが送れるよう，その人にとってのテーラーメイドの見守りの仕組みが地域に必要である。

ま　と　め

　「障害者の権利」を保障するという思想の下で諸制度の改革が進められ，それに伴って支援のあり方も大きな転換期を迎えている。障害者支援の制度も，社会福祉基礎構造改革で大きく転換し，規制緩和と市場化によって，制度サービスや支援についての価値そのものが変容した。

　ほんの40年前，当たり前に学校に通うことも困難であった時代に，教育も養育も暮らしも自らで支えながら，仲間と必死につながり合い，障害に対する地域社会の理解と制度獲得に立ち上がった親たちがいた。その親たちの共通の願いは「地域で安心できる普通の暮らし」の実現であった。「普通の暮らし」とは「冷たい関心ではなく，あたたかい無関心」[18]が内包された制度や地域社会の実現にこそもたらされるものであろう。そのような思いに支えられ，突き動かされ，生きてきた親たちは，近年の障害児を取り巻く商品化されたサービスの乱立と，やむを得ずではあってもそれを「消費」するという構造に，少なからずジレンマを感じているだろう。

いかに優れた制度でも，テーラーメイドを実現する仕組みではない。大切に作り上げていかなければならないことは，個々人にとっての「普通の暮らし」を丁寧に整え，実現させていくこと，そのために当事者・親・支援者・地域住民・行政がつながり，協働し，それぞれの地域で創造的な実践を展開することであろう。

注
(1) 厚生省児童家庭局長通知「児童福祉法による保育所への入所の措置基準について」(昭和36年2月20日発児第129号)。
(2) 渡邉健治・宮﨑英憲監修『戦後日本の特別支援教育と世相』ジアーズ教育新社，2014年，149頁。
(3) 大野智也『障害者は，いま』岩波新書，1988年，59頁。
(4) 鶴野隆浩「『家族での暮らし』と『家族からの自立』の支援——知的障害児・者家族福祉の視点」『介護福祉学』7(1)，日本介護福祉学会，2000年，73頁。
(5) 西村愛「『親なき後』の問題を再考する」『保健福祉学研究』5，東北文化学園大学，2007年，77頁。
(6) 福井公子「『母』である前に『私』を取り戻す」『ノーマライゼーション』日本障害者リハビリテーション協会，2016年，16頁。
(7) 曽根直樹「障害者の家族支援の現状と課題」『ノーマライゼーション』日本障害者リハビリテーション協会，2016年，12頁。
(8) 全国手をつなぐ育成会連合会「『知的障害のある人の合理的配慮』検討協議会報告書」2015年。
(9) 全国医療的ケア児者支援協議会ホームページ (http://iryou-care.jp/about/，2016年6月19日アクセス)。
(10) なかよくホームページ (http://www.nakayoku.org/nakayoku，2016年6月19日アクセス)。
(11) 鶴野隆浩，前掲論文，73頁。
(12) 藤島岳・天野マキほか「〈研究資料〉精神薄弱者の家族と施設：精神薄弱者施設入所者家族調査をもとにして」『東洋大学児童相談研究』11，東洋大学，1992年，49-65頁。
(13) 中澤健『グループホームからの出発』中央法規出版，1997年，25頁。
(14) 新・社会福祉学習双書編集委員会編『障害者福祉論Ⅱ』全国社会福祉協議会，1997年，14頁。

⒂　杉野昭博（障害学会第9回神戸大会：2012年）によれば，1991年から2012年5月
　　までに報告された親（親族）による障害児殺し事件数の合計は126件（きょうだい
　　が被害にあった3件が含まれるため，被害者は129人である）であった。1991～
　　1994年にかけての親による殺人事件の年間平均事件数は2件，1995年にその3倍の
　　6件が発生し，それ以降は平均5件で推移したが，2004年には9件，2006年には16
　　件と急増している。
⒃　厚生労働省社会・援護局障害保健福祉部『平成23年　生活のしづらさなどに関す
　　る調査（全国在宅障害児・者等実態調査結果）』2013年。
⒄　「横浜市障害者後見的支援制度——障害のある人が地域で安心して暮らすために」
　　（http://www.yokohamashakyo.jp/siencenter/koukensien/index.html，2016年6
　　月22日アクセス）。
⒅　八木澤恵奈「私たちの願う普通の暮らしへ」『ノーマライゼーション』日本障害
　　者リハビリテーション協会，2016年2月，26-27頁。

参考文献

浅井浩『日本の障害児（者）の教育と福祉——古くて新しい課題』田研出版，2012年。
大野智也『障害者は，いま』岩波新書，1988年。
かながわ福祉サービス振興会『いのちが育まれるとき——障害のある子どもと歩みつ
　　づけるために』2009年。
川向雅弘「『親亡き後』の障害者の生活支援に関する考察——横浜市障害者後見的支
　　援制度を手がかりに」『聖隷クリストファー大学社会福祉学部紀要』13，2015年，
　　34-46頁。
厚生労働省，内閣府，文部科学省通知『医療的ケア児の支援に関する保健，医療，福
　　祉，教育等の連携の一層の推進について』（平成28年6月3日医政発0603第3号他）。
全国医療的ケア児者支援協議会ホームページ（http://iryou-care.jp/about/，2016年
　　6月24日アクセス）。
中野敏子編著『戦後障害者福祉における「相談支援」の形成過程研究——実践の継承
　　と転換に焦点をあてて』高菅出版，2016年。
中村満紀男・荒川智編著『障害児教育の歴史』明石書店，2010年。
横浜市在宅障害者援護協会『お元気ですか・ざいえんきょうインデックス』2004年。
渡邉健治・宮﨑英憲監修『戦後日本の特別支援教育と世相』ジアーズ教育新社，2014
　　年。

<table>
<tr><td>第 13 章</td><td>子どもと家庭に関する現代的課題と
社会福祉③——ひとり親家庭</td></tr>
</table>

はじめに

　わが国におけるひとり親家庭の支援は，長らく母子家庭を中心に展開されてきた。これは，現行の社会福祉制度が整備された第2次世界大戦後，戦争で夫や庇護を得られる家族を失った母親たちが経済的困窮に陥った結果，その母親と一緒にいる子どもの生活が脅かされることが多く見られたことや，戦後の社会的混乱の中で結婚の継続や結婚が困難となった結果，ひとり親状態で子育てをする状況に置かれた母子が増加したこと等に起因している。

　むろん，当時から父子家庭の問題もなかったわけではない。しかし，同大戦以前の旧民法による家制度のシステムが残存する社会にあって，父子家庭の場合，父親の定位家族に吸収することで子どもの養育を支援したり，社会が子連れの男性の再婚に寛容であったりしたため，単独の父子家庭がそれほど多くなかったことが一因と考えられる。

　さらに，その後の高度経済成長時代を経た社会では，徐々に離婚が増加し，子どもの養育を母親が担う場合が多いにもかかわらず，その子どもの父親が養育費を支払わない等により，母子家庭の方が経済的問題，子どもの養育困難に陥る傾向にあったことも主要な要因と思われる。

　しかし，21世紀に入って，徐々に父子家庭が増加し，父子家庭の経済的困窮が母子家庭と変わらず深刻であることなどが明らかになり，父子家庭への支援の充実が求められるようになった。母子及び寡婦福祉法が，母子及び父子並びに寡婦福祉法へと改正されたことも，こうした背景による。

　本章では，子どもを主体としたひとり親家庭支援を基本に，今日のひとり親

家庭支援を概観したい。さらには，ひとり親に，外国籍など脆弱な家庭基盤を重ねている家族の子育ち・子育て，その家族の課題について現状を概観し，課題を提起してみたい。

1　ひとり親家庭と社会福祉の対応

（1）ひとり親家庭支援と児童福祉法

　ひとり親家庭をめぐる昨今の議論は，母子生活支援施設への入所が利用契約制度となり，支援の主体が母親であるかのような錯覚を生む名称でもあることから，母子生活支援施設は，母子及び父子並びに寡婦福祉法に位置づけるべきとの主張も散見される。しかし，そこには危惧すべき課題も横たわっている。1946（昭和21）年，わが国の児童福祉法が「すべての児童」を対象とする社会福祉の領域法として整備された際，子ども支援の普遍性，全体性について世界的に高い評価を得た経緯がある。現在では，世界的に見ても，対象や領域によって法律を細分化せず，包括的支援を志向する傾向は珍しくないが，第2次世界大戦の終戦間もない社会で，普遍性や全体性を視野に入れた領域法の整備は先進的であった。

　その根幹に置かれたのは，子どもの人権の擁護を基礎とした欧米を中心とした児童観[4]に基づく子どもの健全育成の保障である。その際，子どもの生きづらさを引き起こす要因として，具体的に「保育に欠ける」「子どもの障害」「社会的養護の必要性」等が提起された。さらに「社会的養護」としての支援は，「要養護状態」を家庭状況によって「親や保護者による養育困難（＝子どものみの支援）」および「ひとり親状況での養育困難（子どもとその子を養育する親への支援）」に大別して構想することとなった。

　そこには，親や保護者の生活状況の影響を受け，時に家族からも権利侵害を受ける子どもの状況を憂慮した児童福祉関係者の優れた・揺るがざる子どもの権利擁護を第一義とした政策立案の姿勢がうかがわれる。その立法から半世紀以上が経過した今日，制度設計の本来の視点が薄れ，社会福祉制度全体の改革

の中で，ひとり親家庭支援のサービス利用において子どもの主体性が見失われかねない議論が展開されている点は憂慮すべきといえる。

　昨今の「子どもの貧困」と呼称される子どもを取り巻く環境やこれに関連する社会的資源の乏しさが，子どもの安寧（以下，ウェルビーイング〔Well-being〕）に及ぼす影響を危惧する動きを受け，原点回帰の様相を見せている。長らく母子生活支援施設の実践に関わってきた宮下慧子は「従来母子生活支援施設が児童福祉施設として実践してきた子どもの支援を再度その使命として確認すべき[(5)]」と指摘する。

（2）これまでのひとり親支援の基調

　これまで，ひとり親支援，特に，施設支援は母子家庭を対象に展開され，在宅支援では母子家庭・父子家庭をあわせたひとり親支援として展開されてきたが，母子家庭への支援が主流を占めてきた。かつて，施設支援に父子家庭を対象とした入所サービスがなかったわけでないが，現状では父子家庭を対象とした入所施設はない。

　その背景には，従来のひとり親家庭の支援ニーズについて，母子家庭と父子家庭ではその性格を異にするとの理解があった経緯がある。父子家庭が主として抱え込むとされたのが，家事や育児といったインフォーマル・ネットワークでもフォローしやすい課題であった。一方，母子家庭が抱え込みやすい課題は経済的困窮で，これが要因となって貧困に陥るものが多かった。そのため，母子家庭は住居提供を含む社会的「保護」レベルの支援を必要としてきた経緯がある。

　また，わが国では，新民法のもとで家制度が廃止されたものの，その後も，家の跡取りに関する思いが残り，離婚の際，跡取りとなる子ども（男子）は婚家に残し，女性（母）だけ，あるいは，女児を連れて「家」を出ることが求められた。さらに，跡取りを産むことが困難な女性が「家」の事情で離婚の対象となることも少なくなかった。こうした環境の下で，子どもが母親とともに家庭を失うことにもなった。

さらに，「家」つまりは定位家族の生活費を得るため売春等の犠牲を強いられた女性が望まない妊娠をしたり，売買春や性産業の事業者，時に子どもの父に過剰な借金を背負わされたり，医療機関の適切な利用もできないまま，健康を害したり，その生活の困難を拡大する状況に陥ったりもした。このような場合，定位家族や子の父となる男性が女性に期待することは「稼ぐこと」であり，これが妊娠などによって困難となった場合，夫婦，あるいは子どもの両親としてのパートナーシップが破綻する場合も散見される。本来であれば，子どもの養育に共に責任をもったり，周産期にある母親の健康維持に協力してくれるはずの，子どもの父や定位家族の協力もないまま，「ひとり」で子育てをせざるを得ない状況となり，母子家庭となる場合もある。このように母親（女性）が置かれてきた社会的抑圧の構造の中で，その母親と暮らしを共にする子どもの自立も難しくなり，さらには貧困に巻き込まれ，社会的養護を必要としてきたのである。そのため，これまでのひとり親支援は，子どもとその子どもを養育する母親（母子家庭）への支援を中心としてきた経緯がある。

（3）ひとり親支援の今日的ニーズ

　近年のひとり親支援は，前述したように，母子家庭に加え父子家庭の支援も視野に入れられる傾向にある。この背景には，旧来の家制度の廃止が実態化したことに加え，諸制度の改正によって家族観が変化し，家庭内での男女の役割が変化してきたこと，雇用の規制緩和によって男性優先の就労形態も変化したこと等の環境的要因が挙げられる。

　核家族化の進行とともに，定位家族は，子どもが未婚の間は養育を継続しても，一度その子どもが結婚家族を築くと，仮にその子どもが離婚しても，住宅事情もあって子どもの家族を吸収する傾向がある。また，核家族化は家族の小規模化を意味し，家族のおおらかな包括性を減退させる側面もある。子どもに障害等がある場合，これまでは大家族が包み込むように養育してきた，しかし，現代の小規模化した核家族の中では家族の構成員一人ひとりの生き方が他の家族に及ぼす影響も少なくない。

　親はより複雑な生活環境を創出しそうな障害児の結婚を期待しない傾向も見られる。ましてや，その子どもが未婚で自身の子を得た場合，「問題」の大きさ・深刻さのため，家族としての縁を切る事態も生じている。⁽⁷⁾したがって，男女を問わず，子どもが何らかの理由でひとり親状態になった場合，久しく支配的であった家制度は，支配的である一方で，その規模の大きさや機能の多様性を活かし，親子を包み込むような支えの形をとってきた。しかし，核家族化した近年の定位家族には同様の機能は期待しにくい実態がある。

　近年の家族の形態を「友愛型」と呼び，親子が友達のように仲の良い関係にあることを特徴とするが，養育や扶養，介護といった負荷のかかる家族関係は回避する傾向にある。孤立状態にある家族が長期にわたり，未婚の子どもを家族の中に抱え込み依存的家族関係となる場合も少なからず見受けられるが，一度，成人し独立した子どもがひとり親となった場合，再度，その家族を吸収し支援することは定位家族にとって負担となり，積極的に支援できない場合が多くなる。特に，介護問題や格差社会が議論となる現在，支援を必要とするひとり親の場合も，その定位家族が何らかの課題を抱え込んでいる事態も少なくない。そのため，ひとり親家庭への支援は，結果としてフォーマル・ネットワークによる働きかけが不可欠とならざるを得ない状況にある。

　さらに加えて，昨今の母子家庭を中心とするひとり親家庭が，ひとり親化する経緯にドメスティック・バイオレンス（以下，DV）が介在するケースも多く，加害者側からの暴力や追跡等の危機への対応は，家族に代表されるインフォーマル・ネットワークの知識や力量だけで対応困難な事態が生じている。これまでの場合，多額の借金や売買春等のような家族での対応が困難なケースでも，ソーシャルワーカーが介在することで社会的資源等を活用し解決可能なこともあった。しかし，昨今のドメスティック・バイオレンスの場合，加害者側に子どもを人質に取られたりする状況や暴力衝動が強まった場合，対応を一歩間違えれば被害者側が命の危機にさらされることもあり，インフォーマル・ネットワークレベルでの対応も難しくなっている。

　昨今の社会福祉政策には，保育や介護などいったん社会化した家族機能を，

219

再度家族へ回帰するような傾向が見られる。しかし，これまでその課題を自己責任かのようにとらえられてきた結果，家族の問題への支援は，どこか施策・サービスともに空洞化している。これまで述べてきたように，現代の家族はただ規模を小さくする（核家族化）だけでなく，貧困・DV，さらには児童虐待等さまざまな要支援課題を抱えるようになってきている。そこでは，家族としての知恵や家族の世話をする方途自体が脆弱になっており，大人ひとり（一人，独人，単人）であるひとり親家庭においては，その子どもの産み育てや家族内での問題解決機能が課題を抱えやすかったり，一旦課題を抱えた場合，その課題を複雑化・困難化することとなる。このように概観すると，現在，ひとり親支援の特性は以下のように整理できよう。

① 単身の親の子育てにはジェンダーの課題等の困難性と多様性が内包することへの対応
② ドメスティック・バイオレンス等の介入困難ケースの課題が深刻化することへの対応
③ インフォーマル・ネットワークの脆弱化を代替する地域支援機能の開発
④ 子ども主体の支援の再確認（原点回帰）
⑤ 子どもとその家族の自立（律）を支えるファミリーソーシャルワークの実証的理論化

つまり，ひとり親支援は，そのソーシャルワークの機能を充実するとともに，子どもとその家族を同時に支援しうるファミリーソーシャルワークへとさらなる展開が望まれている。

2　ひとり親家庭への施設による支援

（1）施設支援の展開

　繰り返しになるが，ひとり親家庭への施設支援は，これまで母子家庭を中心に展開されてきた。その母子家庭への支援も，貧困問題やインフォーマル・ネットワークの脆弱さが顕在することで，入所支援が子どもの成人まで必要となり長期化する傾向があった。このような状況と相まって，子どもをめぐる生育環境は施設よりも地域が望ましいとする検討が重ねられ，施設支援のあり方として保護的なものよりも，家族が地域で自立生活を促す自立支援が志向されるようになった。施設名も「母子寮」という名称から「母子生活支援施設」に変わり，その機能や役割が詳しく読み取れるものとなった。

　さらにサービス利用児・者の主体性を尊重する意味から，これまでの行政権限の強い措置から，利用契約制度へと移行することとなった。あわせて，自立支援に一定のスパンを持つべきとの観点から，概ね3年の利用期間が提示されるようになった。一部に「3年以内に自立できるよう支援しなければならない」との誤解も生じているようであるが，あくまでも支援に区切りをつけるための目安にすぎない。[9]一方で，長期にわたる支援はその過程の経緯が不明瞭であったり，介入の根拠の可視化が不十分であったりするだけでなく，主体である母子も自分たちの暮らしに目安を設定しにくいとの評価もあり，この3年というスパンが自立支援計画を母子とともに策定する際の目安になった。

　しかし，一部には措置制度から利用契約制度に移行したことで，契約期間を賃貸住宅の2年契約を例にとり2年とする向きがないわけではないが，同じ契約制度である介護保険に利用期間（契約期間）の制限はない。また，仮に契約に期間設定がある場合でも，評価（エバリュエーション）の結果，課題解決に至らない場合，支援に関する契約を更新すれば良いだけのことである。このような現状は，制度変更が落ち着くまでの混乱と見ることもできるが，一部には「社会的資源・財源の公平性」を論拠に，家族が数年にわたり高額な経費を必

要とする施設サービスを独占することに批判的な主張も見られる。

　特に，一度は利用がなくなった父子家庭の施設サービスについて，現状の母子を対象としたハードやサービスをどのように父子家庭向けに展開していくかという点において多様な課題が浮上する。多機能化する母子生活支援施設の在宅・通所型のサービス機能を活用して父子家庭への支援を考慮した場合，ドメスティック・バイオレンスの加害・被害関係を形成しやすい男女が同じ建屋を活用するには，支援側の十分な配慮とリスクマネジメントが求められよう。

（2）母子生活支援施設等での家族支援──ファミリーソーシャルワークの視点から

　母子生活支援施設では，子どもの支援をする保育士と少年指導員，母親の支援をする母子相談員，心理的課題に対応する心理相談員らがチームとなって子どもとその家族を支えている。さらに，基幹的立場の職員がスタッフ全体のとりまとめをし，家族の自立支援が計画される。

　この際，家族にとって施設利用のメリットとなるものは，個別対応は困難であっても，一人ひとりの子ども，そして，母親に代弁者や支持者としてソーシャルワーカーが介在し，家族が抱える課題や自立に向け多様な視点からの働きかけが得られることであろう。しかし，実際には，支援の対象となる人数（入所者数）が多い分だけ職員側として個々に介入する難しさに直面することも少なくない。また母子生活支援施設の利用が，従来の措置制度ではなく利用契約制度となった今日，契約主体は母親となりがちで，時には支援課題の解決が不十分なまま就労や居宅の確保が可能となった段階で地域への移行となるケースも少なくない。

　また，そこには，久しく実践課題となっている子どものウェルビーイングの保障と母親の自律支援（女性性の支援）という時に両立困難な課題が存在し，支援側がどちらにウエイトを置くかの判断を混乱させる要因にもなっている。加えて，父子家庭の父親（男性性）の支援だけでなく，LGBTQ[10]の課題のように，多様化する親の性性の選択や結婚の形の多様化もあり，一段と柔軟に対応することが求められる。男女の「親」の人としての性性の支援には，さらなる

検証・理論化が急務といえよう。

　また，社会的養護は子どもを支援の主体としてとらえ，子どものウェルビーイングを支援の視座とすることが肝要になる。しかし，利用契約制度になった母子生活支援施設では，母親である女性の社会的自立が支援の終結要件となりがちで，子どもへの虐待や就学の問題が未解決であっても，子どもは支援の網にかからず，インフォーマルネットワークに委ねられがちになる実態がある。

　DVからの避難ケース等に代表されるが，家族の安全確保の視点から，個々の家族員に内在する課題の改善・解決を図る上で慎重かつ時間をかけた支援の必要性が共有されるケースもあるが，多くの場合，母親の自立優先で子どもの課題は脇に置かれるような状況がある。支援期間の長期化を危惧する制度と，子どもが制度枠組みの脇に置かれがちな課題が現在の母子生活支援施設に横たわっている。このような実態が母子生活支援施設の本来の機能である子どもの権利擁護を基盤とする支援の機能低下をもたらし，施設が存在する意義や意味についての社会的容認を得にくくする要因ともなっている。

　児童福祉が子ども家庭福祉と呼称を変化させた経緯には，子どもだけではなく家族・家庭への介入の必要を提起する企図があった。しかも，前述のように本領域におけるこれまでの取り組みでは，家族・家庭への支援をファミリーソーシャルワークとして蓄積してきた事例は多くなく，しかも，そのような実践現場は母子生活支援施設に限られてきた。母子生活支援施設は，そこで蓄積してきた実践知を，母子家庭だけではなく父子家庭やその他の子育ち・子育てに困難を抱える家族・家庭への支援にも反映させる臨床的貢献が期待される。

3　ひとり親家庭への支援の実際──在宅支援

（1）母子家庭への支援

　2014（平成26）年3月の厚生労働省資料[12]によれば，わが国における母子家庭の平均年収は223万円であるが，そのうち就労収入は181万円となっている。全世帯の平均年収の半額程度，子育てをしている世帯との比較では3割程度と低

所得である傾向にこれまでとの変化はない。母子家庭の母親の約8割が就労しているものの常勤雇用はそのうち半数にとどまり，全体の6割が無職もしくは臨時・パート雇用である。さらに，子どもの父親からの養育費の支払いにも課題があり，母子世帯の多くが経済的課題を抱え，在宅支援も各種現金給付や低利の貸し付けが主要な支援となっている。

　在宅支援では父子家庭と比較して母子家庭の自立支援には厚みがあり，各種の就労支援も展開されている。特に，2002（平成14）年に母子及び寡婦福祉法，児童扶養手当法等が改正され，母子家庭の自立をめざし「就業・自立に向けた総合的な支援」が地方公共団体単位で整備されるようになった。それは「子育てと生活支援」「就業支援」「養育費の確保」「経済的支援」の4項目を柱として展開され，多くは父子家庭も対象となる。しかし，母子家庭への，特に就労支援に向けた給付や貸し付け，訓練は厚みのある内容となっている。

　とりわけ「在宅就業支援事業」は母親が在宅のまま就業することをめざし，子どもの養育と就労の両立が可能な就労を実現するため「安心子ども基金」等を活用して事業展開の継続・拡大が図られている。官公庁をはじめ民間企業への雇用を開拓しているが，子育ては，予測のつかない子どもの傷病等により在宅就業であっても「欠勤」が続くこともしばしばである。したがって，仕事の仕方について雇い主の信用を取り付け，実績を上げるには，支援の中に就労特性に応じたマネジメント機能を整備することも必要と思われる。

　その他にも，社会問題の一つとして保育所の待機児問題があり，ひとり親家庭においても久しく深刻な課題となってきた。母子家庭に対する「就業・自立に向けた総合的な支援」でも保育所の優先入所は重要な課題とされているものの，それぞれの自治体の事情もあり，必ずしも「優先」が担保されているわけではない。やむを得ず無認可の保育所を利用し，得た収入の大半が保育所経費に消えてしまう母子家庭も多い。働かなくては食べていけない，しかし，働くために子どもを保育所に預けることが生活を圧迫する等，多くの母子家庭は経済的な負のスパイラルに陥りがちである。社会的関心を集めている「子どもの貧困」も，このような親や保護者の経済的事情が生む「問題」ともいえよう。

（2）父子家庭への支援

　前述したが，これまでのひとり親支援は母子家庭への働きかけが主流であり，父子家庭への支援は必ずしも十分なものとなっていない。加えて，徐々に制度整備が進んでいるものの，多くの施策が「母子家庭等」「母親等」と制度名を一部変更する程度の対応にとどまり，父子家庭施策は必ずしもその特性に応じた整備が進んでいるといえない事態が継続している。母子家庭支援のサービスを父子家庭に応用する形で支援の充実が図られている限り，制度利用が困難になる状況に変化は生まれない。特に，施設等は，成人の女性と子どもの利用を想定して用意された仕様になっており，父子家庭には不便であったり，時に利用が難しかったりする場合も少なくなく施策の充実が求められる。

　母子家庭が抱える経済問題は周知の課題であるが，実は，父子家庭にも経済問題，就労継続の不安定さの課題が存在する。父子家庭の父親の91％が就労しており一見経済的問題はないように思われる。しかし，実際のところ父子家庭の平均年収は380万円で，子どもを養育する一般家庭の半額程度にとどまっている。そこで，2014（平成26）年10月1日にそれまでの「母子自立支援員」を「母子・父子自立支援員」と改称したり，ハローワークでの就労支援を母子・父子自立支援プログラム策定事業として展開したりすることで父子家庭の就労支援の充実が図られてきた。

　長らく指摘されていることであるが，父子家庭では父親単身で慣れない家事に困難を感じることも少なくない。このような場合，従来からある母子への支援が父子にも取り込まれ自宅に家庭生活支援員を派遣されたり，家庭生活支援員が自身の居宅で子どもの世話を依頼されたり，ひとり親家庭等の日常生活支援事業等が展開されている。しかし，実際に父子家庭が在宅での家事・育児支援を必要とするのは，子どもの病時等のような緊急の場合が多い。したがって，事前申し込みや調整を求められるサービスでは，柔軟に対処することが困難な事態も生じる。病時保育については，子ども・子育て支援新制度で徐々に整備されてきたが，事業所内保育等の利用のように，働く父親が保育サービスを利用しやすい環境下での充実が望まれる。

（3）サービスの多機能化と地域支援の課題

　母子生活支援施設は，これまで子どもとその母親（女性）の入所施設としての機能を果たしてきたが，父子家庭への支援の拡大，さらには，地域における一般家庭の子育て支援の機能も併せ持つ多機能化が求められている。そのため，2010（平成22）年以降，建て替えをした施設の多くは，入所・一時保護機能に加え，地域貢献事業，デイサービスやトワイライトサービス，さらに，保育所の運営等々，地域の子ども・子育て支援の拠点として多機能化する傾向にある。それは，子ども・子育て支援への貢献なくして施設の改築が適わない環境にあることを表している。このような現状を踏まえ，母子生活支援施設の今後のあり方を示した「私たちのめざす母子生活支援施設（ビジョン）報告書」でも，母子生活支援施設の新たな役割や機能として地域社会への働きかけが明示されている。

　これまでの「母子」支援は，多様な「母子等」支援へと機能拡大が求められている。しかし，その対応として，支援の対象を母親のみから父親も視野に入れることだけが求められているのではない。両性の性性や社会的ジェンダー役割による特性，社会関係，さらにはドメスティック・バイオレンスや離婚の係争等の葛藤関係にも留意しながら，サービス拡大を図ることが必要である。

　その際，多くの施設で抱えるのが「人」の問題である。これまでも母子生活支援施設のサービス提供では，利用児・者の課題の深刻化や新たな機能展開が求められ，職員のスキルアップや蓄積されている実践の成果の理論化が求められている。これに加え，父子家庭への対応のように新たな対象やサービス（事業）の展開に向けた準備にも取り組まなければならない。そのため，量的にも質的にも人員不足の課題が浮上している。母子生活支援施設は，子どもの社会的養護に連なる施設でありながら母親が同居していることで，子どもと家族への支援をソーシャルワーク的介入に集中してきた経緯があり，ソーシャルワーク実践，さらには，ファミリーソーシャルワーク実践の中核的機関とすることを共有できる実践主体でもある。しかし，ここ数年の機能拡大の速さは，決して大規模でない母子生活支援施設にとって，人材の養成・供給に対応できない

等の課題に直面している様子がうかがえる。これまでの人材育成の努力によって入所支援に求められる専門性をようやく発揮できるようになってきた職員が，機能拡大によって新設された部門の責任者やリーダーに配属・拡散し，ソーシャルワークを駆使した機能の遂行が脆弱化する例も少なくない。

　このような事態に拍車をかけているのが，前述の「入所の契約期間」の問題である。不必要な入所の長期化を防ぐべきことに異論はない。施設退所，地域自立を短期間に果たすには，これを支える地域支援システムの構築が不可欠となる。しかし，実際のところ母子生活支援施設は必ずしも地域との連携が十分に機能しているとはいえず，ましてや父子家庭のニーズに随時対応できる経験や設備の用意もないのが現状である。

　これまでも母子生活支援施設は，地域の子ども・子育て支援に関連するネットワークに参加したり，相互に連絡を取り合ってきたが，ネットワークが相互に支援を補完したり代替したりするレベルの連携関係の構築に至っていない。これは，コミュニティ・ベイスド・ソーシャルワークが高齢者や障害者を中心に展開され，子ども家庭支援への取り組みに欠けていたことにも起因している。市（区）町村社会福祉協議会が推進してきた小地域福祉活動も高齢者を中心とした地域包括ケアの取り組みが多く，そこに子ども家庭福祉領域を「包括」することへの理解は十分でなかった。地域包括支援センターが機能拡大する中で，児童虐待については，通報への応談等を担う傾向にあるが，法の縦割りの弊害を超えられない実情も垣間見られる。

　子ども家庭福祉領域の地域支援について，児童相談所を補完する形で機能しているのが児童家庭支援センターであり，地域の子育て不安の応談やニーズの発見に機能しているのが地域子育て支援センターと考えられるが，地域の社会資源として実践に厚みをつける必要がある。その意味で，家族支援に関する実践事例を多く保持する母子生活支援施設との有機的な連携を図り，実態に応じた役割分担等を協議することで，必要とされる地域支援が偏りなく行き渡るような連携の強化が望まれる。

4　希求される支援の多様化と専門性の明確化

（1）ファミリーソーシャルワークが希求される背景

　従来ひとり親家庭が要支援に陥る要因には，離婚や死別等子どもたちの親の結婚生活の継続が困難になった結果，母と子のひとり親家庭は経済的課題を抱えやすく，父と子のひとり親家庭は家事を中心とする生活支援の必要性を抱えやすい傾向にあった。したがって，支援の多くが児童扶養手当のように，母子家庭への経済的援助として企図されてきた経緯がある。また，前述のように施設支援も母子家庭に限定されてきた。

　さらには，これまで述べてきたような施設や在宅の支援は，ひとり親になったことによって生じる子どもの権利擁護や家族の課題への対応に限定される傾向にあり，ソーシャルワークの視点や介入方法を活用した課題の要因分析や介入が未整備のままのようにも見受けられる。特に，ファミリーソーシャルワークとしての介入の未整備とも相まって，その支援の知見に蓄積されている，結婚や出産までの過程に起因するひとり親家庭の課題を拡大しやすい要因の理解や予防的アプローチは手つかずのままの観がある。一方，ひとり親家庭，特にソーシャルワークの介在による問題解決や権利擁護を必要とする家庭においては，従来のひとり親支援の枠組みでの課題の理解や支援の方途では，必要適切な支援の提供や権利擁護が困難なケースも確認されるようになってきている。

　ソーシャルワークは問題の事前・事後，つまり問題への介入だけでなく，支援の知見から浮上する問題発生の要因への予防的アプローチ，さらには，自立を維持・強化し，問題の再発を防ぐアフターケアも，その機能や役割として期待される。特に，子どもの人権やその暮らしを考えた時，児童虐待や性的被害など，問題が顕在化した時点ではすでに子どもが心身にさまざまな痛みを負う事態となっている。肝要なのは，子どもたちが不必要な痛みや悲しみに苛まれないよう，十分な社会的方策を講じることにある。

　時に課題を抱えやすい家族や人の特性を過剰に強調することは，差別や偏見を助長しかねない。ソーシャルワークに関わる専門職は，人権の尊重を第一義として差別偏見に陥らないよう十分留意しながらも，課題の発生しやすい，課題が問題として困難化しやすい人や社会の問題に，適切な関心と理解を寄せることが求められる。ひとり親支援，ひいては家族支援においても，懸命に現代社会を生き抜こうとする子どもやその親たちの課題を創起する要因があることを理解して，親子それぞれに共感的理解と権利擁護の意識を寄せながら，その支援を構想することが求められる。

　次項では，このような今日的な課題を例示し，ひとり親家庭支援の今後の課題，さらには，ファミリーソーシャルワークへの展開の必要性について触れておきたい。

（2）ひとり親家庭の自立を困難にする社会的要因

　子どもを育む家庭がひとり親家庭となる場合，離婚や非婚など自己決定により，選択的にひとり親となった父母，つまり能動的なひとり親状態の選択であるのか，DV 等，被害的環境からの離脱などによる受動的なひとり親状況の発生なのかにより，同じ "ひとり親" と呼称される家族状況でもその生活環境や抱える生活困難は大きく異なるところがある。一概にはいえないが，選択的にひとり親となった場合には就労や居宅など自立生活の準備が視野に入っていたり，相談や支援が可能なインフォーマル・ネットワークが存在したりする。それでも，現代社会においては，前述のように一般家庭とひとり親家庭，さらには父子家庭と母子家庭との間に経済格差があり，ひとり親家庭，特に母子家庭は生活の課題を抱えやすい傾向にあるといえる。

　一方，受動的にひとり親となった場合には，まず妊娠・出産から相談に乗ってくれる家族や友人を頼ることが困難であったり，妊娠や出産の不安や負担を分かち合ってくれるパートナーが不在である等，必要・充分な支援につながることが難しく，生活の困難を拡大しやすい傾向に陥ることがある。そして，生殖の特性や社会的な養育観（子育ては主に母親の役割）から，こうした産み育て

の課題は多くの場合女性の課題となり，母子家庭の課題となる。

　同じひとり親であっても，両者にこのような生活状況やそこから派生する生活困難や子育ての困難に相違が生じるには，それぞれ親の置かれている生育歴や生活歴に起因する経済力や情報収集力，さらには社会と交渉したり支援を獲得する力量の差異がある。その背景には，親自身が児童虐待や貧困を体験していて必要・十分な教育を受けることが阻害されたり，親や家族，親せき，近隣といった子育てに必要なインフォーマル・ネットワークとの間に葛藤を抱える状況にあって支援を望めないなど，さまざまな「格差」の存在がある。

　さらには，このような受動的なひとり親家庭の状況とさまざまに関連し，ひとり親家庭，特に，母子家庭の自立を阻害し，課題を重複させる社会的要因の一つに売買春の問題がある。

　母子生活支援施設が制度化されて以来，売買春の課題は，長らくひとり親家庭の支援の要因と重層的に関連してきた。わが国では，1956（昭和31）年に売春防止法の制定によって売春が禁止された。しかし，実際には，売春防止法が罰則規定をもたないことや，「組織的売春」が禁止されたが，性に関連する仕事は「風俗営業」という形態で依然として生活に困窮する女性や，安定した就業が困難な若年の若者たちを搾取の対象とする傾向は否めない。

　売春と知らず性産業に巻き込まれ被害的に性交渉を強要されたり，不特定多数の異性との性交渉の結果，被害的妊娠状況となり，子の父親が出産や育児に協力してくれず，孤独かつ不安定な生活状況で子どもたちを育てている母子家庭も少なくない。あるいは，結婚生活に何らかの困難が生じて経済的に困窮したり，夫との離死別によってひとり親になった女性が，家族を養うために売買春に巻き込まれていくことは今も変わらない現実である。

　ひとり親家庭，特に施設支援やソーシャルワーカーのミクロ・メゾレベルの多様な支援を必要とする家族の多くは，個人的な課題・要因に起因するのでなく，母親が成人するまでの過程（生育歴）やその結婚生活（生活歴）において，すでにこのような社会的抑圧や搾取の犠牲となっている可能性のあることにも関心を寄せる必要がある。

　このような状況の中で，ひとり親，その中でも母子家庭が社会的抑圧や搾取の対象になりやすい傾向にあるのは，その背景に社会全体の就労形態や給与や保障など，男女格差があることは否めない。子どもたちを育てるためには，誰かを頼ったり，安定した収入を志向するのは母親として当然のことといえよう。しかし，その支えや収入が性風俗のような搾取的就業である場合等，また，新たな生活困難の要因となっている場合も散見される。ソーシャルワーカーは，子どものためにも自立を模索し時に試行錯誤する母親たちの困難や頑張りに共感的理解を寄せつつ，社会保障や就労支援等の適切な社会資源を活用できるようエンパワメントを意識した支援することが必要といえる。

　また，このような現代社会における売買春の問題は，家族関係が希薄で孤立しがちな暮らしの結果，十分な準備もできないまま親になった10代の若者や，経済的に困窮するひとり親家庭の女性が再度搾取の構造に陥る背景としても存在している。あるいは，DV被害にあう母親たちが，パートナーからの金銭的搾取（経済的ハラスメント）として売春を強要されるようなケースも存在する。いずれの場合にも，問題は親だけにとどまらず，子どもたちを巻き込んで，子どもたちの性の課題や時に性の被害とも関連することにも関心を寄せておくことが必要となる。

　このような問題への対応においてソーシャルワーカーには，ケースの発見，救済に際し，NPO等の性産業の情報に詳しい関係者の協力を得て，可能な限り速やかに被害ケースの保護にあたることができる実動的なネットワークの構築も必要になる。さらに，被害的立場にある人を速やかに法的保護の下に置いたり，不利な契約から解放するために弁護士等との実効性のある連携も不可欠である。加えて，中学・高校等と協力し，若者と性の課題に対峙する際に求められる予防的アプローチを講じることも必要になろう。

（3）外国籍の家庭への支援

　外国籍のひとり親への支援は，長らくわが国における子ども家庭福祉の課題として認識されながら，マイノリティの存在と受けとめられてきたこともあり，

各施設や職員の個人的努力に任されてきた感がある。古くは風俗営業等を中心とする女性を搾取する傾向のある仕事に従事し，日本人男性との間に子どもを授かったものの，子どもの父親による養育責任の放棄から母子家庭になるケースが見られた。それが21世紀に入り，多様な規制緩和の中で一時外国人労働者が増加し，各地に実質的な（特に指定があるわけではないが徐々に同じ国の出身者が集まった結果）外国人居住地ができあがり，その地域の家族問題として外国籍のひとり親の課題が浮上してきている。

　このような課題は，外国籍の人びとのみに起因するものでなく，いわゆる出稼ぎのために来日する外国人を密輸や売春等の違法行為に巻き込む日本人が存在するため，外国籍の人びとが結果的にひとり親状況に陥ったり，事実上ネットワークを離れて孤立無縁状態でひとり親支援に頼らざるを得ないケースも少なくない。このような場合，わが国の法律，特に，社会福祉関連法は国籍を問わないことから子どもの支援として社会的養護の諸サービスを活用することになるが，文化や言語の相違から，他の利用児・者との関係葛藤や支援関係の構築の困難が問題になることも多い。言語の相違からコミュニケーションがとりにくいこともあり，法律や制度の理解や日々の暮らしの習慣やマナーの理解の欠如が，さまざまな課題を生む要因ともなっている。その結果，そのような人びとの支援は，当事者の母国語を理解できる職員が在職する施設へ集中する傾向にある。多くの施設がコミュニケーションのとり難い状況で努力を重ねているが，実際の支援は，限られた施設とスタッフに頼らざるを得ないのが実情といえる。

　また，外国籍のひとり親の場合，母子・父子の別を問わず国籍やビザの問題等を抱え，時に違法滞在を理由に親だけが強制送還され，子どもは，いわゆる「孤児」として日本に留め置かれる事態が発生する場合もある。また，親が犯罪に巻き込まれ，日本語の理解が不十分なため自己弁護ができないまま収監されたり，犯罪組織に利用されたりした結果であっても，触法行為は親子分離の根拠となり，分離状態が長期にわたるケースもある。

　外国籍の子どもの多くは，家庭内で身に付いた日本と異なる言語や文化習慣

から，そのまま日本で暮らし続けても「外国人」としての困難を抱え，帰国しても日本での暮らしで身に付いたものとは異なる文化や言語に囲まれ，そこでもまた「外国人」として暮らすことになる。どちらの場合も異文化の中に暮らすことは，子ども自身のアイデンティティに複雑な課題が表出する可能性を包含する。さらに，この問題は，親自身がその生育環境において体験することのなかった子どもの葛藤を理解することの難しさも含むため，親が社会的に弱い立場に置かれ，子どもを護る心身の力を十分に持ち合わせていない場合等，その対処に不調をきたす事態にも遭遇したりすることで，さらに深刻化する傾向にある。

　このような親子への支援では，ソーシャルワーカー自身が異文化の理解と，異文化コミュニケーションを意識したスキルの洗練に努めるとともに，コミュニケーションのサポートが可能な人的資源を地域で開発し確保に努めることが肝要になる。ソーシャルワーカーが多言語を操りコミュニケーションを図ることは難しく，外国籍のひとり親支援は，当該地域に居住する子どもの権利擁護に精通した人材の発掘と協力を得られるようにする働きかけが不可欠となる。さらにいえば，DV 被害等の支援，子どもの親権問題の支援等においても司法的手続き等，ソーシャルワーカーの権限を越える業務も多く，子ども主体，子どもの権利擁護の観点から協力が得られる弁護士や司法書士等の司法関係者との有機的連携も欠かせない。

ま　と　め

　結婚した男女の約3割が離婚し，DV の被害が顕在する現代社会において，母子支援，特に，母子生活支援施設をシェルターのように活用するケースは少なくない。しかし，実際には，母子生活支援施設の利用は低調で，自治体によっては定員に欠けた状態での運営が続いている施設も多い。その主たる要因は，戦後久しくひとり親支援を担ってきた同施設の中には，建物の老朽化が著しいこと，被害的立場の母子を保護するためのセキュリティの強化が行き届かないこと等のため，利用者から敬遠される傾向にある施設が存在することも否めな

い。しかし，それだけではなく，ひとり親支援にあたる関係者でさえ母子生活支援施設の存在や機能を熟知していない状況にあることも挙げられる。

　施設利用以外の支援としては，在宅生活を支えるための行政窓口や福祉事務所，母子福祉センター等に相談窓口があり，各種相談員が個々の課題の改善・解決に向けた助言，諸制度の手続きのサポート等，自立生活の維持に必要な支援が提供されている。また，生活に疲労感を覚えた際は，母子休養ホーム等の活用も可能である。さらに，施設・在宅の別を問わず社会福祉協議会による母子福祉資金の貸し付けや，母子家庭等就業・自立支援センターによる就労支援も利用可能である。しかし，そのいずれもが母子生活支援施設と同様に，社会的に周知されていない状況にあることは否めない。ひとり親支援は，長らく「被害者保護」とする視点を堅持してきた関係から安易に情報公開（広報）できない事情もあって，気軽に利用できる環境の整備が不十分な状況のままにある。母子家庭の支援は，施設・在宅の別を問わず，これまで以上にソーシャルワークを意識し，ファミリーソーシャルワークを構想可能とする，相談窓口の機能の充実と母子を支援する資源間の相互理解や連携・協働の強化が求められているといえよう。

　注
(1)　第10章注(2)参照。
(2)　厚生労働省の調査によれば3組に1組が離婚していると推計される。このような中で離婚時に約束した養育費を払わない父親が増加し，国は養育費相談支援センターの設置を図る政策を講じるに至った（「離婚に関する統計」2009〔平成21〕年より）。
(3)　社会福祉基礎構造の議論を受けての制度改革が子ども家庭福祉に波及した結果，母子生活支援施設の利用も，行政の調整の後，ひとり親母子が直接施設と契約することとなった。行政の調整が介在しない介護保険制度のもとでの契約とは手続きが異なるため，本章では「利用契約」と表記する。
(4)　「児童の権利宣言」等，世界的に児童の権利を尊重し擁護しようとする傾向が徐々に顕著になるが，第2次世界大戦中に多数の子どもが犠牲になった事実は，児童福祉関係者に大きな課題を提起することになった。

(5)　宮下慧子「母子生活支援施設における母子世帯の現状と課題」第56回関東ブロック母子生活支援施設研究協議会基調報告（2016年 7 月14日）。

(6)　核家族化が進む高度経済成長の時代から，新築の住居は，集合住宅，一戸建てともに核家族を基礎単位とする広さと間取りで，三世代の同居，あるいは，子どもの養育と高齢者の介護など，いわゆる「ダブルケア」を可能とする広さを有していない。

(7)　筆者はこれまで，母子生活支援施設での事例検討を重ねてきたが，母親に何らかの障害がある場合，定位家族の支援は希薄で，時に感情的葛藤を抱えている場合も少なくなかった。

(8)　いわゆる「パラサイト」や「ニート」のことをいう。

(9)　かつて山崎美貴子らは，母子生活支援施設の事例研究を通して「被害的状況から逃げ出してホッとする（安心）のに 1 年，自立に向けてのエネルギーを蓄えるのに 1 年，そして自立に向けての準備をするのに 1 年，最低でも 3 年の期間が必要」と指摘した。

(10)　Lesbian, Gay, Bisekual, Transgender, Questioning の頭文字をとって，性的マイノリティを総称する表現のうちの一つ。性の多様化を踏まえ，ひとり親の性アイデンティティも多様な表現や自認が想定される。

(11)　自分自身の性の表現や自認，さらにはそれに基づく性アイデンティティの表現の総称。

(12)　厚生労働省雇用均等・児童家庭福祉課「ひとり親家庭の支援について」平成23年 3 月。

(13)　母子生活支援施設連絡協議会の研修部会の研修のプログラム等にもこのような思考性が確認できる。

参考文献

柏女霊峰『子ども・子育て支援制度を読み解く——その全体像と今後の課題』誠信書房，2015年。

須藤八千代『母子寮と母子生活支援施設のあいだ——女性と子どもを支援するソーシャルワーク実践』明石書房，2007年。

林千代編著『女性福祉とは何か——その必要性と提言』ミネルヴァ書房，2004年。

私たちのめざす母子生活支援施設（ビジョン）策定特別委員会「私たちのめざす母子生活支援施設（ビジョン）報告書」全国母子生活支援施設協議会，2015年。

あとがき

　日本における政財界のリーダーの多くが，戦後50年を経過した頃から好んで使った言葉の一つに「もはや戦後ではない」があった。日本社会の「豊かさ」を世界に向かって誇示する意図があったのであろうか。国土全体の荒廃と人びとの暮らしが焦燥感とともにあった時代は，もはや遙か彼方の出来事でしかないとする思いが，このような語りに込められている。ところが，その頃から，子どもと家庭を取り巻く問題は，「社会の鏡」という言葉を用いて表現されることも多くなった。この「鏡」には，一体，何が映し出されているのであろう。誇示された「豊かさ」とは全く異質な，大人社会に翻弄され，混乱した子どもや家族の姿が映し出されているに違いない。

　男性5人のグループがヒットさせた「世界に一つだけの花」という歌があった。一つだけの存在の大切さを，流行歌として伝える以外に方法を持ち合わせていないのが現代社会とするならば，それはあまりにも無策といえよう。「お金さえあれば何でもできる」と豪語し，一世を風靡した若手起業家がいた。その「語り」を躊躇なく受け入れてきたこの時代のあり様が，余りにも悲しい。

　「無策」に終始せず，「悲しい」思いを共感できるには，本書にも言及されている「児童憲章」を「原点」とすることへの同意と，その「原点」に回帰すべきとする認識の共有が必要かもしれない。「鏡」に映し出されるものは，子どもたちが活き活きと生きる姿と，穏やかさに充ちた家庭であってほしい。本書は，そのような願いを込めて取りまとめた。

2017年12月

編　　者

索　引

執筆者紹介 （所属，執筆分担，執筆順，＊は編者）

＊北 川 清 一 （編者紹介参照：第1章・第11章）

栗 山 　 隆 （北星学園大学社会福祉学部教授：第2章）

坪 井 　 真 （作新学院大学女子短期大学部幼児教育科教授：第3章）

山 田 勝 美 （山梨立正光生園施設長：第4章）

村 田 典 子 （流通経済大学社会学部教授：第5章）

大 野 拓 哉 （弘前学院大学社会福祉学部教授：第6章）

髙 田 祐 介 （救世軍機恵子寮施設長：第7章・第8章）

川 向 雅 弘 （聖隷クリストファー大学社会福祉学部教授：第9章・第12章）

＊稲 垣 美加子 （編者紹介参照：第10章・第13章）

編著者紹介

北川清一（きたがわ・せいいち）

　1952年　北海道生まれ。
　1978年　東北福祉大学大学院社会福祉学研究科修士課程修了。
　現　在　ソーシャルワーク研究所所長・明治学院大学名誉教授。
　主　著　『三訂・児童福祉施設と実践方法──養護原理とソーシャルワーク』（編著）中央法規出
　　　　　版，2005年。
　　　　　『ソーシャルワーク実践と面接技法──内省的思考の方法』相川書房，2006年。
　　　　　『演習形式によるクリティカル・ソーシャルワークの学び──内省的思考と脱構築分析の
　　　　　方法』（共著）中央法規出版，2007年。
　　　　　『未来を拓く施設養護原論──児童養護施設のソーシャルワーク』ミネルヴァ書房，2014
　　　　　年。

稲垣美加子（いながき・みかこ）

　1961年　静岡県生まれ。
　2015年　明治学院大学大学院社会学研究科博士後期課程満期退学。
　現　在　淑徳大学総合福祉学部教授。
　主　著　『子ども支援の現在を学ぶ──子どもの暮らし・育ち・健康を見つめて』（共編）みらい，
　　　　　2013年。
　　　　　『児童養護施設の事例分析法──グラウンデッド・セオリーによる「経験」と「勘」の世
　　　　　界の解明から』相川書房，2014年。

シリーズ・社会福祉の視座　第3巻

子ども家庭福祉への招待

| 2018年3月10日　初版第1刷発行 | 〈検印省略〉 |
| 2023年3月30日　初版第3刷発行 | |

定価はカバーに
表示しています

編　著　者	北　川　清　一
	稲　垣　美加子
発　行　者	杉　田　啓　三
印　刷　者	江　戸　孝　典

発行所　株式会社　ミネルヴァ書房

607-8494　京都市山科区日ノ岡堤谷町1
電話代表　（075）581-5191
振替口座　01020-0-8076

© 北川清一ほか，2018　　　　　共同印刷工業・藤沢製本

ISBN978-4-623-07952-0

Printed in Japan

シリーズ・社会福祉の視座
（全3巻）

Ａ５判・並製カバー・各巻平均250頁

第1巻　社会福祉への招待

北川清一・川向雅弘 編著／本体価格2500円／264頁

第2巻　ソーシャルワークへの招待

北川清一・久保美紀 編著／本体価格2500円／264頁

第3巻　子ども家庭福祉への招待

北川清一・稲垣美加子 編著／本体価格2800円／260頁

──────────── ミネルヴァ書房 ────────────

https://www.minervashobo.co.jp/